Praxis der Weißen und Schwarzen Magie

Det Morson

Praxis der Weißen und Schwarzen Magie

Neuauflage 2019
veröffentlicht bei Esoterischer Verlag,
eine Marke der Sentovision GmbH, Basel

www.synergia-verlag.ch

Umschlaggestaltung, Gestaltung und Satz: FontFront.com, Rossdorf
Printed in EU

ISBN: 978-3-9802704-0-3

Bibliografische Information der Deutschen Bibliothek
Die Deutsche Bibliothek verzeichnet diese Publikation in der deutschen Nationalbibliographie; detaillierte bibliografische Daten sind im Internet unter http://dnb.ddb.de abrufbar.

INHALTSVERZEICHNIS

THEORIE

PRAXIS

ANHANG

Vorwort

Magie ist das Herbeiführen seelischer, geistiger und körperlicher Phänomene, die aufgrund derzeit noch nicht bekannter kosmischer Gesetzmäßigkeiten als "okkult" bezeichnet werden.

Durch das Lösen und Binden kosmischer Kräfte (lat. solve et coagula) stellt sich der praktizierende Magier bewußt über die derzeit bekannten und gültigen Naturgesetze. Er handelt aufgrund seiner höheren Erkenntnis und bedient sich sowohl eigener als auch fremder Kräfte.

Die eigenen okkult-magischen Fähigkeiten erlangt er durch jahrelange stärkste Zentralisation und Schulung seines Egos. Die fremden Kräfte unterwirft er seinem geschulten Willen und beherrscht sie aufgrund seines Verständnisses höherer göttlicher Gesetze und Prinzipien.

Für einen eingeweihten Magus existieren keine schwarze oder weiße Magie, denn er hat erkannt, daß beide Begriffe relativ sind und nur Emanationen ein und derselben Urkraft darstellen. Ein Messer kann sowohl zum Brot schneiden als auch zum Töten verwandt werden, dennoch ist das Messer deswegen weder gut noch schlecht. Wer die Gesetzmäßigkeit dieses Vergleichs auch in der uns umgebenden Natur, dem Makrokosmos erkennt und anzuwenden versteht, steht jenseits von gut und böse. Er ist ein Meister des hellen und dunklen Lichts und nur seinem eigenen Willen und Gewissen im Einklang mit den göttlichen Naturgesetzen unterworfen.

Gott besitzt nach alter gnostischer Lehre ein dunkles und ein helles Antlitz. Die Kraft des Aufbaus und die Kraft des Abbaus, der Vernichtung arbeiten Hand in Hand. Nur durch das Absterben alter Formen kann neues Leben entstehen. Alles Existierende ist ständigen Veränderungen unterworfen und jedes Verharren oder Festklammern an Gewohntem, birgt in sich das Leid der Entäuschung, denn unser Kosmos kennt keinen Stillstand. Alles ist in Schwingung und Bewegung. Diese Schwingungen zu erkennen und sie dem eigenen geschulten Willen bewußt zu unterwerfen, ist der Weg der Magie.

Die Welt steht vor ihrem Untergang durch drohende entsetzliche Atomkriege und der Vernichtung ihres eigenen Lebensraumes. Die Mystik des Fischezeitalters versinkt mehr und mehr in der Vergangenheit und das Gesetz des neuen Zeitalters "Tue was du willst" bringt der Menschheit eine ungeahnte Hochpolung der Erkenntnisfähigkeit. Die Maxime von der absoluten Willensfreiheit unter Berücksichtigung der Freiheit und Integrität aller anderen Menschnen, verpflichtet zu höchster Verantwortung, sich selbst und anderen gegenüber.

Ziel dieses Buches ist die Verbreitung okkulten Wissens, auf der Basis dieser Verantwortlichkeit. Es ist nicht für die breite Masse bestimmt, sondern soll dem suchenden Esoteriker, Parapsychologen und Geheimwissenschaftler zu einer höheren Erkenntnis verhelfen und einen gangbaren Weg in das Gebiet der praktischen Magie zeigen. Für die gegebenen Ratschläge, die sich aufbauend, aber durch ihre Umkehrung auch zu destruktiven Zwecken anwenden lassen, trägt der Wissende allein die Verantwortung.

Der Verfasser

T H E O R I E

Vom Sinn des Seins

Nachstehend soll eine unschätzbare Abhandlung des bekannten Esoterikers Karl Spiesberger über den Sinn und Zweck des Lebens wiedergegeben werden. Diese Arbeit die von dem Autor bereits in den fünfziger Jahren verfaßt wurde und in den Blättern für angewandte okkulte Lebenskunst, erstmalig erschien, ist auch heutzutage noch absolut richtungsweisend in ihrer tiefgründigen Betrachtungsweise. Sie enthält durch ihren sowohl logischen als auch religiösen Aufbau die Lösung der Mysterien des Lebens und beantwortet überzeugend die Urfrage nach dem Sinn des menschlichen Erdendaseins.

Jeder vorurteilsfreie Mensch wird in diesem Aufsatz eine hohe Ethik und tiefe Religiosität erfühlen, die schicksalsweisend für sein weiteres Leben sein kann.

Der nachfolgende Text wurde so weit als möglich im Orginal belassen, lediglich einige kleinere Passagen wurden der leichteren Lesbarkeit halber, geringfügig und ohne textlich entstellend zu wirken abgeändert.

"Altersgrau ist die Frage nach Sinn und Zweck der Erdenwanderung. Wer kann sich rühmen, sie restlos gelöst zu haben? Wohl versuchen Religion und Philosophie das Rätsel unseres Seins zu ergründen. Soviel Systeme - soviel Widersprüche.

Wie wenig Befriedigendes wird geboten - und wieviel kritiklose Hinnahme wird gefordert.

Wem blindgläubiges Führwahrhalten nicht gegeben, irrt "glaubenlos" durchs Leben und fragt erst recht nach dem "Warum" seiner Erdenexistenz.

Wozu das Ganze? - Wofür der Aufwand? - Die Mühsalen, die Qualen der Kampf ums "tägliche Brot", dieses erbarmungslose Ringen um die Existenz, dieses zermürbende Gejage tagaus, tagein, diese hastende Angst, das Leben zu erhalten - bis es dem natürlichsten aller Gesetze zum Opfer fällt, bis das ewige Vergessen uns hinweggeweht hat.

Wozu dann eigentlich der unbändige Lebenstrieb vorher? Das leidenschaftliche Wollen, das gierhafte Wünschen, das nie zu stillende Begehren? Machtrausch und Sinnenkitzel? Freudentaumel und Erfolg, tränenbanges Sehnen, sinnloses Verzweifeln...?

Aber auch die Regungen edlerer Natur: Das Streben nach Harmonie, nach Weistum, Schönheit, Kunst, nach Entfaltung wahren Menschentums.

Wozu die Anstrengung, wenn das Grab Schlußstein und Grenze?

Der Atheist weiß auf diese Frage keine Antwort. Ihm sind Welt und Sein blinde Zufälligkeit ebenso blinder Naturgesetze. Er fragt nicht viel nach dem Wie und Warum. Einfach leben so gut man eben leben kann, genießen soweit es geht, je mehr, desto besser, da man, nie weiß, wie lange es währt.

Im Genuß, im Taumel des Erfolges mag diese Philosophie gelten. Wenn aber Verluste, Fehlschläge, Katastrophen uns umgrinsen, was dann? Wo sind Halt und Trost?,

In noch größerer Rücksichtslosigkeit! Im hemmungslosen sich gehen lassen, im schonungslosen Kampf mit dem Schwächeren; im Triumph der Stärke und Gewalt!

Und dem im Lebenskampf Besiegten? Was bleibt ihm? Resignation und Verzweifelung...

Und das geistige Ringen? Der kulturelle Fortschritt? Wozu? Für Volk und Nation - begrenzt gedacht. Für die Menschheit - kosmopolitisch gesehen.

Die Menschheit? - Was ist ihr Zweck, ihr Ziel? Entwicklung! Fortschritt!

Evolution? Wofür? - Wo endet der Menschheit Weg? Im Chaos eines ersterbenden Planeten! So der Wissenschaftler.

Und wieder die bange Frage: Wozu das alles? Sinnlos der Entwicklungsgang des Einzelnen, da doch das Grab die erhabensten Gedanken, den stärksten Willen, den vollendetsten Charakter verschlingen.

Und das Fortbestehen im Tun und Denken von Kind und Kindeskinder in der schier endlosen Reihe der Geschlechter? Ebenso sinnlos, da diese in das gleiche Grab steigen müssen.

Wo also bietet der Materialismus Halt in unseren Lebensnöten? Wo zeigt er uns hoffnungsreiche Perspektiven, die hinausführen aus dem Grau des Alltags?

Kann es die Religion?

Ein gläubiges Gemüt vermag viel. Wer aber von uns Heutigen ist so gläubig? Wo spricht nicht der Verstand dagegen? Nehmen wir uns die nächstliegende Religion: das Christentum. Das Leben erscheint nicht mehr sinnlos. Es ist nicht mehr gleichgültig, gut oder schlecht zu handeln. Jedes Tun wird seinem Werte nach vergolten.

DER ERFOLGREICHE ESOTERISCHE SCHRIFTSTELLER
UND RUNENPRAKTIKER KARL SPIESBERGER

Wir sind nicht mehr allein in einer vernunftlosen Weltallwüste. Eine denkende Kraft regiert die Gewalten der Natur. Gott ist unser Herr! Soweit schön und gut. Für den Gläubigen vollauf befriedigend.

Wer aber weiter denkt... Was ist das für ein Gott? Für leidlich gelebte, fünfzig, sechzig, siebzig Jahre, etwas weniger oder mehr gewährt er einen Himmel unvollstellbarer Seligkeiten. Und das in alle Ewigkeit.

Für die gleiche Spanne Erdensein droht dem Ungehorsamen, dem Missetäter fürchterlichste Pein, die grauenvoller keines Sadisten Hirn erdenken kann, die unsäglichsten Qualen durch alle Ewigkeiten...

Was muß das für ein Wesen sein? Mit welch grauenhaft gigantischen Proportionen rechnet es? Das kurze, ach so kurze Leben - und dieses jede Phantasie höhnende, unaussprechliche Äonenmaß! Wer kann da noch von Allgüte sprechen? Ja wer kann sich dieses Himmels freuen? Höchstens die hartgesottenen Höllenwächter. Diese aber dürfen der Lehre nach nicht hinein.

Der Gute, der Fromme wird seiner Seligkeit kaum froh. Vielleicht weiß er sein Kind, die Mutter oder Frau, den Vater oder sonstwen Nahestehenden ausgesetzt der nie endenden Glut höllischer Schmerzen. Ja, muß ihn den Reinen, nicht Mitleid erfassen mit den armen Gequälten, die die Vergehen weniger Erdenjahre durch Myriarden Zeitläufe büßen müssen. Und kein Ende. Nie ein Ende...

Muß dieses gigantische Strafausmaß die Seligen nicht trotz ihrer Himmelsfreuden zum Wahnsinn treiben? Kann sie die Gegenwart dieses Foltergottes wahrhaft erfreuen? Was müssen sie von dem "allgütigen Vater" denken, der zugleich ein Rachedämon von entsetzlichem Ausmaß ist. So also steht es mit der Güte, mit der grenzenlosen Liebe des Gerechtesten der Gerechten.

Wäre er wenigstens gerecht!

Gäbe er uns wenigstens die gleichen Chancen auf dieser Weltinsel; gleiche Geistes- und Charaktergaben, gleiche körperliche Vorzüge; dieselben sozialen Voraussetzungen, das selbe Maß an Glück und Leid.

So aber...

Wie leicht wird es dem einen gemacht; gutes Elternhaus, überdurchschnittliche Begabung, charakterlich einwandfrei. Und jener; assozial das Elternhaus, Sklave nicht zu bändigender Triebe, vom Mißgeschick verfolgt.

Die eine Generation durchlebt eine Friedensperiode, blühende Wirtschaftslage, kultureller Aufstieg. Die andere ringt mit Krieg, Hunger, Seuchen, Nöten, sittlichem Niedergang. Hier ein Volk im Aufstieg, dort im Verfall.

Wozu weiteres anführen, genügsam kennen wir das Leben. Ungleich die Schicksale, ob Einzelschicksal oder Völkergeschick.

Immerhin hat der Bösewicht von heute dem Schurken aus grauen Vorzeittagen einiges voraus. Mehr noch jener, hart an den Grenzen der letzten Menschheitstage. Manch Jahrtausend an höllischer Qual bleibt ihm erspart. Nicht durch Verdienst; durch reinen Zufall bloß.

Der Gute, der verspätet auf dem Erdenplan erscheint, ist ebenso betrogen wie der Bösewicht, der der erste sein mußte in der langen Menschheitskette.

Der Denkende meditiere darüber unvoreingenommen. Nicht Lästerung, logisch, klares Erfassen führt zu diesen Schlüssen.

Kann dies der wahre Zweck des Lebens sein? Gewiß mag er in mancher Hinsicht mehr befriedigen als die atheistische Zwecklosigkeit unseres Erdenseins. Verleiht er doch jedem Höherstreben Sinn; beraubt uns nicht jeder Hoffnung.

Aber kann ein solcher Gottesbegriff restlos befriedigen? Ist er für ein ethisches Gemüt tragbar? Gibt es nicht eine vernünftigere Vorstellung vom wahren Zweck unseres Erdenwallens? Eine Lehre, die dem Gerechtigkeitsempfinden mehr entspricht?

Etwa die Religionsphilosophie der östlichen Völker? Die Lehre von der Reinkarnation, die Wiederverkörperung! Dem Abendland ist dieses Wissen verloren gegangen. Trostloses Dunkel umfängt die aberhundert Millionen Dekadenter, Genußgieriger, Weltmüder, Erdverhafteter, Herrschender wie Beherrschter. Endlos ihre Zahl. Grauenvolle Finsternis umhüllt die Kulturfratze unserer Zivilisation.

Aus östlichem Weisheitsborn glimmt unentwegt ein Licht in die Nacht rationalistischer Vermessenheit. Kleine Gruppen Reifer, Erwählter verhöhnt, bekämpft schreitet auch im kultursiechen Westen der verheißenden Leuchte entgegen.

Was den Modernen Tod, Vernichtung, Verwesung, ist dem wissenden Osten Wandlung, Auferstehung, Wiederkehr. Im Kind in der Wiege sieht er den erstorbenen Greis, im sterbenden Greis das neu sich gebärende Kind.

Jahrzehntausende vor uns, jahrzehntausende hinter uns. Die Weltwanderung der menschlichen Monade. Aus Gott zu Gott. Weltenpilger besuchen die Erde, die Läuterungsinsel, Stätte der Bewährung, Durchgangsstation auf dem Wege zur Gottheit. Jedes Leben ein Meilenstein auf diesem Pfad. Ein nimmer schier endender Weg. Die Rückkehr des kleinen "Ich" zum großen "Du", eine Pilgerfahrt, die wohl schon vor des Planeten Geburt ihren Anfang genommen hat

Und ihr Ende? Unvorstellbar die Dauer, das Heer der Jahre! Oder auch nur mehr kurz. Möglicherweise nur wenige Leben noch und der Kreislauf ist beschlossen.

Die Reife, die Arbeit am eigenen Selbst entscheidet! Nichts wird geschenkt, nichts verziehen, nichts vorenthalten. Gedanke, Wunsch und Werk überdauern die Gräber, liegen als Patengeschenke eines vermeintlich blinden Geschickes in der Wiege des Reinkarnierten. Keine Gnade wird ihm unverdient zuteil. Ein harter, allgerechter Ausgleich waltet. Das unbestechliche KARMA; das Gesetz von Ursache und Wirkung.

Wie wir hier enden, setzen wir im nächsten Dasein fort, so wie das jetzige die Frucht vergangener Leben ist. Wie erhaben mit einem Male wird der Sinn unseres Erdenseins. Arbeit, Mühe, Fleiß belohnen ferne Zeiten. Keiner sät, daß andere ernten. Wir selber sind Sämann und Schnitter in einem.

Unsere jetzige Lage, unseren Charakter, unsere Vorzüge, unsere Schwächen - selber haben wir sie uns zuzuschreiben.

Selbst verursacht ist unser heutiges Geschick. Was dieser oder jener einst an Unrecht tat, trifft ihn jetzt als Krankheit, Gebrechen, Ungunst der Zeit, verdorbene Geistesgaben, charakterliche Unzulänglichkeiten oder was wir sonst als Übel zu bezeichnen pflegen.

Und selber müssen wir an der Abtragung unseres Karmas arbeiten. Eine bequeme Sündenvergebung gibt es nicht! So wenig wie eine ewigwährende erbarmungslose Verdammnis. Entwicklung, Evolution ist alles. Mag auch das Ego auf seiner Gottheitswanderung immer wieder straucheln, dennoch ist es nicht verloren. Trotz Schluchten und Täler führt der Weg himmelan.

Wir sind unsere eigenen Erben. Kein Gedanke wird nutzlos gedacht. Auch nicht ungestraft! Mag das physische Gehirn verwesen. Als Charakterzug, Begabung, seelische Belastung, körperlicher Vorzug oder Mangel trägt unser Denken dereinst Früchte. Mehr noch selbstverständlich unser Tun.

Keines Künstlers oder Gelehrten Arbeit ist vergebens, auch wenn ihn die Welt nicht anerkennt, in einem neuen Leben setzt er fort, wo er hier geendet. Dem Tiefenbewußtsein entsteigen die Erfahrungen vorgeburtlicher Erdentage. Welcher Trost für jeden, der zeitlebens sich müht, geistige Schätze zu sammeln.

So ist es mit jeder Tat! Mag auch der Missetäter ungestraft aus diesem Leben gehen, das nächste oder übernächste fordert seinen Tribut. Das Gesetz des Ausgleichs ruht nicht eher, bis das gestörte Gleichgewicht wieder hergestellt ist. Nur rechtes Erkennen und Befolgen der Harmoniegesetze löst die karmischen Bande. Erlösung und Verdammnis - beides liegt in uns selbst.

Doch gibt es keine "ewige Verdammnis". Zeitlich begrenzt ist der Zustand im entkörperten Sein - die Spanne zwischen Tod und Geburt.

Gleichviel wie oft der Mensch strauchelnd stürzt, es ist ein Wallen doch nach oben. Was Irrtum ihn verbrechen ließ, muß Erdenschulzeit sühnen, bis das Ego reif ist zum Aufstieg für die nächste Daseinsform in höheren Bewußtseinsbereichen. Und dies fort und fort, wechselvoll im Auf und Ab - bis endlich es in IHM, dem EINEN Ruh gefunden hat.

So die Lehre des fernen Ostens, wie sie die eingeweihten Gurus ihren Chelas künden, wie sie Buddhismus und Brahmanentum ihren Anhängern seit Jahrtausenden predigen.

Wer wollte leugnen, daß diese Anschauung dem ethischen Empfinden am weitesten entgegenkommt; dem Leben einen höheren Sinn verleiht, ja es in jeder, auch in der bittersten Lage lebenswert erscheinen läßt. Da nichts unverschuldet, nichts unverdient, müssen Neid und Selbstmitleid verstummen. Ein neuer Lebenswille muß selbst den Erbärmlichsten unter uns ergreifen. Ein "ja" zum Schicksal - sei es wie es wolle. Jetzt erst lohnt es sich den Kampf aufzunehmen, dem das Grab keine Grenze setzt; denn auf jedes Grab folgt eine Wiege.

Im europäisch-amerikanischen Kulturkreis treten die Wegbereiter der kommenden Weltreligion für den Gedanken der Wiederverkörperung ein. Geheimwissen, logisches Erfassen, sowie Tatsachen empirischer Natur sind die Fundamente ihres Glaubens.

Um wieviel logischer klingt die altehrwürdige Überlieferung von der Reinkarnation; entschieden logischer als die Kirchenlehre von einem einmaligen Erdenleben. Selbst als Hypothese betrachtet, muß sie der Verstand eher bejahen als die christlichen oder materialistischen Zerrbilder unseres Erdenzweckes. Nirgends blinder Zufall; nirgends Launen eines wetterwendigen unsichtbaren Tyrannen.

Du allein hast Dich ans Kreuz Deines Mißgeschickes geschlagen; Nur du allein vermagst Dich davon zu lösen. Der Wucht der verwirkten Taten kann man nicht entgehen. Dein jetziges Tun bestimmt dein künftiges Erleben. Fatum und Selbstbestimmung einen sich hier in wundervoller Synthese. Die Lehre von Karma und Wiederverkörperung löst auf einfache Weise die vielumstrittene Frage von der Gebundenheit oder Freiheit des menschlichen Willens.

Freilich setzt die Reinkarnation den Fortbestand des geistigen Prinzips in uns voraus. Der Materialist kommt da natürlich nicht mit.

Den Kirchengläubigen, der glaubt ohne zu zweifeln, ohne zu fragen, hindern die Ketten des Dogmas. Obgleich - dies sei ausdrücklich festgestellt - auch die christliche Kirche vertrat ursprünglich die Lehre der Reinkarnation, später aber verwarf sie diese Lehre, wie einige behaupten; weil sie den Sünder zur Sorglosigkeit verführe, der sich allzu leicht auf ein Besserwerden in einem späteren Leben vertrösten kann. Auch dieser Standpunkt verdient Beachtung und Verständnis.

Dem unvoreingenommenen Zweifler aber, der weder glauben kann, noch leugnen will, der nach objektivem Wissen verlangt, steht der Weg der Forschung offen! Vorurteilsfrei studiere er die metaphysischen Probleme. Unwiederlegbare Erfahrung, eigenes Erleben untermauere seine Weltanschauung.

Mag den unverbildeten Kindern Asiens die uralte heilige Überlieferung genug Beweis sein, der Abendländer, der Rationalist von heute fordert Tatsachen konkreter Natur, sonst hat die Hypothese von der steten Wiederkehr zum Zwecke der Läuterung dem christlichen Dogma nichts weiter voraus als lediglich die Logik und den höheren ethischen Sinn für Gerechtigkeit.

An Tatsachen mangelt es nicht. Beweise existieren und zwar in Form von Rückerinnerungen. Die Literatur birgt eine stattliche Anzahl beglaubigter Fälle. Nicht etwa nur in Indien, auch bei uns in Europa mehrt sich die Zahl derer, die sich vergangener Existenzen bewußt werden. Zumeist ist es ein blitzhaftes Aufleuchten. Hin und wieder aber erinnert sich der eine oder andere zusammenhängender Erlebnisse. Mancher erkennt sogar die Gegend wieder, in der er in früheren Geburten seine Tage verbrachte.

Fast durchweg tragen diese Rückerinnerungen spontanen Charakter. Nur der geistig vollends Erwachte vermag bewußt die Kette seiner Verkörperungen zu überschauen.

Auch Forschereifer bemächtigte sich dieses Kernproblems des Menschheitsrätsels und suchte auf experimentellem Weg der Wahrheit näher zu kommen. Die Schau Hypnotisierter sollte die kontemplative Vision des Initiierten ersetzen. Es ist gelungen, Sensitive im Trancezustand über den Moment der Geburt hinauszuführen und in das vorhergegangene Leben zu versetzen.

Anhand von Daten wurden diese Angaben geprüft und

erstaunlicherweise für richtig befunden! Und auch nur solche Ergebnisse besitzen wirklichen Wert, alle anderen, erscheinen sie auch noch so wahrscheinlich, bleiben hypothetisch.

Schwer natürlich sind Beweise zu erlangen. Der Zeitraum ist durchaus nicht gleich, der Leben vom Leben trennt. Oft sind es nur wenige Jahre, meist aber liegen Jahrhunderte und mehr Jahre dazwischen. Noch ist diese Gesetzmäßigkeit nicht zufriedenstellend erforscht. Doch ist man der berechtigten Annahme; je höher der Reifegrad, desto größer das Zeitmaß zwischen den einzelnen Einkörperungen. Auch bleibt sich das Geschlecht nicht immer gleich, wie die überwiegende Mehrheit der Wissenden lehrt.

Dem angesammelten Karma entspricht die Art der Einkörperung sowie die Umgebung. Nicht Fremde, Längstbekannte treffen sich immer wieder. Nur die Rollen wechseln. Mütter können zu Schwestern werden, zu Geliebten, Freundinnen oder Rivalinnen; Väter zu Brüdern, Gatten und so fort; beziehungsweise die Geschlechter überschneiden sich. Unzählig sind hier die Variationen. Auch dafür liegt dem Forscher Material vor.

Noch mehr gewinnt das Leben an Bedeutung. Nicht schuldlos, aus reiner Willkür bloß ist man an diesen oder jenen schicksalhaft gekettet. Selbst hat man diesen Zustand der Disharmonie heraufbeschworen. Nutzlos zerrt man dann an einst geschmiedeten Ketten. Nur richtiges Verhalten, Lösung der damals unerfüllten Aufgabe öffnet deren Glieder. Die Verfehlungen an Anderen treiben uns diese stets aufs neue in den Weg. Entsühnen müssen wir uns. Gegenseitig! Gegenseitig aneinander wachsen, uns gegenseitig höher führen. Dem reiferen Ego wird das minder entwickelte zugestellt. Wehe dem, der Aufgabe und Bestimmung verkennt, sich ihrer zu entledigen sucht!

Je tiefer wir eindrigen in die Lehre von Karma und Reinkarnation, sie empirisch erforschen, desto geschlossener wird das Bild von unserem Erdenzweck. Was uns im abendländischen Kirchenglauben entgegentritt, in der Ratio des Materialismus verworrenes Zufallsprodukt, wird hier zu wundervollem naturgesetzlichem Walten.

Das Wissen um die stete Wiederkehr des Unsterblichen in uns, die Gewißheit vom vergeltenden Ausgleich über Särge hinaus zu den fernsten Wiegen, zwingt uns zu einer völlig neusn Einstellung zum Leben, zu einer Einstellung, wo selbst dem scheinbar Geringfügigsten allergrößte Bedeutung beizumessen ist. Nichts im Leben, das nicht dem karmischen Gesetz des Ausgleichs unterliegt.

Wozu noch über Unbilden klagen? Anerkennung des Karmas, gewandeltes Denken, kraftvolles Handeln, verscheucht die Wolken vergangener Taten. So schafft ehrwürdiges Priesterwissen die Basis eines neuen Lebensethos, zu einer Lebenspraxis, die uns aus den Banden löst, mit denen uns das Erdentier zu verstricken sucht".

Karma und Reinkarantion

Im Lauf der letzten Jahrzehnte sind eine große Anzahl an Schriften über die okkulte Lehre der Wiedergeburt und der ausgleichenden Gerechtigkeit, dem Karma veröffentlicht worden. Insbesondere durch die Schriften der Theosophie und Antrophosophie wurde dieses alte Weistum wieder einem größeren Kreis interessierter Menschen zugänglich gemacht. Dennoch sind längst noch nicht alle Rätsel dieses dunklen Wissensgebietes entschleiert und eine ganze Reihe von Irrtümern ist zu diesem Thema veröffentlicht worden.

Ein wunderbarer Aufsatz, über dieses Forschungsgebiet, der an tiefgründigem Wissen und Erkenntnistiefe seinesgleichen sucht und eine hervorragende Ergänzung zu der Abhandlung "Vom Sinn des Seins" bietet, entstammt der Feder des hocheingeweihten und "Wissenden" Gregor A. Gregorius, der im nachfolgenden wiedergegeben werden soll.

"Zu den wichtigsten Gesetzen, auf denen die Geheimlehre aufbaut, gehört das Gesetz der Reinkarnation oder der Wiederverkörperung. Es wird einmal eine Zeit kommen, in der dieses Gesetz in jedem Lehrbuch der Psycho-Biologie zu finden sein wird, eine Zeit, in der es auch die exakte Wissenschaft erforscht und bejaht hat. Heute ist es uns nur in seinen Grundprinzipien bekannt, aber seine Gesetzmäßigkeit, seinen inneren Aufbau, kennen wir nicht.

Es ist aber sicher, daß es ein Naturgesetz sein muß, der Biologie übergelagert und zu den Perioden-Gesetzen gehört. Die Natur arbeitet ja immer nach dem Gesetz der Periodizität, einer Gegenpolung im Spannungsausgleich.

Ein- und Ausatmen, Frühling - Winter, Morgen - Abend, Geburt - Tod, Blühen - Verwelken, sind solche Beispiele eines gegensätzlichen Ausgleiches zum Zwecke einer Reife, eines dritten Zustandes oder einer Wiederkehr, bedingt durch einen gesetzmäßigen Rhythmus.

Dieses ewige Stirb und Werde, dieser Grundrhythmus, hat natürlich keine Begrenzung in unserem erkennbaren Dasein, sondern die logische Schlußfolgerung weist darauf hin, daß dieses rhythmische Gesetz weit über das heutige Menschendenken und über die jetzige Begriffswelt hinausreichen muß.

So können wir annehmen, daß unser Leben, unser Ichbewußtsein, unser Geist oder Ego, Jahrhunderte oder Jahrtausende alt ist und ebenso dem großen Gesetze eines periodischen Werdeganges unterliegt, wie wir ihn oft genug in der Natur zu beobachten vermögen. Deshalb ist es durchaus vorstellbar, daß unsere jetzige Lebensepoche in dem ungeheuren Evolutionsprozeß nur ein winziges Teilchen darstellt, ein Kettenglied ist, ein dynamischer Knotenpunkt im Gitterwerk einer Gesamtstruktur. In seinem Ablauf oder Fortgang des zu Grunde liegenden Rhythmus sucht sich der Kern, also das eigentliche Ego des Menschen, nur wieder neue Formen, um zu reifen und zur höchsten, vollkommenen Harmonie zu gelangen.

Reinkarnation heißt also Wiederverkörperung in immer wieder neue Menschenformen zum Zwecke der höchsten Vervollkommnung des menschlichen Geistes, das gleiche Ziel, welches das Biologiegesetz mit dem menschlichen Körper und seinen Organen verfolgt.

Es ist dieses der ewige Weg zu Gott, die Rückkehr zum Vater, der Weg der Erlösung von der Bindung an die Materie. So ist dieses Ziel im ethischen Sinne wunderbar und verheißt vollkommene Glückseligkeit schon in der Zielsetzung und auch in seinem Verstehen und Glauben.

Der Mensch gleicht einem Weltenwanderer, der immer neue Formen sucht, um selbst zu reifen durch neue Blüte, dessen Einzelschicksal aber schließlich doch nur dazu da ist, um eingespannt zu werden in den Werdegang der Erde, die ja logischerweise dem gleichen Gesetz unterliegen muß, der stetig vor sich gehenden Evolution des Erdgeistes. Das ist höchste Zielsetzung. Dienst an der Menschheit - Dienst am Geiste der Erde - Dienst an Gott. Alles auf der grundlegenden Basis der Einzelentwicklung des Geistes im Individium.

Wir wissen, daß wir vom magischen Influxus der Erde, unserer großen Mutter, genau so erfüllt sind, wie jedes andere Ding, wie jedes Geschöpf auf diesem Planeten es ist, ganz gleich, ob nun Stein, Pflanze oder Tier.

Aber das innere Bewußtsein um dieses Erfülltsein, das bestimmte Wissen um die enge Verbundenheit mit den Kräften der Erde, gibt unserer Seele die so wunderbare harmonische Schwingung, die das kurze Erdenleben so leicht macht und außerdem die Kraft gibt, das oft unabwendbare Leid zu tragen, welches der Alltag mit sich bringt.

Die esoterische Schulung lehrt, daß sich die gesamte Entwicklung unseres Daseins in spiraligen Linien bewegt, dem Mittelpunkt des Seins zustrebend. Dieser Mittelpunkt ist Gott, ist das Absolutum, die zentrale Totalität oder auch Brahman, das Unaussprechliche.

Denken wir uns diesen Reifeprozeß bildlich dargestellt im Kegelschnitt. Übereinandergelagert liegen die Einzelleben wie die Schnittflächen im Kegel, im spiraligen Influxus miteinander verbunden, durch den das Ego des Menschen immer weiter und höher aufsteigt und der Spitze des Kegels zustrebt. Ist diese nach vielen Windungen nun erreicht, erfolgt der Kegelumschlag. Eine Periode ist dann vollendet und ein neuer Kegelrhythmus beginnt auf einem neuen Daseinsplan, auf einem anderen Planeten oder einem anderen Stern.

Unzählige Linien durchziehen diesen Kegel von unten nach oben, um die einzelnen Punkte auf den Schnittflächen miteinander zu verbinden. Diese Knotenpunkte sind nun die Auslöser der großen und gestaltenden Ereignisse im Leben, die wir als schicksalsgegeben bezeichnen, die aber häufig im engen Zusammenhang stehen mit Geschehnissen des vorhergehenden Daseins.

Wenn der Mensch sich bildlich eine solche Zeichnung herstellt und sie nachdenkend betrachtet in der Anwendung auf das Reinkarnationsgesetz, so wird er schnell den kausalen Zusammenhang der Dinge in seinem Dasein erkennen. Wenn er sie auch noch nicht vollkommen enträtseln kann, so kommt doch eine Ahnung in ihm hoch, welche ihm die innere Gewißheit gibt von dem großen Zusammenhang seines Ichs mit dem Kosmos. Es wird ihm bald klar, daß die erwähnten Knotenpunkte, nach der Astrologie betrachtet, bestimmte Konstellationen der großen Planeten als Grundbasis haben, also gewissermaßen Einfallstore dieser kosmischen Strahlungswirkungen in sein Ich sind.

Natürlich ist der Reinkarnationsrhythmus nicht auf unsere Erde beschränkt, sondern durchflutet unseren gesamten Kosmos. Das Bild vom Kegel ist dann anzuwenden auf die großen, kosmisch sich gestaltenden Perioden, welche dem Werden und Vergehen der Planeten zu Grunde liegen müssen.

Den eigentlichen, geistigen Bewegungsrhythmus, der im Inkarnationsgesetz zu Grunde liegt, bestimmt ein anderes Gesetz, welches wir als Brudergesetz bezeichnen können. Es ist dies das Karma-Gesetz, das Gesetz von Ursache und Wirkung.

Die karmischen Zusammenhänge, der Ablauf des Karmas, bestimmt bei den einzelnen Inkarnationen die Ablauf- oder Wechselbewegung, die Dauer und die inneren Zusammenhänge. Dem Karma-Gesetz liegt ebenfalls der Erlösungsgedanke zu Grunde. Wiederum wird durch ihn im Menschen ein Gefühl der Glückseligkeit erweckt, wenn er nicht nur die inneren Zusammenhänge, sondern auch eine ganz bestimmte Zielrichtung erkannt hat oder auch nur erahnt:

Befreiung vom angehäuften Karma!

Schuld und Sühne gleichen sich aus. Die innere Kraft dazu gibt uns eine innere Schwingung, die wir als Liebe bezeichnen. Wie wunderbar ist dieser Glaube.

Der Volksmund sagt: Die Liebe reicht über den Tod hinaus! Und der Apostel Paulus berichtet in den Philipperbriefen: Wenn ich mit Menschen oder mit Engelszungen redete und hätte der Liebe nicht, so wäre ich ein tönendes Erz oder eine klingende Schelle.

Hier liegt also das Wunderbare, das Versöhnende und Herrliche in dem Wiedergeburtsgedanken, aber auch die schicksalsmäßige Verbundenheit der einzelnen Menschen über den Tod hinaus auf lange Zeiten, auf

Jahrhunderte, bis zur Erfüllung der gestellten Aufgabe an sich selbst oder am Partner.

Gewiß sind dieses kleine Aufgaben im großen Ganzen, aber der Sinn so manchen Geschehens wird auf diese Weise geklärt und vertändlich.

Nätürlich und naturgemäß sind es nicht nur Bande der Liebe, die sich durch die einzelnen Leben schlingen und die Menschen miteinander verbinden, sondern oft auch Bande der Schuld und des Hasses. Doch gerade hier oder erst dann setzt die Aufgabe zur eigenen Wandlung, zur eigenen Evolution des Menschen ein, wenn er sich dessen bewußt wird.

Haß in Liebe zu wandeln, eine schwere Schuld zu sühnen oder eine andere große Aufgabe zu erfüllen, ist schon mehrere Leben wert und die Wirkung einer Ursache reicht sehr wohl bis in das dritte oder vierte Glied. Manchesmal liegen die primären Ursachen noch viel länger zurück, oft sogar viele Jahrhunderte und Jahrtausende. So können wir annehmen, daß wir mit jedem Menschen, mit dem wir im Leben in engere Beziehung treten, der tiefer in unser Dasein tritt, irgendwie durch Karma oder Reinkarnation gesetzmäßig verbunden sind, meist sehr viel stärker, als wir es auch nur ahnen. Deswegen sollte man eine Menschenseele hüten, mit der man sich karmisch verbunden glaubt. Dieses ist dann der ideelle Dienst am Einzelmenschen, der nichts mit christlichem Mitleid zu tun hat und auch nichts mit einer christlichen Nächstenliebe.

Wie oft empfindet man einen unerklärlichen Haß oder einen besonderen Abscheu gegen einen Menschen, dem man begegnet. Die Gefühle der Antipathie oder der Sympathie, der Liebe auf den ersten Blick, haben oft hier ihre unsichtbaren Wurzeln.

Der englische Meister Therion (Aleister Crowley) sagt in seinen Schriften ganz richtig: "Jeder Mensch ist ein Stern und hat seine eigene Gesetzmäßigkeit, die aber verbunden ist mit anderen Sternen durch die Harmoniegesetze des Weltalls."

Es wird sich das Menschen-Ego nach den Reinkarnation regelnden Antriebsgesetzen wohl immer in der Richtung des geringsten Widerstandes dort einkörpern, wo es sich am zweckmäßigsten seiner weiteren Vervollkommnung zu nähern vermag, ohne natürlich auch nur eine Stufe seiner vorgeschriebenen Entwicklung überspringen zu können, denn die Natur erlaubt keine Sprünge.

Wohl kann die gewählte Form aus gleichen Zweckmäßigkeitsgründen bald wieder verlassen werden. Nur in diesem Sinne hat es der Mensch gewissermaßen in der Hand, etwas an seinem Schicksal mitzuarbeiten, indem er seinen Reifeprozeß durch Arbeit an sich selbst beschleunigt. Ein früher Tod im Kindesalter hat oft hier seine esoterische Begründung.

So kann die Zeit zwischen den einzelnen Geburten oft nur Jahre, Jahrzehnte, aber auch Jahrhunderte betragen. Der jeweilig erreichte Zustand der Reife im Sinne der geistigen und inneren Harmonie entscheidet. Je geistig höher das einzelne Ego ist, desto zeitlich weiter liegen seine Einkörperungen auseinander. Ein von niederen Schwingungen erfülltes Ego muß sich schneller und häufiger inkarnieren, da es stärker zur Erde zurückgezogen wird, um sich an die Materie zu binden.

Die Frühreife mancher Kinder findet in dem Reinkarnationsgedanken seine Erklärung und auch der frühe Tod des Menschen. Entweder ist die Einkörperung unter ungünstigen, disharmonischen Konstellationen erfolgt, so daß die passende Form nicht harmonisch weiter entwickelt werden konnte - es kommen ja Mißbildungen auch in der Natur vor - oder der geistige Influxus war für die gewählte Form zu stark, für den Körper zu gewaltig, zu alt für die Neubildung im Organischen. Auch kann der Fall eintreten, daß der Geist des sich einkörpernden Egos sich bereits in einer so hohen Evolutionsentwicklung befindet, daß er dieses Erdendasein gleichsam nur kurze Zeit als Ergänzung bedarf, um es schnell zu durcheilen, damit er seinen vorgeschriebenen Reifeweg gesetzmäßig weiter verfolgen kann.

Das ist alles denkbar. Hierin liegt aber auch ein Trost für die Eltern, deren Kinder früh sterben müssen. Sagt doch schon der Volksmund: Die Kinderseelen gehen zu den Engeln zurück, von denen sie kamen, oder ein Englein hat sich auf die Erde verirrt.

Ist die dämonische Reagenz des sich einkörpernden Egos sehr stark, kann es vorkommen, daß die gewählte Form die gewaltige, dämonische Kraft nicht verträgt und der Körper bereits in seinem organischen Aufbau gestört wird. Daher sind körperliche Mißbildungen, schon von Geburt an, entweder als eine karmische Strafe zu betrachten, oder es sind Anzeichen eines sich eingekörperten dämonischen Egos.

Meist bergen von Geburt an mißgebildete Menschen in sich oft einen disharmonischen Charakter oder entwickeln aus sich heraus dämonische Fähigkeiten, ganz gleich, auf welchem Gebiete diese sich zeigen. Auch ein hoher Geistesflug hat oft dämonische Antriebskräfte.

In der Zeit nun, die zwischen den einzelnen Einkörperungen liegt, müssen wir uns das Ego in einer Schwingung denken, die wir als transzendental bezeichnen. Es ist dieses ein Zustand, der einer anderen Dimension angehört, die wir mit unseren ungeweckten Sinnen nicht begreifen und wahrnehmen können. Dieser Schwingungszustand ist von einer ganz verschiedenen ätherischen Struktur, entsprechend dem siebenfachen Körper der Erde. Die Egos sind also dann verschieden dimensional gelagert, schwingen aber in der Erdaura, um uns, neben uns, aber nicht etwa über uns, denn diese Schwingungsarten durchdringen sich.

Das menschliche Ego schwingt entweder im astralen oder mentalen Zustand, was das Gleiche ist, wenn das Christentum hier von Hölle und Himmel spricht. Dieser Zwischenzustand dient dem Ego zu seiner naturnotwendigen Kristallisation, zu seiner Zentralisation, in der es versucht sich neu zu orientieren, um in sich zu reifen, auf Grund der bisher in seinem vergangenen Leben gemachten Erfahrungen. Es stabilisiert sich gleichsam selbst, konzentriert sich und basiert seine Anlagen, seine Neigungen, seine Charakterzüge, um nach einer bestimmten Zeit wieder reif zu sein für eine neue Wiederverkörperung und eine neue Geburt.

Da sich diese Schwingungszustände nach dem körperlichen Tod gegenseitig durchdringen auf Grund ihrer diffizielen, verschiedenen, ätherischen und atomistischen Struktur, so müssen wir sie uns in einer immerwährenden Bewegung denken, in einer stetigen Wandlung und Gestaltung.

Die Rückerinnerung an diesen Zustand ist möglich. Dafür gibt es tausendfache Beweise. Allerdings liegt eine solche Wahrnehmungsmöglichkeit nicht im normalen Bewußtseinszustand des Menschen, sondern das Unterbewußtsein muß durch irgendwelche Veränderungen hochgepolt werden, seien es zwangsmäßige Übungen oder Rausch- und Trancezustände. Auch kann die Umpolung spontan und unbewußt geschehen, ist dann aber meist auch nur vorübergehend.

So stellt sich der geistige Mensch durch den Glauben an die Wiederverkörperung als Wesenheit selbst hinein in den gewaltigen Rhythmus, welcher die Welt durchflutet. Das Wort vom ewigen Sein ist nicht nur für ihn ein Trost, sondern eine Kraftquelle zu neuem, geistigem Schaffen. Jede Stunde eines Tages, welche schaffensfroh im geistigen Sinne ausgefüllt wird, jede Arbeit auf geistiger Basis, jeder bewußte Aufbau des Selbst, jedes Leid, jede tiefempfundene Freude - alles ist ein Stein zu dem Fundament des nächsten Lebens. Man lebt durchaus nicht umsonst, sondern für sich selbst!

Gelingt es durch magische Disziplinen oder durch meditative Versenkungen, wieder in Kontakt zu kommen mit den Urgründen des Seins, der eigenen Seele oder des Geistes, mit dem vergangenen Leben, so wird der Mensch erstaunt erkennen, daß sein Sein ein ewiges Ganzes wahr und ist. Damit schafft er sich durch diese Erkenntnis eine ganz neue und wunderbare Weltanschauung. Derjenige Mensch, der sich zu diesen Dingen durchringt, erhebt sich über die hemmende, intelektuelle Vernunftstendenz zu einem höheren, beseelten und geistigen Menschentum, welches wir als esoterisch bezeichnen.

In den östlichen Religionen ist der Wiedergeburtsgedanke fast allgemein verankert. Nur das Christentum hat diese Lehre unterdrückt und verfälscht. Aber auch der große Mahatma Jesus Christus hat um die Wiedergeburt gewußt. Wenn wir die Bibel nach esoterischen Gesichtspunkten durchforschen, stoßen wir immer wieder auf Stellen die deutlich auf die Wiedergeburt hinweisen:

So zum Beispiel:

Die Jünger fragten einmal den Meister: Bist du Moses oder Elias früher gewesen?

Oder sie fragten: Was hat der Blinde verschuldet, daß er blind geboren ist?

Jesus sagte: "Ich bin der Weg, die Wahrheit und das Leben, niemand kommt zum Vater, denn durch mich!" Damit meinte er die Erlösung der Menschenseele durch seine Lehre, durch sein Chrestosprinzip, esoterisch die Rückkehr zum Sonnenlogos, welches auch die Wesenheit Erde vollziehen muß und damit auch die Menschheit, also jeder einzelne Mensch selbst.

Jesus sagte ferner: "Kommt her zu mir alle, die ihr mühselig und beladen seid, ich will euch erquicken." Das ist ein klarer Hinweis auf die angehäufte, karmische Schuld und die Möglichkeit, durch das Chrestosprinzip dieses angesammelte und aufgeladene Karma wieder abzutragen.

Man lese die schönen Worte von Calderon: "Das Leben ein Traum", ist in diesen Worten nicht das Dasein einer Raupe ein guter und treffender Vergleich? Ihren Instinkten nachgehend, spinnt sie sich ein, ohne zu wissen, daß sie sich nach ihrem Raupendasein in einen Schmetterling verwandelt, der unter ganz anderen Lebensbedingungen, in einer gewissen höheren Sphäre, wieder aufersteht.

Mit diesem Vorgang gibt die Natur nicht nur ein Gleichnis, sondern ein lebendiges Beispiel.

So nimmt der Glaube an die Wiedergeburt tatsächlich dem leiblichen Tod seinen Schrecken für den Menschen. Er ist nur ein übergang in eine neue und ätherische Form des Lebens. Es gibt keine ewige Verdammnis, keinen Stillstand, sondern nur eine Weiterentwicklung, eine Reife. Für jeden Menschen schlägt einmal die Stunde der Erlösung, ist er auch noch so tief gefallen.

Daß die Reinkarnationslehre zu den ältesten Religionen und zu dem Urglauben der Menschheit gehört, ist sicher, denn man braucht nur die nachstehenden Namen der erleuchtetsten und geistigsten Köpfe und Hirne der Menschheit, aus ganz verschiedenen Epochen, aus den verschiedensten Rassen und Völkern und aus den verschiedensten Berufen zu lesen. Man braucht nur in ihren Werken und Biographien zu suchen, um immer wieder klar und deutlich den Wiedergeburtsgedanken in irgend einer Form vertreten zu finden, sei es in dichterischer oder erzählender Weise.

Sollten alle diese anerkannten und verehrten Menschen sich geirrt haben oder Wirrköpfe gewesen sein? Man möge selbst entscheiden!

Die Mystiker und Philosophen:

Paracelsus, der eingeweihte Arzt, Adept und Rosenkreuzer, Giordano Bruno, Jacob Böhme, Swedenborg, Fechner, Schopenhauer, Lessing, Herder, Hegel, Leibnitz, Friedrich der Große...

Neuere Dichter:

Emmerson, Whitman, Trine, Marden, Mulford, Flaubert, Longfellow, Shakespeare, Tennyson, Scott, Voltaire, Hamilton-Hayne, Russel, Balzac, Gaudier, Young, Victor Hugo...

Nitzsche sagte: "Die Lehre von der Wiedergeburt ist ein Wendepunkt in der Geschichte der Menschheit."

Voltaire sagte: "Es ist nicht erstaunlicher zweimal, als einmal geboren zu werden."

Flaubert sagte: "Ich besitze Erinnerungen, die bis auf die Pharaonen zurückgehen."

Und weiter: Ibsen, Strindberg, Gjellerup, Tolstoi, Anker Larssen, Schiller, Grillparzer, Jean Paul, Elisabeth Heyking, Heine, Spitta, Rückert, Zschokke, Novalis, Christian Morgenstern, Platon und der Altmeister Goethe.

All dies sind Namen von Menschen, die Geltung besitzen.

Goethe sagte an Frau von Stein: "Sag was mag das Schicksal uns bereiten? Ach, du warst in abgelebten Zeiten einst meine Schwester oder meine Mutter". An Wieland schrieb er in einem Briefe: "Ich kann mir die Macht, welche diese Frau auf mich ausübt und besitzt, nicht anders erklären, als durch die Seelenwanderung." Zu Falk sagte er: "Ich bin gewiß, so wie sie mich hier sehen, schon tausendmal dagewesen zu sein und ich hoffe, noch tausendmal wiederzukehren."

Grillparzer sagte: "Ich komme aus anderen Zeiten, um fort in andere zu gehen."

Richard Wagner: "Nur die Annahme einer Seelenwanderung konnte mir den trostreichen Punkt sagen, auf dem alles zur gleichen Höhe und Erlösung zusammenläuft."

Rückert: "Und abermals nach 500 Jahren will ich desselbigen Weges fahren". Diese Literaturbeispiele sollen genügen.

Auch die Sage vom ewigen Juden entspricht der Wiedergeburtslehre. Unsere christliche Kirche aber hat auf dem Konzil in Konstantinopel im Jahre 553 durch Mehrheitsbeschluß absichtlich den Wiedergeburtsgedanken aus dem christlichen Glauben ausgemerzt.

Später hat Luther, der von diesen Dingen nichts verstand, durch falsche Übersetzungen das Unheil nur noch größer gemacht. Trotzdem sind eine ganze Reihe von Kirchenvätern für die Reinkarnation eingetreten:

Hieronymus, Tertullian, Ruffinus, Justinus, Clemens von Alexandrien, Gregorius von Nissa, Philo, Nemesius, Hilarius u.a.

In den anderen Religionen der Erde und der Völker brauchen wir nicht lange zu suchen, um den Wiedergeburtsgedanken zu finden, denn er liegt meist offen zutage. Wir finden die Reinkarnation nicht nur im Buddhismus, im Hinduismus, im Brahmanismus, sondern auch im Parsismus, bei den Chaldäern, in Griechenland, in Ägypten und bei den Pythagoräern. In den heiligen Schriften des Islams, des Sophismus, in der Kabbala, in dem urarischen Weistum der Germanen und Kelten, ist er verankert und auch in der vorchristlichen Gnosis. In allen Mysterienschulen und Kulten wurde er gelehrt und in allen Überlieferungen sämtlicher Völker der Erde, gleich welchen Erdteils, ist er zu finden. Ob in Amerika, Afrika oder Asien, überall glauben noch heute die primitiven Völker an die Wiedergeburt, nur in den zivilisierten Ländern ist sie unterdrückt und verfälscht. Das Volk wurde darum betrogen, um vor allem die Machtposition der Kirche, der allein seligmachenden, nicht zu gefährden. Die verwaschenen Begriffe von Himmel und Hölle, der Popanz von Teufel und der Leichnamskult des verstorbenen Jesus werden benutzt, um die unwissenden Menschen zu regieren und weiter dumm zu halten.

Aus gleichen Gründen werden von der Kirche die Lehren der Theosophie und Antroposophie und ähnliche Bestrebungen nicht gern gesehen, denn es ist nicht gut, wenn das Volk zu wissend wird".

Hiermit enden die hochinteressanten Ausführungen von Gregorius zur Reinkarnationslehre. Noch viele weitere Vertreter und Verfechter der Reinkarnationslehre ließen sich ins Feld führen.

Zum Abschluß dieses Kapitels sollen nur noch die in allen Jahrhunderten bekannten Wunderkinder angeführt werden. Dies sind Kinder, die bereits in sehr jungen Jahren als vollendete Talente gelten und Fähigkeiten entwickeln, wozu man normalerweise ein ganzes Menschenleben benötigt. Ein herausragender Fall eines solchen Wunderkindes ist die Schilderung des Lebens des in Lübeck am 6. Februar 1721 geborenen Christian Henrich Heinecken.

In den ersten zehn Monaten seines Lebens ist Christian ein Säugling wie jeder andere. Dann aber beginnt sich in ihm ein Geist zu regen, der alles bisher dagewesene in den Schatten stellt. Bereits nach nur wenigen Monaten lernt Christian das Sprechen, wiederholt und behält alles was man ihm vorsagt.

Elf Monate nach seiner Geburt kennt er die fünf Bücher Moses so, daß er auf alle Fragen über dieses Thema richtig zu antworten weiß. Mit dreizehn Monaten kennt er die Geschichte der übrigen Bücher des alten Testaments und einen Monat später auch das gesamte neue Testament.

Die Wißbegierde des Kleinkindes kennt von nun an keine Grenzen mehr und er beschäftigt sich in den folgenden Monaten mit der Geschichte der Juden, Assyrer, Meder, Perser, Ägypter und Griechen. Danach lernt er mit großer Begeisterung achttausend lateinische Vokabeln und weiß sie passend anzuwenden; geht dann zur Medizin über und vermag das menschliche Gerippe anatomisch genau zu erklären.

Die erstaunlichen Fähigkeiten Christian Heineckens sind bald Stadtgespräch, und so interessieren sich auch der Lübecker Rektor von Seelen, sowie der Lizentiat Behm sehr für das Wunderkind. Vor dem Rektor von Seelen absolviert der nunmehr drei Jahre alte Junge ein regelrechtes wissenschaftliches Examen, über das der Rektor im "Hamburgischen Patrioten" (Nr. 4, Jahrg. 1724) ausführlich berichtet.

In der Folgezeit erhält der Junge eine Audienz beim König von Dänemark, der von Christian überwältigt ist. Mit der Gesundheit Christians geht es jedoch rapide bergab und am 27. Juni 1725 erlischt dieses kurze und ungewöhnliche Leben.

Der bekannte Schriftsteller und begnadete esoterische Astrologe Johannes Vehlow bemerkt in seinem unerreichten achtbändigen Standardlehrwerke der wissenschaftlichen Astrologie zum Leben Christian Henrich Heineckens:

"Hier liegt der einzigartige Fall vor, daß ein Menschengeist, nicht wie sonst, seine Rückerinnerung an das in früheren Inkarnationen bereits Erworbene Wissen bei seiner Geburt verliert, sondern hier wurde die Rückerinnerung im Zeitraffertempo geweckt. Dieses ungeheure Wissen kann nicht erst in der kurzen Spanne eines kaum viereinhalbjährigen Lebens erstmalig bei diesem Menschengeist entwickelt und erworben sein, denn es widerspricht allen bekannten Naturgesetzen. Sehr viel einleuchtender erscheint es deshalb, wenn man diesem Wunder mit der Wiederverkörperungslehre beizukommen versucht. All dieses Wissen wurde im Laufe vieler Inkarnationen erworben und es bleibt nur rätselhaft, warum bei diesem Erdenbürger das Aussetzen der Rückerinnerung in diesem kurzen Erdenleben aufgehoben und das Freiwerden vorhandenen mitgebrachten Wissens in diesem rasenden Tempo möglich war.

Hier waltet ein noch unbekanntes metaphysisches Gesetz, welches bei allen Wunderkindern zum Durchbruch zu kommen scheint. Der Fall des Lübeckischen Wundersäuglings ist jedenfalls einmalig in der Weltgeschichte und scheint den Zweck zu haben, aufrüttelt zu wirken, um das menschliche Werden und Vergehen in einem anderen Lichte erscheinen zu lassen, als es unsere Zeit zu erklären versucht."

Die Schilderungen vieler weiterer Wunderkinder ließen sich zugunsten des Reinkarnationsgedankens anführen, doch genügt hier der kurze Verweis auf den großen Geist Wolfgang Amadeus Mozarts, der bereits in jungen Jahren die Welt mit seinen Konzerten in Atem hielt. Es kann nicht angehen, das diesen Kindern vielfache Talente einfach in die Wiege gelegt wurden, dies würde allen gültigen Naturgesetzen (etwa aus dem Tierreich) völlig widersprechen.

Wieviel einfacher und logischer klingt da die Begründung, daß sich diese Wunderkinder in vergangenen Leben ihre immensen Fähigkeiten angeeignet und mit viel Mühe und Schweiß erarbeitet haben.

Die Natur erlaubt keine Sprünge, alles verläuft in stetiger Evolution und zyklischer Entwicklung, überall sind Lehr- und Reifeprozesse nötig. So auch bei Christian Henrich Heinecken dem Wunderkind, allerdings fand hier die Reife in vergangenen Inkarnationen statt.

Die feinstofflichen Körper des Menschen

Der Mensch besitzt nach der indischen Geheimlehre sieben unsichtbare feinstoffliche Körper, die sich wie die Schale einer Zwiebel gegenseitig überlagern. Es sind dies: Sthula Sharira - Linga Sharira - Kama Rupa - und Kama Manas als Quaternität; sowie Manas - Buddhi und Atma als Trinität.

In der Reihenfolge vom niedrigsten und stofflichsten Körper bis zur höchsten nicht mehr feststellbaren feinstofflichen (atomistischen) Struktur sollen diese sieben Schwingungskörper kurz dargestellt werden:

1. Stula Sharira - organischer Körper und
Linga Sharira - Nervenkörper

Der erste Körper des Menschen setzt sich aus dem organischen Körper und dem Nervenkörper zusammen. Stula Sharira ist der Organismus mit der gröbsten Schwingung, fähig sich durch seine Werkzeuge und Sinne auf dem physischen Plan zu betätigen. Der grobstoffliche, organische Körper, stellt all das dar, was wir sehen und fühlen können, wie Muskeln, Knochen, Haut, Organe usw. In Linga Sharira, dem Nervenkörper liegen die medizinisch bekannten Nervenplexen.

2. Prana Sharira - Ätherkörper

Der Od-, Prana- oder Ätherkörper des Menschen ist ebenso, ein mit Sinnen ausgestatteter Organismus wie der grobstoffliche Körper, nur viel feinstofflicherer Natur. Ein Mensch mit gesunden Organen besitzt allgemein auch einen gesunden Ätherkörper mit einer angenehmen Ausstrahlung.

Die Schwingungen des Ätherkörpers, dessen Ausstrahlungen werden Od oder Prana genannt und bilden in sich eine polare Spannung. Hier liegen die Ursachen der Sympathie oder Antipathie, der gegenseitigen Anziehung oder Ablehnung der Menschen untereinander.

Bei einem erkrankten Menschen ist die negative (einsaugende) polare Spannung stärker als bei einem gesunden Menschen, der eine positive (abstrahlende) Schwingung besitzt. Durch bestimmte Atemtechniken ist es nun möglich den Ätherkörper zu kräftigen und systematisch aufzuladen, die Inder sprechen hier von der bewußten Aufnahme von Pranastoffen.

Nach der hermetischen Lehre enthält die Luft eine Substanz, ein gewisses geistiges Prinzip, von dem alle Vitalität, alle Bewegung, alle Kraft und alles Leben seinen Ursprung hat. Prana nennt dies der Inder und Prana ist das Kraftprinzip der Bewegung, das sich in allen Lebewesen und leblosen Gegenständen manifestiert. Prana ist in den elementarsten Formen pflanzlichen Lebens und in allen Kreaturen von der Amöbe bis zur höchsten und kompliziertesten Form tierischen oder menschlichen Lebens enthalten.

Prana ist aber nur eine bestimmte Art, eine Modifikation der Universalenergie, gleichsam der Träger, die Tätigkeitsform des Lebensprozesses. Jeder Mensch nimmt Prana unablässig durch seine Atmung (sowohl durch Nasen- als auch Porenatmung) auf und gibt sie nach Absorbierung und Entzug der Kraftenergien wieder ab. Während des Schlafes ergänzt sich normalerweise der Vorrat an dieser Kraft wieder und der Mensch erhält seine ursprüngliche Leistungsfähigkeit zurück.

Verschiedene Organe, die als Aufspeicherungszentren

der Odkraft dienen, sind die sogenannten Chakras (näheres hierzu in dem Kapitel "Die Geheimlehre von den Chakra"), deren geordnete Funktionsweise die Lebenskraft und den Lebensmagnetismus des Menschen bedingen.

Die menschliche Odkraft, kann verstärkt, ausgestrahlt oder bei einer Mangelerscheinung bewußt aufgenommen werden. Selbstverständlich findet auch ein unbewußter permanenter Odaustausch statt. Deshalb sollten gesunde Menschen nie mit kranken Personen in einem Zimmer schlafen, denn der Ätherkörper eines Kranken entzieht sehr stark dem gesunden menschlichen Körper die Odkräfte.

Ebenso sollte das gemeinsame Schlafzimmer von Kindern und alten Leuten vermieden werden, da ältere Menschen einen negativen und geschwächten Odkörper besitzen, der eine große einsaugende Tendenz aufweist.

Auch das gemeinsame Schlafzimmer von Mann und Frau ist in diesem Sinne schädlich, denn der Odkörper der Frau, strahlt während der monatlichen Periode ungemein schädliche Strahlungen aus, die auf ihre Umgebung gleichsam vergiftend wirken. Aus diesem Grunde, wurde die Frau bei den wissenden Naturvölkern, die noch die Geheimnisse der Blutmagie kannten, während dieses Zeitraums bewußt isoliert. Mit der Zeit findet bei zwei Menschen unterschiedlichen Geschlechts auch ein sogenannter Odausgleich statt, der dafür verantwortlich ist, daß die erotische Spannung nach einiger Zeit immer mehr nachläßt.

Die Geheimlehre erwähnt im Zusammenhang des gegenseitigen Odausgleichs sogar Personen, die einen derart geschwächten Fluidalkörper besitzen, daß sie getrieben von bewußten oder häufiger aber unbewußten Motiven, darauf ausgehen, ihnen sympathischen Menschen ihrer Umgebung die Lebenskraft wegzunehmen, selbst zu absorbieren und sich dadurch zu kräftigen. Ein solcher Vorgang kann, bei längerer Dauer, sofern er nicht rechtzeitig erkannt und unterbunden wird, zu einer totalen Lebenskrafterschöpfung führen.

3. Kama Rupa - Astralkörper

Der Begierden-, Sinnes- oder Fluidalkörper auch als Astralkörper bezeichnet ist der Sitz der Triebe, Leidenschaften und Begierden des Menschen. Der Astralleib erstreckt sich etwa einen halben Meter über den physischen Körper hinaus und kann von einem Hellseher oder einem Trancemedium als Aura gesehen werden. Der Astralkörper ist nun aber nicht mit der odischen Lohe des Menschen zu verwechseln, die den persönlichen Magnetismus einer Person sichtbar anzeigt.

Die Farbschwingung dieser Aura, läßt durch ihre mehr oder minder leuchtenden Farben Rückschlüsse auf die Triebstruktur und die Entwicklung des Individuums zu.

Jedoch nur im Zustand des Wachbewußtseins umgibt der Astralkörper den physischen Leib; im Schlaf löst sich das Astral und verweilt, zumeist über dem Schlafenden schwebend, in dessen unmittelbarer Nähe.

Nach dem Tode des Menschen und dessen Übergang in die Astralebene (entspricht in etwa dem Fegefeuer der christlichen Religion) findet zuerst eine Auseinandersetzung des Verstorbenen mit seinen niederen, tierischen Trieben und Leidenschaften statt. Hier müssen alle selbstsüchtigen Regungen geläutert werden, bevor das Ego des Menschen zu höheren Daseinsplänen aufsteigen kann.

4. Kama Manas - niederer Mentalkörper

In Kama Manas, dem niederen Mentalkörper liegen die seelischen Schwingungen, sowie die intellektuellen Geisteskräfte eines Menschen verankert.

Kama Manas umfaßt unser Gehirndenken und alles das, was der Mensch sich im Leben an Erfahrungen erarbeitet hat. Nach dem Ableben gehen die höheren Regungen und gesammelten Erfahrungen des niederen Mentalkörpers in den Kausalkörper über. Dies macht auch verständlich, warum der niedere Mentalkörper keinerlei Erinnerungen an vergangene Inkarnationen enthält.

5. Arupa - höherer Mentalkörper

Dieser Körper enthält die höheren Geisteskräfte des Menschen und die Bewußtseinsinhalte der hinter uns liegenden Inkarnationskette.

6. Manas - Der Kausalkörper

Die eigentliche Zentralisation des menschlichen Egos ist der Kausalkörper. Er ist das unvergängliche Ich des Menschen, welches sich nach dem Reinkarnationsgesetz immer wieder einkörpert.

7. Buddhi - Universalkörper

Unter Buddhi, dem Universalkörper kann man sich die Einstrahlungen der universellen Weltseele vorstellen, den direkten Kontakt mit dem göttlichen Prinzip der Erde.

Die Domäne des kosmischen Bewußtseins, der Bereich des Chrestosprinzips beginnt hier, für das menschliche Begreifen unerfaßbar. Die großen Weltlehrer Rama, Mohammed, Buddha, Christus und alle anderen Erleuchteten, empfingen aus der Buddhiebene ihre weltumgestaltenden Inspirationen.

Die sieben Weltebenen

Die indische Philosophie unterscheidet folgende Daseinspläne oder Weltebenen, auf denen sich die Entwicklung der Welt vollzieht und deren Reflektionen oder Einstrahlungen auch im siebenfachen menschlichen Körper festzustellen sind.

Der physische Plan oder die Welt der Materie umfaßt:

Stula Sharira - Erdkräfte
Linga Sharira - Mondkräfte
Prana Sharira - Sonnenkraft

Kama loka, die Astralebene umfaßt Marskräfte und die Erscheinungsformen sämtlicher Wunsch-, Sinnes- und Vorstellungskräfte.

Die Mentalebene auch als Devachanplan bezeichnet enthält sämtliche seelischen, intellektuellen und geistigen Kräfte.

Kama Manas - Merkurkräfte
Arupa - Venuskräfte

In der Kausalebene manifestieren sich Saturnkräfte. Diese Ebene ist die Welt der Ursachen und Urideen und enthält die sogenannte Akasha-Chronik. Die Buddhiebene umfaßt Jupiterkräfte und ist die höchste erreichbare Entwicklungsstufe des menschlichen Egos.

Die weiteren zwei höher gelagerten Ebenen sind in ihrer atomistischen Struktur nicht mehr im Daseinsplan der Erde verankert. Diese Ebenen, als atmanische Ebene (Nirvana) und parnirvanische Ebene bezeichnet stellen eine Kontaktverbindung mit höheren geistigen Welten oder kosmischen Schwingungen dar. Allerdings wirken sie befruchtend auf die anderen Pläne und somit auch auf den Menschen.

Der eingeweihte Schüler der Geheimwissenschaft, vermag nun, sich aus den fünf niederen Ebenen seine nötigen Aufbaustoffe zu holen, wenn er sich dafür aufnahmefähig gemacht hat. Diese Entfaltung der feinstofflichen Schwingungskörper des Menschen nennt man auch die Entwicklung der sieben Prinzipien.

Es steht nun jedem Menschen frei, die Entfaltung der höheren Prinzipien bewußt voranzutreibenden. Hierzu stehen zwei Wege offen, der erste ist der mystische, der zweite der magische Weg.

Der erste Weg versucht durch Meditations- und Versenkungsübungen die unteren Körper möglichst auszuschalten, um in Kontakt mit den höheren Ebenen zu gelangen. Dies ist der Pfad den die großen Mystiker aller Zeiten beschritten haben.

Der magische Weg liegt in der Beherrschung der unteren astralen Prinzipien und einer damit verbundenen starken Energie- und Kraftentfaltung. Dieser Weg wird in den folgenden Kapiteln systematisch gezeigt und gelehrt werden.

Das Mysterium des Sterbens

Eine der Grundfragen der menschlichen Existenz ist die Frage eines Weiterlebens nach dem Tode. Eng mit dieser Frage verknüpft ist der Vorgang des Sterbens und sein Mysterium. Im folgenden soll versucht werden Licht in das Rätsel des Sterbevorgangs in medizinischer und okkulter Hinsicht zu bringen.

Aus medizinischer Sicht läßt sich der Vorgang des Sterbens bei einem kranken Menschen wie folgt beschreiben. Nachdem der Atem öfters ausgesetzt hat und sich Atemnot einstellt, der Puls fast oder überhaupt nicht mehr zu fühlen ist, tritt Schweiß auf die Stirn des Sterbenden. Schon einige Zeit vorher, ehe das Bewußtsein schwindet, tritt, von den Füßen aufsteigend, eine zunehmende Kälte ein, die der Sterbende anfangs fühlt, dann aber empfindungslos dafür wird.

Es kommt dann der Augenblick, wo das Auge bricht, daß heißt, die Pupillen sich weiten. Der Atem steht still und das Herz schlägt nicht mehr. Dann gibt sich der Körper meist noch einen kleinen Ruck und nach einigen Minuten tritt dann gewöhnlich eine Mundbewegung ein, als ob der Sterbende etwas bitteres schlucken würde. Danach liegt der Körper völlig regungslos, verliert seine Farbe, wird fahl und die Haut wachsartig. Nach fünf bis sechs Stunden treten dann die bekannten blauen Flecke auf, die Totenflecke genannt werden.

Kein Mensch weiß, was ein Sterbender erlebt, und bis zu welchem Augenblick er überhaupt etwas fühlt oder empfindet, wann das Wachbewußtsein endet, und wie lange das Unterbewußtsein noch tätig ist. Daß, das Leben aber nicht einfach mit dem Tod endet, erfühlt ein großer Teil der Menschheit. Wie oft kommt es vor, daß zwei Ehegatten rasch hintereinander sterben. Ist der eine Partner gegangen, dann will der andere auch nicht mehr leben und dahin wo der erstere ist. Das ist ein starker Hinweis, daß in unserer Seele tief die Überzeugung eingegraben ist, daß man durch die Todespforte in eine Welt hineingelangt in der alle Verstorbenen weilen.

Betrachtet und studiert man das Sterben psychologisch, vergleicht die Aussagen Sterbender und zieht die okkulten Feststellungen von Hellsehern und Medien oder gar von Jenseitigen mit ein, kann man ein ganzes Stück des Weges den ein Sterbender zurückzulegen hat kennenlernen.

Im allgemeinen haben Sterbende vor dem Tod eine Periode der Einkehr und der Resignation, der Erwartung oder gar Hoffnung, danach eine Periode finsterer Eindrücke; es ist als gingen sie durch ein dunkles Tor; sie haben eine Art Albdrücken, sehen finstere Gestalten oder werden verfolgt. Danach tritt eine Aufhellung ein, der Sterbende wird wieder ganz klar, fühlt sich aber sehr einsam und isoliert. Anschließend folgt eine weitere Erhebung, Eindrücke von hellstem Licht werden empfunden und der Sterbende sieht längst verstorbene Freunde und Familienmitglieder.

In der Literatur wird immer wieder betont, daß das Erleben von etwas Schönem den Hauptteil des Sterbevorgangs ausmacht, denn nach dem Brechen des Auges, läßt sich bemerken, wie sich die Gesichtszüge ebnen und glätten und der Mund einen oft geradezu seligen Zug annimmt. Es läßt sich nach dem großen Erforscher des Sterbevorganges Dr. med. F. Schwab daraus ableiten, daß wenn für den Zuschauer der Tod eingetreten ist, sich für den Sterbenden selbst noch einiges im Bewußtsein abspielt. Von Ertrinkenden, die wieder ins Leben zurückgeholt werden konnten, weiß man Ähnliches zu berichten; zuerst ein schrecklicher Todeskampf, danach aber befanden sie sich in einem harmonischen, beseligenden Zustand, hörten himmlische Musik und sahen wundervolle Landschaften.

Dr. Schwab berichtet in seinem ausgezeichneten Werk "Vor der Geburt und nach dem Tode" von einem ins Leben zurückgeholten Ertrunkenen:

"Bei Herrn H., war die Erinnerungsfähigkeit anscheinend ein ganzes Stück bis in den Tod vorgedrungen. Nach anfänglichen unliebsamen Erreignissen kamen ruhigere Gedankenabläufe und eine Schau seines ganzen bisherigen Lebens trat mit minutiöser Genauigkeit auf. Dann kamen wunderbare Bilder in allen Regenbogenfarben und Glockentöne.

Diese Phase endete und machte einem inneren Frieden Platz; alles wurde friedlich um ihn und die Geräusche aller Art verschwanden, Herr H. hatte das Gefühl, daß er sich eines ganz besonderen Wohlbefindens erfreue bei einer Temperatur, die weder zu warm noch zu kalt sei. Dannach fühlte er sich von der Erde in die Höhe gehoben und sich im Raume treiben, immer höher und höher und sah wie sich die Welt zu seinen Füßen ausbreitete."

Ähnliche Schilderungen kann man in der Literatur immer wieder über den Sterbevorgang nachlesen. Besonders hervorgehoben wird von Sterbenden, die im letzten Moment zurückgeholt werden konnten, das getreue Ablaufen des bisherigen Lebens in allen Einzelheiten. Das Leben rollt, beginnend mit den letzten Eindrücken die dem Tode vorausgingen, rückwärts und kaleidoskopartig in ungeheuerer Schärfe vor dem inneren Auge des Sterbenden ab.

Beim Sterben durchlebt der Mensch zusammengefasst drei Zustände. Zuerst eine Verdunkelungsperiode, wo dämonische Gestalten in den Gesichtskreis des Sterbenden treten. Dannach tritt ein Zustand völliger Öde und Einsamkeit ein, bei der die Person in eine Traumwelt versinkt, in der ihr Leben vor dem inneren Auge noch einmal abläuft. Zum Schluß kann das Brechen des Auges und die Verklärung des Antlitzes beobachtet werden, allerdings nur wie Dr. Schwab anhand langjähriger Erfahrungen zu berichten weiß, bei ethisch hochstehenden Personen.

Bei Menschen, die ihr Leben den niederen Genüssen, Leidenschaften und Trieben opferten, ist nicht viel von einer Verklärung zu bemerken, sie gehen ohne klares Bewußtsein durch diesen Teil des Todesweges, während sie die anderen Perioden mit ihrer Symbolwelt und Öde deutlicher empfinden. Der gewissensbelastete Mensch, soll (so viele Esoteriker) besonders die erste Epoche mit ihren dämonischen Astralerscheinungen stark verspüren.

In dem unbewußten Übergang in die andere Welt dürfte auch die Ursache zu sehen sein, daß, wie von okkulten Zirkeln häufig berichtet wird, Verstorbene kurze Zeit nach ihrem Tode, ihren neuen Zustand, selbst gar nicht gleich zu erkennen vermögen. Die Abgeschiedenen verbleiben noch längere Zeit in der Nähe ihres toten Körpers, bei ihren Angehörigen und auch in der ihnen bekannten Umgebung. Erst nach und nach werden sie sich ihres eigenen Todes bewußt und sind in der Lage sich von ihrer Umgebung zu lösen.

Dr. Schwab berichtet weiter in seinem Buch "Vor der

Geburt und nach dem Tode" von Menschen, die Tag, Stunde, ja mitunder sogar die genaue Minute ihres Todes voraussagen konnten, wie zum Beispiel Jakob Böhme, die Seherin von Prevorst (durch ihre bekannte innere Rechnung), die heilige Theresia und Swedenborg.

Auch der okkulte Schriftsteller Gustav Meyrink wußte am Abend vorher, daß er sterben müsse und nahm Abschied. Goethes Mutter wußte genau ihren Todestag, ordnete selbst noch alles an, ließ Kuchen backen und den Sarg bestellen. Auch Swedenborg sagte lange Zeit Tag und Stunde seines Todes voraus. Eine bekannte Stockholmer Persönlichkeit wollte ihn besuchen, aber vorher noch eine Reise unternehmen. Swedenborg, noch völlig gesund, ließ ihr sagen, sie werde ihn nach der Reise nicht mehr lebend antreffen und genauso traf so ein.

Nach ärztlichen Erfahrungen ist das Sterben nun kein allmähliches Erlöschen, kein immer weniger werden an Lebenskraft, sondern es konnte beobachtet werden, daß eine Zeitlang vor dem Tode eine Art Wende eintritt, von wo ab das Leben seine eifrigen Bemühungen, den Organismus zu erhalten, plötzlich aufgibt. Von da ab treten direkt dem Leben entgegengesetzte Strömungen auf. Alles zeigt nun eine mehr lösende Tendenz. Diese Wendung kann etliche Tage vor dem Tod eintreten, wobei sich der Patient noch ganz wohlfühlen kann. Aber alles, was der Arzt nun beginnt, um das Leben zu erhalten, schlägt nach der negativen Seite aus. Alle Arzneien, alle stärkenden Mittel wirken nicht mehr, ja wirken geradezu entgegengesetzt, so daß sie die bevorstehende Auflösung nur beschleunigen.

Diese Wendung nach der auflösenden Richtung tritt

oft von einem einzigen Augenblick an in Kraft. Ab diesem Moment merken manchmal die Kranken, daß ihnen nicht mehr zu helfen ist, daß sie fort müssen, daß ihre Stunde geschlagen hat. Und sie äußern sich darüber ganz eindeutig. Man kann sich dies nur okkult erklären, daß eben der Seelenorganismus (die Astralmatritze der Esoteriker) in diesem Augenblick eine Lockerung erfährt.

Was weiter mit dem inneren und äußeren Menschen beim Sterbevorgang geschieht, kann man nur noch erfahren, wenn man die Berichte von Hellsehern und Trancemedien studiert, die alle ziemlich übereinstimmende Aussagen machen. Im folgenden sind diese Schilderungen kurz zusammengefasst.

Der Körper des Menschen ist nicht mehr imstande, dem Geist und der Seele zu genügen. Die Organe scheinen sich gegen den Abzug des Astrals zu widersetzen. Sie arbeiten, ja kämpfen, um die belebenden Elemente festzuhalten. Diese physischen Veränderungen sind dem Sterbenden aber weder Schmerz noch Pein. Der Kopf des Sterbenden wird, wie Hellseher schildern, von einer zarten, feinen leuchtenden Wolke eingehüllt. Gleichzeitig stellen Groß- und Kleinhirn ihre gesetzmäßigen Verrichtungen ein, werden aber mit Lebenselektrizität und Lebensmagnetismus überladen. In diesem Zustand ist bereits der Prozeß des Sterbens, daß heißt die Trennung der feinstofflichen Prinzipien (Seele und Geist) vom physischen Körper in vollem Gange.

Das Gehirn zieht alle Lebenselemente (Elektrizität, Magnetismus, Empfindungen usw.) an sich. Der Kopf wird glänzend und in dem Verhältnis in dem Kopf und Gehirn erstrahlen, werden die Extremitäten dunkler und kälter. Über dem Kopf des Sterbenden entsteht eine fluidiale Wolke, die sich nach und nach zu dem geistigen Körper des Sterbenden verdichtet. Etwaige Mängel des ersterbenden physischen Körpers sind bei dem sich bildenden feinstofflichen Körper meist gänzlich beseitigt, ja er ist vielmehr von einer auffallenden, strahlenden und überirdischen Schönheit.

Während sich der neue unsichtbare Körper bildet, zeigt der sterbende physische Körper die Symptome von Schmerz und Unruhe. Diese Bewegungen sind jedoch nur Reflexe, hervorgerufen durch das Entweichen der Lebens- und Geisteskräfte aus den Gliedern und Eingeweiden. Von da aus fließen die Lebenskräfte des Menschen zum Gehirn und in den emporsteigenden geistigen Organismus.

Zwischen dem Geistkörper und dem zunehmend erkaltenden physischen Körper wird nun ein glänzender Strom pulsierender Lebensenergie von den Sensitiven wahrgenommen. Dieser Strom der als silberne Schnur beschrieben wird, ist vergleichbar mit der Nabelschnur des Neugeborenen, durch die der Säugling bis zur Entnabelung mit den Lebenskräften der Mutter versorgt wird.

Überraschend ist die weitere Aussage von Hellsehern, die berichten, daß ein kleiner Teil des lebenselektrischen Elementes, in den irdischen Organismus zurückfließt, sich in dessen ganzer Struktur verteilt und so die unmittelbare Auflösung des Körpers verhindert. In diesem Vorgang dürfte, die Ursache begründet sein, daß wie allgemein beobachtet, die Finger- und Fußnägel, sowie der Bart und die Kopfhaare noch eine Zeit nach dem eingetretenen Tod weiterwachsen.

Der Tod tritt dann dadurch ein, daß die silberne Astralschnur die den physischen Körper mit den höheren Prinzipien verbindet zerreißt. Dieses Zerreißen löst die Seele und den Geist vom stofflichen Körper und bewirkt den entgültigen Übergang in die jenseitige Welt.

Den Lehren der Esoterik zufolge ist es nun aber nicht gleich, in welchem Zustand man den Erdenplan verläßt. Es kommt vielmehr sehr auf die geistige Reife eines Menschen an. Schwingt die Persönlichkeit des Verstorbenen noch stark in der Welt der Begierden und war der Verblichene stark von seinen Trieben, und Leidenschaften beherrscht, so ist sein Todeslager umgeben von dämonischen Wesenheiten, die angezogen wurden durch bereits im Leben erfolgte gleichartige Schwingung. Im gegenteiligen Fall, wenn es sich um einen guten und geistigen Menschen gehandelt hat, ist der Verstorbene umgeben von harmonischen Wesen, die ihn weiterleiten und ihm weiterhelfen. Soweit zumindest die Schilderungen hellsichtiger.

Wie friedlich entschlafen manche Menschen und ein Lächeln liegt noch auf dem Gesicht des Verblichenen, wenn sie nach dem Verlassen ihres Körpers harmonische Wesen um sich sehen. Und wie grauenhaft verzerrt sind die Gesichtszüge Sterbender, wenn sie sich in der Todesstunde umringt sehen von dämonenhaften Wesenheiten. Man sagt, daß fast jeder Mensch bereits in seinem Leben von seinem Schutzgeist geleitet wird, oder seinem Dämon verfallen ist.

Auch von Tieren wird berichtet, daß sie etwas beim Sterbevorgang sehen. Und ein Hund oder eine Katze sieht sogar mehr als der Mensch mit seinen relativ schwachen Sinnen. Von Hunden wird berichtet, daß sie einen unfehlbaren Instinkt besitzen, der sie das Nahen des Todes erfühlen läßt. Hunde, die am Fußende des Bettes eines Kranken liegen, verlassen dieses Lager und verkriechen sich ängstlich in eine Zimmerecke, wenn das Sterben ihres Herren ein bestimmtes Stadium erreicht hat.

Mehr kann von dem Mysterium des Todes nicht mehr berichtet werden und abschließend sollen kurz einige Ratschläge für die trauernden Hinterbliebenen veröffentlicht werden.

Die Gestorbenen die sich nach dem Tode ja noch eine ganze Zeit in der Astralebene aufhalten, reagieren nach magischer Anschauung, noch sehr stark auf den physischen Plan mit seinen Ausstrahlungen. Aus diesem Grund sind spiritistische Zirkel eigentlich nichts weiter als energetisch-magnetische Rufzeichen in die jenseitige Welt.

Auch das jahrelange Trauern und Klagen um einen Verblichenen soll nach okkulter Ansicht unterlassen werden, denn dieses bildet immer wieder die Repercussion (Verbindung) hinüber zu dem Toten und erschwert dessen Entwicklung im Astrallicht. Die Toten benötigen ihre Ruhe um sich auf ihre nächste Inkarnation vorzubereiten und man tut aus diesem Grund gut daran, die Trauer um einen Verstorbenen zu verkürzen, man kann und soll ihm aber dennoch in Liebe und Dankbarkeit gedenken.

G. W. Surya der erleuchtete Rosenkreuzer und Homöopath schreibt in seinem wundervollen Buch "Moderne Rosenkreuzer": "Die Trauer beim Hinscheiden eines uns nahestehenden Menschen ist unnütz. Durch selbstsüchtiges Klagen der Zurückgebliebenen werden die Verstorbenen längere Zeit in der Astralregion zurückgehalten. Dies sind wahrlich keine Liebesbeweise, denn das Sehnen der Lebenden erreicht in der Tat die Abgeschiedenen und erweckt in ihnen irdische Erinnerungen. Der wahrhaft Gläubige trauert nicht. Trauer entspringt meist aus Unkenntnis, Unglauben oder Reue, daß man dem Toten bei Lebzeiten nicht das war, was man ihm hätte sein sollen."

So ist das Sterben, also nichts anderes als eine Geburt. Eine Geburt in der jenseitigen Welt während die Geburt auf dem physischen Plan nichts anderes ist, als ein Tod im Jenseits. Einen Tod im herkömmlichen Sinne aber gibt es überhaupt nicht, alles ist lediglich Veränderung und Umwandlung der Form. So wie im Winter das Wachstum auf den Feldern zum Erliegen kommt, so entstehen im Frühling und Sommer aus den Samen neues Leben. Wer dies erkannt hat verspürt keine Furcht mehr vor dem Tod. Das Mysterium des Sterbens hat für ihn seine Schrecken verloren.

Durch das bewußte Abtragen von Karma, der Schuld der vergangenen Leben, durch die Beherrschung und Überwindung von niederziehenden Begierden und Leidenschaften ist man in der Lage, sein zukünftiges Schicksal zu beherrschen und positiv zu gestalten. Dies ist die Entschlüsselung des bekannten Sinnspruches "Jeder Mensch ist seines Glückes Schmied" und die einzige Möglichkeit für einen geistigen Menschen sich vom Rad des Schicksals zu lösen und sich für neue Aufgaben vorzubereiten, die in höheren Sphären auf ihn warten.

Die Totenlehre und Todesrituale des "Bardo"

Bardo heißt wörtlich "Zwischenzustand" und bezieht sich auf die Vorstellung eines Zustandes der den Tod eines Individuums mit dessen späterer Wiedergeburt verbindet. Im folgenden werden zwei Werke des tibetischen Totenbuchs des "Bardo Thödol" wiedergegeben, die als Weisungen für den Sterbenden gedacht sind und ihm wesentliche Aufschlüsse über die jenseitige Welt vermitteln. Die Ratschläge des tibetischen Totenbuchs decken sich dabei weitgehend mit den Schilderungen westlicher Jenseitsforscher und Okkultisten.

In den meisten Fällen, wird einem gerade Verstorbenen (wie bereits im vorigen Kapitel angeführt), seine neue Existenzform oft gar nicht bewußt. Diese Wesen irren dann in der "anderen Welt" der Astralebene orientierungslos umher und suchen die ihnen bekannten Plätze auf dem irdischen Plan weiter auf. Um die Erkenntnis des eigenen Todes zu vermitteln und erste Hilfestellungen für das Verhalten im Jenseits zu geben, wurde der Bardo Thödol geschrieben.

Zwei Schriften des tibetischen Totenbuchs sind für den forschenden Okkultisten besonders bedeutsam und werden nachfolgend auszugsweise aus dem Werk von Alexandra David-Neel "Ralopa" wiedergegeben:

Schrift I:

Wisse, daß du den Körper verlassen hast, den du beseeltest. Blicke auf ihn, er liegt bewegungslos dort. Empfinde kein Bedauern. Empfinde keine Bindung an ihn. Verweile nicht bei denen, die deine Verwandten und Freunde waren. Versuche nicht mit ihnen zu reden. Deine Stimme ist klanglos, so daß dich niemand hören kann. Halte dich auch nicht auf, die Gegenden zu besuchen und die Gegenstände zu betrachten, die im Leben dir gehörten. Du hast keine Macht mehr sie zu bewegen und sie zu benützen. Sie sind für dich von keinem Wert, darum suche nicht die Bande zu ihnen zu erneuern.

Wisse, daß du in deinem Erdenleben einen Traum aus nicht beständigen Formen gestaltet hast. Da du die Befreiung nicht in dem Augenblick ergreifen konntest, in dem du deinen stofflichen Körper verlassen hast, wirst du fortfahren, angenehme oder leidvolle Träume zu träumen. Verstehe, jeder Bewußtseinszustand, den du entwickelt hast und der deine Persönlichkeit ausmachte, beginnt sich langsam aufzulösen, bis die Energie erschöpft ist, die durch vergangene Handlungen aktiviert und aufgespeichert wurde.

Aus der vergangenen Tätigkeit deines materiellen und mentalen Körpers steigen Visionen auf, die dich nun umgeben. Da durch deine Augen dein Bewußtsein der Formen und Farben entstanden ist, siehst du Formen und Farben. Da durch deine Ohren dein Bewußtsein der Töne entstanden ist, hörst du Klänge. Da durch deine Nase dein Bewußtsein des Geruchs entstanden ist, riechst du Düfte und Gerüche. Da durch deine Zunge dein Bewußtsein des Geschmacks entstanden ist, empfindest du Geschmack. Da durch deinen Körper dein Bewußtsein der Empfindungen entstanden ist, dessen Ursprung der Tastsinn ist, hast du Wahrnehmungen der Berührung. Da dein Geist Gedanken aus diesen Bewußtseinszuständen gezogen hat, kommen dir Gedanken.

Wisse, daß es sich hier nur um Trugbilder handelt. Kein Gegenstand, der sich dir darbietet ist Wirklichkeit. Es sind Ergebnisse der Tätigkeiten deiner vergangenen Bewußtseinszustände. Fürchte dich nicht vor ihnen. Betrachte sie mit Gleichgültigkeit und ohne Abneigung oder Begierde.

In jedem Menschen sind fünf Gifte:

1. Begehrlichkeit
2. Zorn
3. Unzucht
4. Stolz
5. Stumpfsinn.

In jedem Menschen sind fünf Weisheiten:

1. Die Weisheit der Werke
2. Die Weisheit der Entscheidung
3. Die Weisheit des Ausgleichs, die erkennt, daß alle Dinge, auch wenn sie noch so unterschiedlich erscheinen, in ihrem Wesen eins sind
4. Die Weisheit der Erkenntnis, die das Walten des Gesetzes von Ursache und Wirkung wiedergibt
5. Die Weisheit des Bereichs der Elemente, die sich der grundlegenden Einheit in der scheinbaren Vielheit bewußt ist.

Betrachte in völliger Ruhe die Visionen die sich dir im Astrallicht bieten. Was du siehst, ist nichts als das Widerspiel des Inhalts deines Geistes. Zurückgestrahlt durch den Spiegel der Leere. Wenn du dieses begreifst, wirst du fühlen, wie sich dein Astralkörper auflöst und du wirst bereit sein, den astralen Körper ebenso abzulegen wie den Stoffkörper.

Dennoch können die Fähigkeiten, die du durch diesen subtilen Körper besitzt, deine Täuschungen verdichten. Es genügt der Wunsch, an irgendeinem Ort, sei es auch am äußersten Ende der Welt zu sein, und es geschieht im selben Augenblick. Benutze diese Macht nicht, um an Orten umherzuirren, an denen du gelebt hast, und unter Menschen zu sein, zu denen dich der Durst deiner vergangenen Empfindungen hindrängt. Solange du noch den Wunsch, in einer individuellen Gestalt zu existieren besitzt, wirst du nicht in der Lage sein, dich vom Rad des Schicksals zu lösen. Du wirst dazu verdammt sein, weiter den Gesetzen von Ursache und Wirkung zu dienen.

Wiederstehe allen Verlockungen die dich zu einer neuen stofflichen Verkörperung drängen, um vergangenes Unrecht zu tilgen.

Hast du dich von allen irdischen Gefühlen abgewendet, bist du am Ende deines langen Traumes des Bardo angekommen. Nun stehst du vor dem Herrn des Todes. Du wirst vergeblich versuchen zu lügen und die schlechten Taten die du begangen hast zu verbergen. In dem widerstrahlenden Spiegel den der höchste Richter in Händen hält, erscheinen die Formen aller mentalen und physischen Handlungen. Wisse, daß alle Gestalten, welche du im Bardo erblickst und fürchtest nur unwirkliche Traumbilder sind, durch dich selbst erschaffen, von dir selbst projiziert ohne daß du sie als deine Schöpfungen erkennst.

Der Spiegel deines Schicksals ist deine Erinnerung, die die Kette deiner vergangenen Taten auferstehen läßt und sie richtet nach deinen eigenen Begriffen. Du selbst wirst nach deinen eigenen Neigungen dein Urteil sprechen und dir diese oder jene Wiedergeburt zuteilen. Kein schrecklicher Gott treibt dich an. Du gehst von allein. Die Gestalten der schrecklichen Wesen, die sich deiner bemächtigen und dich zu einer neuen Geburt drängen werden, sind von dir selbst mit den Kräften versehen, die in dir wohnen.

Wisse: Es gibt außerhalb deiner Trugbilder weder Herr noch Richter, weder Götter, Dämonen noch den Besieger des Todes. Verstehe dies und sei frei.

Schrift II:

Du, Verstorbener, der du diese Welt verlassen hast. Du bist tot, du hast deinen Körper fortgeworfen und noch keine neue Daseinsform gefunden! In diesem Augenblick lebst du im Bardo.

Die Früchte deiner verschiedenen Wahrnehmungen, die Gegenstände deiner Schrecken und Ängste werden dir erscheinen. Dies ist ein sicheres Zeichen, daß du im Bardo bist.

Du wirst erschreckende Geräusche vernehmen. Du wirst die Erde beben hören, das Meer tosen, die Winde heulen und den Feuerorkan brausen hören. Auch werden verschiedene Arten von Leiden sich erheben. Das sind sichere Zeichen, daß du im Bardo bist.

Du wirst dich in Ländern befinden, die dir unbekannt sind. Du wirst Wunder sehen, die dich erfreuen. Später erfaßt dich große Angst. Voller Bestürzung und Trauer wirst du unter zahllosen Gestalten Menschen deiner Bekanntschaft erkennen sowie Feinde die du noch nie vorher sahst, die einen werden dir helfen, die anderen dir Schaden zufügen. Dies ist ein sicheres Zeichen, daß du im Bardo bist.

Du wirst an jedem beliebigen Ort die dort befindlichen Menschen sehen, aber sie werden dich nicht wahrnehmen. Du möchtest mit deinen Freunden und Verwandten sprechen, mit denen du einst zusammenlebtest, aber du erhälst keine Antwort. Wenn du früher in ein entferntes Land fahren wolltest, mußtest du viel Zeit haben. Jetzt bist du dort, sobald du es dir in Gedanken wünschst. Grund hierfür ist die magische Kraft, die deinen vergangenen Handlungen innewohnt. Dies ist ein sicheres Zeichen, daß du im Bardo bist.

An jedem beliebigen Ort, an dem du dich befindest, werden die Fähigkeiten deiner Sinne vollkommen sein, dein Körper aber wird keinen Schatten werfen. Die Gnade, Mittelmäßigkeit oder Verdammnis des Ortes, an dem du wiedergeboren wirst und die Eigenschaften, die an deinen neuen Zustand gebunden sind, werden von der Kraft deiner vergangenen Handlungen bestimmt.

Bis auf einige wenige Gegenden kannst du ohne jedes Hindernis Berge, Grenzen, Gebäude und härteste Felsen durchschreiten. Dies sind sichere Zeichen, daß du im Bardo bist.

Gehst du auf eine Wiedergeburt in schlechten Welten zu, siehst du dich einen steilen Abhang herabsteigen.

Gehst du auf eine Wiedergeburt in einer der astralen Höllen zu, siehst du schwarze Zelte, verdorrte Baumstümpfe, Rauch und Wasser.

Gehst du auf einen Aufenthalt der Seligkeit zu, wirst du reines Gold, Stoffe aus weißem Tuch und ein mondklares Weiß erblicken.

Wenn dir Zeichen eine Wiedergeburt in den Welten der Glückseligkeit voraussagen, ist dies eine besondere Auszeichnung. Wenn du Zeichen siehst, die eine Wiedergeburt in schlechten Welten prophezeien, fürchte dich nicht. Die Wesen, die im Bardo sind, gleichen einem Schiff auf dem Wasser, dem es leicht ist die Richtung zu wechseln.

Wenn Angst in dir erwacht, so wisse, daß alles, was du auch sehen magst, nur Ausstrahlungen deines Geistes sind. In Wahrheit liegt in diesem allen nicht das geringste Körnchen an Wirklichkeit. Ebenso wie man im Traum vom Feuer verbrannt wird, im Wasser ertrinkt, von wilden Tieren getötet wird, ist auch hier kein Grund sich zu fürchten.

Freunde, Verwandte, Güter, die dein vergangenes Leben ausmachten, haben dich aufgegeben. Auch du mußt sie aufgegeben. Betrachte sie wie einen Traum, wie trügerische Erscheinungen. Bleibe an nichts gebunden. Wenn du dich an irgendetwas, was immer es auch sein mag, bindest, vermagst du dich nicht aus der Welt der Angst zu befreien, aus der Welt in der der König des Todes herrscht.

Hiermit endet der zweite Text des Bardo Thödol.

Viel Weisheit und verborgenes Wissen enthalten diese beiden Schriften, die auf Padmasambhava ("der aus dem Lotos Geborene"), einen der Begründer des tibetischen Buddhismus zurückgeführt werden.

Eigentlich sollte ein jeder Mensch, diese Schriften mindestens einmal in seinem Leben gelesen haben, um die Angst vor dem Tod, dem großen Mysterium zu überwinden. Das Wissen dieser beiden Schriften verhilft aber auch zu einer höheren Erkenntnis, die das mühselige und oft erbarmungslose Ringen und Streben nach weltlichen Genüssen, nach materiellen Freuden und Gütern als das darstellt, was sie in Wirklichkeit sind, "Maja" (Täuschung und Illusion).

Die Astralebene

Kama-Loka, die Astralebene, die sich etwa mit dem Fegefeuer des christlichen Glaubens vergleichen läßt, ist der Aufenthaltsort einer Unzahl verschiedener feinstofflicher Wesen. Die Astralebene kann in sieben- bzw. acht Schwingungszustände eingeteilt werden und besitzt als Farbschwingung ein sattes dunkles Rot, das sich in den höheren Schichten im Farbton verfeinert, gleichsam heller wird und in den obersten Schichten eine blaurote Farbe animmt. Die tiefste und gleichzeitig dichteste Ebene der Astralsphäre schwingt in, einem wunderbaren Tiefrot, dem sogenannten magischen Drometenrot.

In der ersten, der subtilsten Schicht des Astralplans schwingen die Wesenheiten, die in ihren Evolutionsbestrebungen bereits dabei sind, den Übergang zur Mentalebene zu vollziehen.

Der zweite und dritte Astralzustand ist die eigentliche Welt der Verstorbenen, deren Ableben naturgemäß erfolgte, während in der vierten Schwingung sich besonders die Opfer von Unglücksfällen, die Gefallenen des Krieges und die Toten der großen Seuchen und Krankheiten aufhalten.

Die fünfte Schwingung ist nach der theosophischen Lehre der Aufenthalt der Selbstmörder, sowie einer Reihe von astralen Ballungen, die als Schatten, Larven, Gespenster usw. bezeichnet werden.

In der sechsten und siebten Schicht schwingen die reinen Astraldämonen, die ergänzt werden durch die achte Schicht, welche als der Aufenthaltsort der astralen Vampire und Werwölfe, der Rassenüberreste früherer primitiver Menschheitsrassen gilt.

Nachstehend ist eine kurze Klassifizierung der Wesen des Astrallichtes angeben, wie sie durch die Geheimwissenschaft gelehrt wird:

Schatten

So wie ein gestorbener Mensch seinen stofflichen Leichnam auf der Erde und im Grabe zurückläßt, so läßt die Seele in Kama-Loka ihren Astralkörper zurück, wenn sie aufsteigt nach höheren Daseinsplänen. Der zurückgelassene Astralleib schwingt dann als Rudiment (Überbleibsel) noch eine kurze Zeit weiter, bis der letzte Rest astralen Manas aufgezehrt ist.

Larven

Larven sind Astralkörper ohne die geringste Spur von Lebenskraft. Sie sind gleichsam leblos, können aber, solange sie sich noch nicht gänzlich aufgelöst haben, durch magische Kräfte belebt werden. Larven werden aus diesem Grund oft von Astraldämonen als Erscheinungsformen genutzt und können so viel Unheil stiften, besonders bei spiritistischen Experimenten.

Gespenster

Als Gespenst bezeichnet man einen bestimmten Schwingungszustand der kurz nach dem Tode eines Menschen eintritt. Gespenster sind zeitlich und räumlich stark eingeschränkt und können nur solange existieren, wie sie noch mit einem toten Körper im Grabe in Verbindung stehen. Sie sind zahlreich auftretende Erscheinungen der Spukhäuser und Friedhöfe und vergehen erst nach und nach mit der Zersetzung und Auflösung des Leichnams.

Elementale

Ein Elemental ist eine durch Magie bewußt geschaffene astrale Form. Diese Form wird durch plastische und geschulte Vorstellung gebildet und derart verdichtet, daß sie in der Lage ist, bestimmte Aufgaben und Tätigkeiten zu verrichten, beispielsweise Personen beeinflussen, Kräfte heranziehen, Krankheiten lindern und vieles andere mehr, lediglich die Art der Ladung entscheidet über den Verwendungszweck eines Elementals.

Schemen

Schemen zuweilen auch als Larven bezeichnet (diese Wesen sind nicht mit den Astralkörpern von Verstorbenen zu verwechseln) entstehen durch starke psychische Erregungen wie; Furcht, Kummer, Sorge, Lust, Haß und dergleichen mehr. Je stärker der auftretende Erregungszustand ist, umso mehr feinstoffliche Energie und Od setzt ein Mensch frei und umso stärker, dichter und lebensfähiger wird dann so ein Astralschemen, namentlich dann, wenn sich ein und dieselbe psychische Erregung oft und regelmäßig wiederholt. Hört der Zustand der Erregung auf, indem der ursprünglichen Angelegenheit keine Beachtung mehr geschenkt wird, vergeht die Larve allmählich von selbst, bis sie sich schließlich in ihre elementaren Bestandteile auflöst.

Ein Schemen besitzt im fortgeschrittenen Zustand einen gewissen Selbsterhaltungstrieb und trachtet wie alle beseelten Formen danach seine Lebensdauer zu verlängern. Es stachelt daher bei jeder Gelegenheit die Leidenschaften der Menschen an, um die gewünschte Erregung aufs neue hervorzurufen und um sich mit den dadurch freigesetzten Energien neu zu beleben. Das hierin eine besondere Gefahr für ihre Opfer liegt, dürfte verständlich sein. So herrscht in der

Astralebene ein ständiges Gebähren und Absterben von Schemen.

Erosschemen

Diese besondere Unterart der Schemen entsteht meist unbewußt durch Reizung und Aufpeitschung des Geschlechtstriebes. Bei den vielen Menschen ist es ja der Fall, daß eine triebhafte Sinnlichkeit stark ausgeprägt ist, dazu kommt dann oft noch eine Überfunktion des Wurzelchakras. Durch diese permanente Überpolung des Sexus wird eine Überspannung des Nervenkörpers hervorgerufen.

Die sinnlich-astrale Schwingung dieser Menschen wirkt in der Regel ungemein anziehend auf die Astralwesen des dunklen Lichtes. Diese Kraftballungen spüren die sexuelle, ätherisch-magnetische Ausstrahlung eines Menschen sofort, reagieren gleichsam auf die ihnen sympathische Wellenlänge und erzeugen dann erotische Süchte bei den betreffenden Personen.

Eine Fotografie, ein Akt, oder die Vorstellung eines lebenden Körpers, den man im sexuellen Verlangen zu besitzen wünscht, genügt bereits zur Herbeiziehung oder Erschaffung eines Erosschemens. Durch ständige Sehnsuchtsgedanken oder sexuelle Praktiken ernährt sich dieses Schemen und bewirkt im verdichteten Zustand zuerst erotische Tagträumereien, später nächtliche Pollutionen und zuletzt verführt es zu andauernder exzessiver Masturbation.

Die durch Sperma oder Vagnialflüssigkeite freigesetzten konzentrierten fluidalen Lebenskräfte, werden von einem Erosschemen wie von einem Vampir aufgesogen und verhelfen so dem Sexualschemen zu immer größerem Einfluß. Das Opfer verliert den Boden unter den Füßen, verliert seine Willenskraft und das Schemen gewinnt allmählich die völlige Oberhand.

Dieser Zustand kann immer drastischere Formen annehmen und das Opfer zu geschlechtlichen Ausschweifungen, Exzessen und Perversionen manigfacher Art verführen. Ein Erosschemen kann sogar Wahnsinn und Selbstmord verursachen, wenn das Opfer sich nicht durch eigenen Willen, oder durch Hilfe von außen von dem Schemen zu lösen vermag.

Astralvampire - Astralwerwölfe

Diese Astralgebilde sind die schlimmsten Überreste früherer primitiver Urrassen, die so tief in ihrer Lebensauffassung gesunken waren, daß sie in der Reinkarnationsentwicklung noch unendlich weit zurück liegen. Teils stehen sie auch in direkter Verbindung mit höheren dämonischen Intelligenzien unseres Sonnensystems oder auch benachbarter Weltsysteme. Astralvampire ernähern sich nur durch Aussaugen und Anziehen niederer physischer, menschlicher und tierischer Lebenskräfte sowie von Lebensäther der speziell an Blut und Sperma gebunden ist.

Gregorius beschreibt in seinem hochmagischen Roman "Exorial" über die Magie des dunklen Lichtes das Phänomen der Astralvampire wie folgt:

"Vampirartige Astralwesen benötigen zu ihrer Erhaltung, Existenz und Sichtbarwerdung, odische und fluidale Kräfte. Ist ein solches Wesen erst einmal in der astralen Ebene manifestiert, schwingt also im ätherischen Lichte, so hat es das Bestreben, sich in diesem Zustand zu erhalten. Es versucht auf alle möglichen Arten, seinen astralen Organismus zu ernähren und ihm neue Kräfte zuzuführen. Es holt sich diese Nährstoffe am leichtesten vom physischen Plan und findet sie vor allem in den ätherischen Ausstrahlungen des Menschen, besonders in den Absonderungen seiner Drüsensekrete, also in der ätherischen Essenz des Schweißes, des Spermas und hauptsächlich des Blutes.

So wird ein solches Wesen, wenn ihm dazu genügend Zeit und Gelegenheit zur Verfügung steht, immer kräftiger und die Reperkussion mit dem Kräftespender, seinem Opfer, wird stärker und ist bald so fest, daß sie nicht mehr an Ort und Zeit gebunden ist.

Da sich dieser Vorgang in einer anderen Dimension abspielt, versagen hier alle ärztlichen und auch sonstigen Hilfsmittel. Mit der Zeit muß der mit einem Astralvampir in Reperkussion stehende Mensch an Kräfteverlust zu Grunde gehen und stirbt an allgemeiner körperlicher Erschöpfung. Der Fluidalverlust der Säfte macht zu einer Selbstvergiftung geneigt, die Drüsen fangen an zu stagnieren, es treten Lähmungserscheinungen in den wichtigsten Organen des Körpers auf, vor allem werden das Herz und die Milz in Mitleidenschaft gezogen.

Da Astralvampire sich in der dichtesten Schwingung des astralen Lichtes aufhalten, haben sie fast immer die Tendenz, sich wieder der physischen Ebene zu nähern und versuchen sich aus eigener Kraft wieder zu manifestieren."

Ein Astralvampir strebt nach einer neuen Inkarnation auf dem physischen Plan. Die okkulte Geheimlehre sagt, daß es in sehr seltenen Fällen, derartigen Wesen gelungen ist, sich wieder auf die physische Ebene zu drängen, indem sie nicht nur fremde Odkräfte dazu benutzten, sondern es auch vermochten, den eigenen, toten, organischen Körper vollständig neu zu beleben.

Diese totale Überwindung des leiblichen Todes kann natürlich nur unter sehr günstigen Umständen erfolgen, vor allem dann, wenn daß Wesen nach der Inkarnationslehre bereits sehr alt ist und ein besonderes magisches Wissen besitzt, das es im Laufe der Jahrtausende in den verschiedenen Leben sammeln konnte.

Diese Ausführungen über die Existenz der sogenannten astralen Vampire befindet sich in völliger Übereinstimmung mit den Aussagen des abgeschiedenen Geistes Franchezzo, der in seinem wunderbaren Buch: "Ein Wanderer im Lande der Geister" einen Erlebnisbericht über die Welt jenseits des Todes gibt.

Franchezzo schreibt: "Vampire sind Geister, die ein irdisches Dasein hatten und dieses so mißbraucht haben, daß ihre Seelen noch in den Astralhüllen eingekerkert sind. Sie entziehen Männern und Frauen das physische Lebenselement, um sich hierdurch selbst am Leben zu erhalten und um sich vor dem Versinken in weit tiefere Sphären zu retten. Diese Wesen hängen mit aller Kraft an ihrer Astralhülle und suchen deren Leben zu verlängern; gerade so wie Menschen mit schlechtem Gewissen oft nicht sterben wollen, weil sie fürchten, daß sie nach der Trennung von ihrem physischen Körper in unbekannte Tiefen der Finsternis und des Schreckens sinken werden. Die beständige Erneuerung des tierischen und astralen Lebens ermöglicht es diesen Vampiren, oft jahrhundertelang ihr Unwesen auf Erden zu treiben."

Doch lassen wir wieder den Altmeister der Magie Gregor A. Gregorius zu diesem Thema zu Wort kommen:

"Das magische Wissen und Können eines Menschen geht nie verloren und überdauert alle Inkarnationen, denn es ist eine der Voraussetzungen für eine nötige totale Überwindung des bindenden Erdgeistes.

Das Ziel eines Astralvampirs ist also nicht die Erlösung von der Erde, sondern die ihm vom Tode unterbrochene irdische Existenz fortzusetzen. Inwieweit ihm dabei Hilfe durch andere Astralwesen gewährt wird, ist schwer feststellbar, aber es steht fest, daß diese Hilfe durch einen sehr wissenden Magus oder Nekromanten durchaus möglich ist. Aber lebende Menschen mit derartigem Wissen und Erfahrungen sind in der heutigen Zeit ungeheuer selten anzutreffen und gelten als Meister hoher Einweihung.

Die Astralvampire zählen in der Klassifizierung zu den reinen Astraldämonen, welche dem Reinkarnationsrhythmus nur in großen Zwischenräumen unterworfen sind. Astralvampire besitzen in ihrer ätherischen, astralen Erscheinung eine tiefe, satte dunkelrote Ausstrahlung."

Diejenigen Wesenheiten, die man als Astralwerwölfe bezeichnet, sind in ihrer inneren Struktur noch weit schlimmer als Vampire. Sie sind teuflischer, grausamer und bestehen nur aus sadistischen und masochistischen Instinkten. Sie sind nach der Geheimlehre Überreste der vierten Wurzelrasse und liegen wahrscheinlich magisch verankert in der Epoche des untergegangenen Lemuria. Sie verkörpern sich noch, allerdings nur in seltenen Fällen und dann vorzugsweise in manchen südeuropäischen Rassen, in Rußland, Ungarn, Serbien usw., da in diesen Völkern die Blutmischung wahrscheinlich eine günstige Basis für eine Einkörperung dieser Wesen bildet.

Incubi und Succubi

Incubi (Drauflieger; männliche Sexualgeister) und Succubi (Drunterlieger; weibliche Geister) sind nach Gregorius Astralwesen, die er auch zu den Vampiren zählt. Er schreibt, daß in ihrer Entstehung eine große Tragik liegt, da jeder Mensch, der durch fortgesetzten Entzug von Lebenskraft durch einen Incubus oder Succubus ums Leben gekommen ist; gezwungen ist, sich in der Astralsphäre ebenfalls auf diese schreckliche Art und Weise am Leben zu erhalten.

Willy Schrödter berichtet in seinem Buch: "Magie, Geister, Mystik von einem im Jahre 1910 unter dem Titel: "Isabel-Astarte-Venus-Impulse dauern fort!" im Zentrallblatt für Okkultismus veröffentlichten Bericht eines jungen Mannes, der in den Einflußbereich eines Succubus geriet.

Schrödter beschreibt den Mann als einen faustisch veranlagten jungen Mann, der allabendlich die große Buhlerin Jesabel (Oberpriesterin des sexuell betonten Astartekultes) beschworen hatte und sich in der Zeitschrift um Hilfe wandte.

Der junge Mann berichtet von den Resultaten seiner Praktiken wie folgt: "Seit jener Zeit habe ich vor diesem Wesen keine Ruhe mehr. Zweimal wöchentlich kommt sie zu mir in's Bett, ohne daß ich mich ihrer Umarmung erwehren kann. Es kommt dabei immer zu Schwächungen meines Körpers, die mir ungemein geschadet haben. Wenn sie anwesend ist, fühle ich mich von einem netzartigen, nicht ausdrückbaren Etwas umgeben. Ich versuche, durch einen reinen Lebenswandel mich zu befreien, aber es geht nicht. Nach dem Erwachen habe ich meist die unbestimmte Erinnerung eines starken Kampfes."

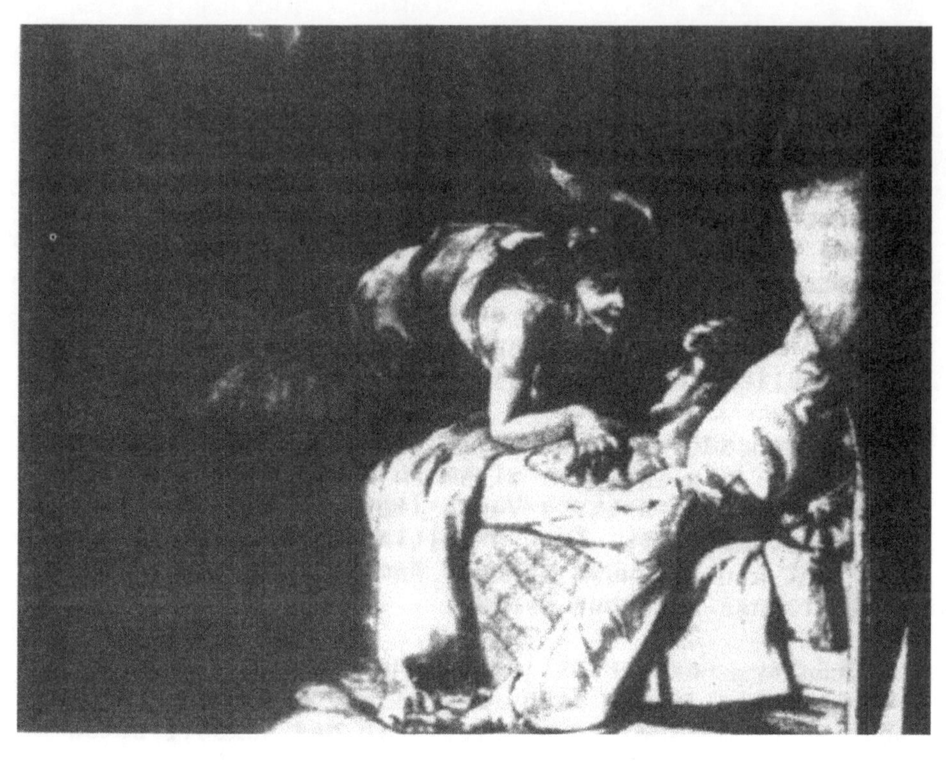

ENTZUG DER LEBENS- UND ODKRÄFTE

G. W. Surya erzählt in "Magie, Geister, Mystik" ebenfalls von einem jungen Mann, dem ein lateinisches Ritual zur Beschwörung von Naturgeistern in die Hände fiel und dem auf seine Anwendung hin zwei Sylphiden (weibliche Luftgeister) erschienen. Er erwählte die größere, es kam zu einem Liebesbund, der den Unbesonnenen stark mitnahm. Erst mit Hilfe eines praktizierenden Kabbalisten konnte der junge Mann seinen Besessenheitszustand überwinden und die Freiheit wiedererlangen.

Gregorius beschreibt in seinem ungeheuer tiefgründigen Werk: "Exorial" eine Beschwörung der Urmutter Nahema, die ebenfalls der sexuellen Sphäre zuzurechnen ist und die im folgenden wegen ihrer Eindringlichkeit auszugsweise wiedergegeben werden soll:

"Lucanus", schreibt Gregorius; begann mit befehlender Stimme eine Formel zu sprechen. Langsam, in lautmagischer Betonung der einzelnen Vokale rief er:

"Nahema! Ich rufe dich! Im Namen von Aratron!
Im Namen von Zaphkiel! Im Namen von Adonai!
Rufe und beschwöre ich dich Nahema!
Erscheine! Werde sichtbar!
Ich rufe dich kraft meines göttlichen magischen
Willens! Komme herauf aus der Tiefe! Nahema!
Nahema erscheine! Nahema erscheine!
Nahema erscheine!"

Neunmal wiederholte er laut diese Formel. Siebenmal rief er jeden Namen. Dabei zog er jedesmal das Symbol eines mit der Spitze nach unten gerichteten Dreiecks in die Luft über dem Eingang.

War da unten etwas? Auf einmal schien es, als wenn unten in der Tiefe im Dämmern des Gewölbes sich etwas bewegte. Das Wasser kreiste lautlos nach unten. Aber da!

Auf dem Grunde ballte sich etwas Wesenloses zusammen und nahm Form und Gestalt an... Es bildeten sich zwei Gestalten, die nach oben schwebten. Beide waren durchsichtig, wesenlos und doch geformt... Es waren zwei nackte Frauengestalten, die da emporkamen, wie Larven von Ertrunkenen und doch wieder wie erfüllt von unheimlichem Leben... Die Gesichter dieser beiden Wesen waren jetzt deutlich zu erkennen, die eine Frau hatte schwarzes, die andere blondes Haar. Beider Antlitze waren totenbleich, aber die Lippen erschienen blutrot...

...Arme streckten sich verlockend aus, starre, blutleere Antlitze begannen zu lächeln. Lucanus fühlte, wie zwei Hände seine Knie umklammerten, wie saugend umfaßten.

Das Antlitz der Frau war jetzt nur eine kurze Spanne von ihm entfernt und hob sich höher. Er spürte wie eine sonderbare, leidenschaftliche Erregung ihn plötzlich erfaßte. Er schaute auf die großen, weißen Brüste dieses Weibes, deren Spitzen steil emporstanden wie in Lust und sinnlicher Empfangsbereitschaft. Er spürte, wie seine Knie nachgeben wollten, wie sein Körper sich anschickte, sich nach unten gleiten und fallen zu lassen."

Diese kurze Schilderung eines realen Vorfalls (in dem Werk "Exorial" sind wahre Begebenheiten, die sich innerhalb der Geheimloge "Fraternitas Saturni" zugetragen haben, geschickt in Romanform verborgen) zeigt deutlich die Gefahren, die von astralen dämonischen Wesen ausgehen.

Astrale Ballungen reagieren ja sehr stark auf jede leidenschaftliche Erregung, besonders, wenn diese Erregung an die sexuelle Sphäre gekoppelt, oder durch das Vergießen von Blut hochgepeitscht wurde.

Astraldämonen

Astraldämonen und Erosdämonen setzen sich aus besonders bösartigen gestorbenen Menschen zusammen, die wegen ihrer Grausamkeit noch längere Zeit dazu verdammt sind, in der Astralebene zu bleiben. Oft handelt es sich bei Astraldämonen auch um Menschen, die sich bewußt mit schwarzer Magie beschäftigt haben.

Astrale dämonische Wesen sind beständig darauf aus, ihre Schwingungssubstanz vom physischen Plan aus zu ergänzen. Die großen Astraldämonen schwingen in einem tiefen schwarzroten Farbton, den der Mensch nur im Trancezustand wahrzunehmen vermag.

Alben

Alben sind astrale Wesenheiten ebenfalls dämonischen Charakters, die aber zur leichteren und weniger gefährlichen Art zu zählen sind. Sie ernähren sich speziell von dem Nervenäther der schlafenden Menschen und versuchen durch Ansaugen von Od des Solarplexus und des Wurzelchakras, ihre Lebenskräfte zu ergänzen. Der Albdruck ist eine häufige Erscheinung, und hat durchaus nicht immer nur Ernährungsstörungen als Ursache, meist liegt hier eine Kontaktanknüpfung des Schläfers mit Wesen der astralen Sphäre vor, mit wenig liebsamen allerdings.

Tierseelen

Man kann in der Astralebene auch Tiergestalten begegnen. Ein gestorbenes Tier hält sich jedoch in der Regel nur kurze Zeit in Kama-Loka auf, da die Seele des Tieres zu ihrer Gruppenseele zurückkehrt und die meisten tierischen Formen zu gering ausgeprägte geistige Eigenschaften besitzen, um als Einzelseele länger in der Astralwelt zu existieren.

Wohl sind einige hochentwickelte Tiergruppen, wie Menschenaffen, Hunde, Pferde, Delphine oder Katzen in ihrer Entwicklungsbasis schon so hochgepolt, daß sie einen kürzeren astralen Zustand nach ihrem Tode erreichen, aber ihre Evolution vollzieht sich dennoch auf Grund der Gesetze der Gruppenseele.

Durch liebevolle Behandlung und seelische Beeinflussung des einzelnen Tieres kann der Mensch bewußt das Reifen der Gruppenseele der betreffenden Gattung fördern. Auch unter den Tieren gibt es heute schon Individuen, die sich in ihrer Schwingung der Grenze zum Menschen stark angenähert haben, also vor ihrer Abtrennung aus der Gruppenseele stehen, und vielleicht in einer der nächsten Inkarnationen als niederes menschliches Ego in den primitiven Völkern eingekörpert werden.

Hier liegt klar der tiefe esoterische Wert der östlichen Religionen verborgen, die grundsätzlich das Töten von Tieren verbieten. Auch das Rosenkreuzertum spricht nicht umsonst von den Tieren als den jüngeren Brüdern des Menschen!

Naturgeister

Die Wesen des Naturreichs und der vier Elemente zählen nicht zur Menschheit und gehören nicht der Entwicklungsrunde der menschlichen Monade an. Sie sind zwar in ihrer Entwicklungsbasis an die Erde gebunden, benutzen diese aber nur als Durchgangsstation zu ihrer weiteren Evolution und auch haben auch keinerlei Verbindungsmöglichkeit zur Menschheit selbst.

Man klassifiziert die Naturgeister in:

1. Salamander - Element Feuer
2. Nixen und Undinen - Element Wasser
3. Sylphen und Elfen - Element Luft und
4. Gnomen und Kobolde - Element Erde.

Die Wesen der vier Elemente stehen der Menschheit in den meisten Fällen ablehnend gegenüber. Eine bewußt gute Gedankenausstrahlung zieht vor allen Dingen die Erdgeister an, die in ihrer Art dem Menschen noch am freundlichsten gesonnen sind. Die Feuer-, Luft- und Wassergeister sind in ihrem Verhalten stark an dem Einfluß ihrer Umgebung orientiert.

Devas

Die Engel der christlichen Kirche, in der Geheimlehre als Devas bezeichnet, sind hochentwickelte Wesenheiten, die nicht mehr der Astralebene angehören. Sie können sich jedoch in eine niedrigere astrale Schwingung versetzen, um dort bestimmte Ziele und Aufgaben zu erfüllen. Man nennt diese Erscheinungen dann "Kamadevas" (Engel des astralen Lichts).

Eine sehr schöne Einführung in das Wirken der Engel der astralen Sphäre und ihre Arbeitsweise vermittelt das Buch: "Was uns erwartet" von der Geistigen Loge, Zürich.

Der Hüter der Schwelle

Das Ziel jeder okkulten Ausbildung ist neben der Entwicklung übersinnlicher Fähigkeiten und der Kristallisation des Egos, die Verschmelzung von Ober- und Unterbewußtsein oder esoterisch ausgedrückt, die Vereinigung mit dem eigenen Schutzgeist.

Dieser Vorgang, der auch den Hauptbestandteil der Einweihungszeremonie bei magisch arbeitenden Geheimlogen bildet, ist einer der interessantesten Vorgänge der menschlichen Seelentätigkeit. Bei der Konfrontation mit den Kräften des eigenen Ich, erkennt man seine bisherige Persönlichkeit unverfälscht und unbeschönigt in einer nie gekannten Härte und Unvollkommenheit. Man erlebt das Schauen des Erdenrestes, die Konfrontation mit dem Hüter der Schwelle.

Dieser Hüter, dem der Mensch normalerweise erst in der Todesstunde begegnet, ist der Dämon des eigenen Ich, der die Verfehlungen der vergangenen Leben, das Karma und die angehäufte Schuld darstellt. Der Hüter der Schwelle steht bereits bei der Geburt an der Wiege des Menschen und verkörpert die Mängel und Schuld, die der Mensch aus seinen Inkarnationen mit in das neue Dasein bringt.

Kinder erleben oft Schattenreflexe dieses Hüters und leiden bisweilen an Nachtangst, wo sie schreiend erwachen und glauben von einer riesigen Welle überschwemmt, einer Glocke erstickt oder von schrecklichen Gestalten überfallen zu werden. Der Schlund dieses Abgrundes schließt sich erst im Laufe der Jahre und öffnet seine Pforten neuerlich, wenn der Mensch im Sterben liegt.

Vor dem Hüter der Schwelle, an dem die Sterbenden mit Grauen vorüber müssen, stehen manche Menschen schon zu einer bestimmten Zeit ihres Lebens. Denn es kommt für den praktizierenden Mystiker oder Magier die Zeit, an der er zu einer Entscheidung gelangen muß. Wo er sich entscheiden muß, ob er der Sklave seiner Triebe und Bedürfnisse bleiben und dem Einfluß des äußern und vergänglichen Scheinwillens weiter unterworfen sein will, oder ob er sich auf seine inneren Werte, auf den unsterblichen Funken seines Egos besinnt.

Diese Entwicklung und geistige Umwandlung tritt jedoch erst dann an einen Menschen heran, wenn dieser stark genug geworden ist, daß er den Widerstand des Hüters der Schwelle zerbrechen kann. Der Hüter, das personifizierte Karma tritt einem oberflächlichen Menschen nicht gegenüber, da sich dieser noch zu sehr mit seinem dunklen Seelenteil identifiziert um diesen überhaupt erkennen zu können.

Josef Dürr beschreibt in seinem interessanten Werk "Experimentaldämonologie" den Vorgang der Konfrontation mit dem Hüter der Schwelle höchst eindringlich, so daß er im nachfolgenden zitiert werden soll:

"In einem dunklen Raum, ganz mit schwarzem Tuch ausgeschlagen und nur von mattem Rubinlicht spärlich beleuchtet, steht in der Mitte auf keilförmigem Sockel ein Sarg. Der Neophyt wird von einem Führer dorthin geleitet und ersucht, sich in den Sarg zu legen. Dann wird der Deckel aufgelegt. In diesem befindet sich, gerade vor dem Gesicht, eine dreieckige oder runde Öffnung, die der Luftzufuhr dient und durch die der Neophyt nichts sieht als das gleichmäßige Schwarz der vor ihm befindlichen Wand.

Der Neophyt wird ermahnt, seine Augen so viel und so lange wie möglich auf die schwarze Wand zu heften und dem Drange einzuschlafen nur dann nachzugeben, wenn alle Bemühungen es nicht mehr verhindern können. Allen seinen Gedanken und Eindrücken möge er die größte Aufmerksamkeit schenken. Der Führer erklärt ihm noch, ehe er ihn verläßt, daß er nach freiem Willen handeln, Sarg und Raum verlassen könne, wenn er dies für nötig halte. Doch der Zweck des Mysteriums sei der, auszuharren, bis der Führer wieder erscheine.

Anfangs kommt jedem Neophyten die Stille, welche um ihn herrscht, drückend und unheimlich vor. Das Licht, dessen Brenndauer auf eine bestimmte Zeit bemessen ist, verlöscht, sodaß er bald in völliges Grabesdunkel eingehüllt ist. Doch er weiß, daß er in Gottes und guter Menschen Hand ist und daß er nichts zu fürchten braucht.

Während der Neophyt voll Erwartung des Kommenden in der Grabesruhe des Sarges liegt, beginnen allerlei Erinnerungen an sein verflossenes Leben an ihm vorrüber zu ziehen. Er sieht alle seine Fehler und Schwächen, die er früher so oft und leicht zu entschuldigen wußte, in einem ganz anderen Licht. Sie stehen wie Ankläger vor seiner Seele, und eine große Furcht beginnt sein Inneres wider seinen Willen zu beschleichen.

Viele packt in diesen Augenblicken ein solches Entsetzen, daß sie fliehen möchten. Doch wer sich mutig aufrafft und auf sich selbst besinnt, hat die erste Stufe dieses Experimentes überwunden. Die Seele beruhigt sich wieder. Aber durch den fortwährenden Blick in das pechschwarze Dunkel, daß den Neophyten wie ein Mantel umgibt, kommen immer neue, ganz eigenartige Gefühle und Gedanken über ihn. Es kommt ihm allmählich vor, als hätte er keinen lebenden Körper mehr, als sei jedes Gefühl aus seinen Gliedern verschwunden.

Später bemerkt er ein eigentümliches Wogen, ein Auf- und Niedersteigen von Schatten vor seinen Augen, gerade so als ob die Dunkelheit flüssig würde und sich bewege wie schwarze Dämpfe.

Vereinzelt beginnt es hier und da aufzublitzen und lichte Punkte schweben durch die Dunkelheit. Die Tattwas leuchten zeitweise in allen Farben auf. Mit der Zeit scheint sich das Durcheinanderwogen der Dunkelheit mit den flüchtigen, undeutlichen Schatten zu legen. Nun aber geht die pechschwarze Dunkelheit in schwarzrotes, ätherisch flimmerndes Licht über, welches aber immer wieder in die Dunkelheit zurückfällt. Eine schwer definierbare, ätherische Vibration durchflutet das Dunkel, und bald wird die Bewegung stärker. Es scheint, als ob etwas Rot in die schwarze Farbe gemischt wäre und nun das Rot mehr hervorträte.

Nun bemerkt der Neophyt in dem schwarzroten Licht andere Bewegungen. Doch es ist nicht die dunkelrote Atmosphäre, die sich bewegt, sondern noch viel dunklere Formen. Nun kommt für jeden ein schrecklicher Augenblick: Ein grauenvolles Etwas, eine Vermischung der Formen Mensch und Tier, grinst ihn einige Augenblicke furchtbar an. Dann verschwindet es wieder, und andere verzerrte Formen und Gesichter tauchen auf, bis man sich inmitten eines gräulichen Hexentanzes wähnt.

Wieder wird der Neophyt, von Entsetzen gepackt, die Freiheit suchen wollen, doch nun verschwinden auf einmal alle Phantome und wieder ist er in das rabenschwarze Dunkel eingehüllt. Er wird sich seiner Furcht schämen und den Vorsatz fassen, die jetzt wieder aufs neue auftretenden Erscheinungen mit ruhigem Gemüt zu beobachten. Bald wird wieder, diesmal etwas lichteres Rot, in die Dunkelheit treten. Nun kommen die verzerrten Formen und teuflichen Gesichter wieder, und Furcht und Grauen wird abermals trotz des guten Vorsatzes den Neophyten beschleichen.

Die ganze Atmosphäre scheint sich in einen giftigen, wimmelnden Brei zu verwandeln, der alles Leben mit tödlichem Hauche anweht.

Ein neuer Schrecken tritt in Erscheinung. Etwas Schleimiges, Schmieriges kommt an den Sarg heran. Es hebt und senkt sich, zieht sich bald in die Länge, bald in die Breite und gleitet mit schlangenartigen Bewegungen unheimlich über das Fußende des Sarges hin. Dort scheint es eine Weile zu lauern, dringt dann in den Deckel ein, geht über die Füße, die Knie und über den Leib des Neophyten, der in diesem Augenblick weder schreien noch sich bewegen kann. Das greuliche Wesen scheint ihn zu umfassen und zu erdrücken.

Solange dieses Wesen auf der Brust des Neophyten ruht, wirkt es wie ein Alp. Bald erreicht es den Hals und bedeckt kalt und schleimig das Gesicht des Neophyten, ohne daß dieser sich des ekelhaften Dinges erwehren kann. Zuletzt zieht sich ein Teil der ätherischen, flüssigen, schmierigen Masse zu einem Gesicht zusammen, das ihn höhnisch, höllisch lächelnd angrinst. Es zieht seinen Atem ein, so daß es ihm ist, als wenn es wie ein Vampir sein ganzes Leben aufsauge.

Der Neophyt vermag sich nicht zu rühren; er ist wie erstarrt und eines Grabeskälte kommt über ihn. Dann wird er meist auf einige Zeit bewußtlos. Wenn sein Bewußtsein wiederkehrt, ist zu seinem Schrecken das Gespenst immer noch da und grinst ihn mit teuflischer Freude an. Es überkommt ihn zuweilen eine grenzenlose Apathie, so daß er dazu neigt, sich seinem Schicksal, welches es auch sein möge, willenlos zu ergeben.

Nun aber beginnt das göttliche Prinzip in ihm zu erwachen. Er beginnt zu erkennen, daß dieses unaussprechliche Wesen das Böse seiner Natur ist, dem er durch seine mentale Energie Leben und Verkörperung verliehen hat und das er es, als sein Schöpfer nun besiegen und zerstören muß, auf das es ihn nicht selbst zerstört.

Der Neophyt wird nun ruhiger und kann dem Schrecken beherzt in das verzerrte Gesicht blicken. Er fühlt, daß er unfähig ist, sich zu rühren, ihm seinen Willen entgegenzusetzen und es deshalb mit geistigen Waffen bekämpfen muß. Die Furcht ist in dem Augenblick überwunden, als der Neophyt erkennt, daß das Wesen seine Existenz nur den eigenen bösen Gedanken, Gefühlen und Werken verdankt. Er muß nun fest wollen, daß das Wesen zurückweicht, langsam und zögernd wird es dann zurückgehen. Sobald die Willenskraft nur einen Augenblick erlahmt, strebt es wieder vorwärts und muß wieder von neuem mit festem Willen zurückgetrieben werden.

Nach längerem geistigen Ringen mit diesem fürchterlichen Wesen verläßt es endlich den Körper des Neophyten und verschwindet in der Dunkelheit. Die geistigen Anstrengungen, des Neophyten treiben ihm kalten Schweiß aus allen Poren, aber er hat nun wieder die volle Bewegungsfreiheit.

Es ist nun wieder völlig dunkel um ihn her und es kommt ihm vor, als hätte er schon viele Stunden, ja tagelang so gelegen, während es nur eine kurze Zeit war. Nach einigen Minuten erscheint der scharlachrote Äthernebel wieder. Dann aber wird er heller und heller und die ganze Atmosphäre nimmt eine Orangefärbung an. Allerlei Formen schweben, fliegen, kriechen und tanzen auch in diesem Licht. Es sind immer noch verzerrte und verunstaltete Formen, aber diese flößen keinen so großen Schrecken mehr ein.

Keine dieser Formen kann sich so schrecklich gestalten, wie das vorher gesehene und besiegte Gespenst. Immer, wenn der Neophyt ermüdet, verschwindet das Licht und macht einer vollständigen Dunkelheit Platz. Daran erkennt er, daß er sich selbst beherrschen muß, denn es kommt nicht von außen, sondern ist ein Produkt seiner Seelenkräfte, was ihm jetzt erst zur völligen Gewißheit wird. Bei jeder neuen Anstrengung, es wieder in Erscheinung zu bringen, kehrt es zurück, mit dem Dunkelrot anfangend, dann in die Orangefarbe und ins Gelbe übergehend, bis nach mehreren Versuchen die ganze Skala der astralen Farben nacheinander zu sehen ist.

Durch all diese Farben kann man bewegte Formen sehen. Sie verlieren an Verzerrtheit und krüppelhafter Gestaltung, je höher die Farbe der Skala ist. In der violetten Farbe sind die Gestalten leicht beschwingte Wesen, die wie Schmetterlinge, Sylphen und Undinen aussehen.

Wenn es dem Neophyten möglich ist, auch das Violett festzuhalten, dann geht dieses plötzlich in eine braune Farbe über, in der sich alle anderen mischen.

Sodann wird es hell in diesem Braun, gleich einer Morgendämmerung; zuerst blaugrau, dann immer heller werdend, bis den Neophyten ein weißes, silbernes Licht umgibt. Hier sieht er zum ersten Mal menschliche Gestalten, aber von unbestimmter Form und ätherisch durchsichtig. Wunderbare Inspirationen aus einer höheren Welt setzen ein, und je länger er das silberne Licht vor sich zu halten sucht, desto reiner und vollständiger werden seine Gesichte.

Vor seinem inneren Auge bereiten sich liebliche Landschaften, Berge, Täler, Wälder, Quellen und Seen aus. Bekannte und unbekannte Personen, auch Geisteswesen treten mit ihm in astralen Verkehr. Die astral realen Visionen seiner Seele sind wunderbar und hinterlassen einen gewaltigen Eindruck.

Nach etwa drei Stunden, solange währt das Experiment, erscheint der Führer und befreit den Neophyten."

Diese detailierte und beeindruckende Schilderung von Josef Dürr beschreibt die Konfrontation mit dem Dämon des eigenen Ich, der alle niederen Triebe, Leidenschaften und negativen Seinszustände des Unterbewußten verkörpert. Das niedere Selbst wird aber durch den Zustand der okkulten Einweihung bezwungen und die schlafenden höheren Prinzipien des Neophyten erweckt.

Dieser Vorgang bei dem der Seelenzustand eines Menschen auf das nachhaltigste beeinflusst wird, löst einen Umdenkungsprozeß aus, der symptomatisch ist für die weitere Entwicklung und Kristallisation des Schülers der geheimen Wissenschaften.

Blutmagie

Schon in dem Wort Blut liegt ein magischer Wortzauber nach der Lehre der Vokalmagie. Sehr viele wichtige, tief in das Bewußtsein der Menschheit eingegrabene Begriffe verbinden sich mit dem Wort "Blut". Es sei hier nur an Begriffe wie: Blutsverwandtschaft, Blutsbrüderschaft, Blutschande usw. erinnert.

In den Sitten und Gebräuchen der Völker, in deren Überlieferrungen, Märchen und Sagen aber auch in vielen Redewendungen, findet man noch viel wahres über die Bedeutung des Blutes verborgen. Im Volksmund heißt es z.B.: "Es liegt mir im Blute", oder "Ruhiges Blut bewahren" oder: "Böses Blut machen" oder: "Das Blut zwingt" usw. Das hat alles seinen tieferen Sinn.

Die Medizin lehrt, daß die Molekularverbindungen des Blutes imstande sind, Gas aufzunehmen, wie es bei Gasvergiftungen oder im Ätherrausche der Fall ist. Durch dieses Zusammenfließen von ätherischen Substanzen werden magnetische Spannungen erzeugt. An die Blutmoleküle sind subtile Teilchen von Gas und Äther gebunden, die durch einen immerwährenden Spannungsausgleichs einen lebendigen Rhythmus im Blut erzeugen, also das Leben selbst.

Es ist nun nicht schwer, diese Spannungszustände im Blut zu verstärken. Durch Beschleunigung des Blutkreislaufes, wie er durch Fieberzustände, durch verschiedene Aufregungen, durch Alkohol, durch geschlechtliche Erregungen und viele Rauschmittel eintritt erhöht sich dieser Spannungszustand oft erheblich.

Es ist aber auch möglich, die Beschleunigung des Blutkreislaufes durch entsprechende Willens- und Energieimpulse bewußt herbeizuführen (Atemtechniken, Runenyoga, Trancezustände usw.), so daß die Spannungszustände derart verstärkt werden können, daß sie als Ausstrahlung expansiv wirken. Dadurch wird der Ätherkörper des Menschen stark aktiviert.

Auch der umgekehrte Weg ist möglich. Durch eine Verlangsamung und Dämpfung des Blutkreislaufs kann eine starke Bindung der Spannungszustände im Blut erreicht werden. Das Blut wird in seinen ätherrischen Zusammensetzungen gewissermaßen gestaut und es entsteht eine Einstrahlungstendenz, die sogar zur Aufnahme der feinstofflichen Strahlungen der Umgebung führen kann innerhalb einer bestimmten Reichweite des Individuums. Der Ätherkörper des Menschen wird so negativer und aufnahmefähiger. Es entsteht Medialität. Somnambulismus und Medialität kann man aber auch durch künstlichen Schlafzustand, durch Magnetismus, durch Hypnose oder durch entsprechende Drogen herbeiführen. Mehr zu diesen Praktiken, wird in späteren Kapiteln gesagt werden.

Der menschliche Körper besitzt eine ganze Anzahl von innersekretorischen Drüsen, wie z.B. die Milz, die Schild- und Bauchspeicheldrüse, die Keim-, Thymus-, Zirbel- und Lymphdrüsen sowie die Nebennieren. Alle diese Drüsen helfen durch ihre Sekretionen an dem Aufbau der Blutstoffe mit und die Drüsenausscheidungen, (die sogenannten Hormone) sind lebenswichtig für den menschlichen Organismus.

Die beschriebenen Energiespannungen im Blut finden besonders im Blutkreislauf in der Gegend der inneren Sekretionsdrüsen statt. Dort sind sie auch am stärksten wahrnehmbar.

Nach der okkulten Lehre liegen direkt über diesen Nervenplexen im Ätherkörper des Menschen die sogenannten Chakra. Die Chakras sind die Transformatoren der Energien zwischen den einzelnen Schwingungskörpern des Menschen. Man weiß, daß durch bestimmte Reizstoffe der Geschlechtsdrüsen eine Verjüngung ("Frischzellenbehandlung") stattfinden kann. Diese Verjüngung ist im Grunde nichts weiter als die Herbeiführung eines neuen Spannungszustandes im Blut, einer neuen Rhythmik im Menschen, durch verstärkte Sekretionen verursacht.

Eine ähnliche Aufladung kann auch erzielt werden durch magnetische Einstrahlungen oder durch Sexualmagie, die aber nur eine vorübergehende Wirkung besitzen.

Das Blut ist der Träger der odmagnetischen Kräfte des Menschen. Man kann auch sagen: "Das Blut ist der Sitz der Seele". Das Wissen um die geheimnisvollen Kräfte des Blutes ist uralt. Die alten Juden, welche als Volk zum Teil als Erben der altbabylonischen und auch ägyptischen Magie zu bezeichnen sind, wissen sehr wohl, warum sie das Essen des Blutes als Speise verbieten.

Die Schächtung von Tieren, so verabscheuungswürdig diese auch ist, hat einen esoterischen und magischen Hintergrund. Es ist im Grunde genommen nur eine Vorsichtsmaßnahme, sich nicht mit den Blut- und Seeleneinflüssen tierischer Wesen zu ernähren.

Auch das jüdische Beschneidungsritual ist eigentlich nur ein Blutopfer. So ist es klar, warum nach der Geheimlehre einem esoterisch eingestellten Menschen jeglicher Fleischgenuß verboten ist. Es liegen hier hohe ethische aber auch magischen Gründe zugrunde.

Die eingeweihten östlichen Völker besitzen dieses Wissen schon lange und richten sich danach.

Man kann nun leicht einsehen und begreifen, wie gefährlich schwarzmagische Praktiken sind, wenn ein eingeweihter Magier bewußte Blutmagie betreibt und zur Opferung statt Blumen und Früchte das Blut eines lebenden Wesens verwendet. Das Blut ist ihm ja Mittel zum Zweck, denn er beabsichtigt, durch das vergießen des frischen Blutes die Odkräfte, die an das Blut gebunden sind, freizusetzen.

Einerseits wird dadurch um den amtierenden Magus eine starke und nachweisbare Blutätherspannung erzeugt, die gleichsam ein Lockmittel für die Dämonen der Astralsphäre darstellt und andererseits dient sie den Astraldämonen als Aufbau- und Stärkungsmittel für eine gewollte Manifestation und Sichtbarwerdung. Blut bindet!

Natürlich trinken Astraldämonen nicht tatsächlich Blut, sondern sie verwenden die durch die Opferung frei werdenden Blutsubstanzen und den Blutäther nur zu ihrer Verdichtung und Materialisation. Außerdem ist auch das vergossene lebenswarme Blut für den Magier ein starkes Stimulanzmittel, durch das er seine sowieso schon hohe Energiespannung nun auch noch ätherisch steigert in einer Art von Blutrausch, was noch stärker der Fall ist, wenn er bei der Opferung das lebenswarme Blut trinkt.

Diese Praktiken waren ja bei den großen Blutkulten und Menschenopferungen der antiken Völker ein wichtiges Gebrauchstum. Der Unterschied zwischen weißer und schwarzer Magie ist schon durch das Opfer gegeben. Blutopfer ist immer schwarze Magie!

Es ist für den Magus sehr schwer, einmal beschworene und mit Blutäther genährte Dämonien wieder loszuwerden. Goethe sagt in seinem Zauberlehrling ganz richtig: "Die Geister, die ich rief, werde ich nun nicht mehr los", oder in seinem Faust: "Dämonen, weiß ich, wird man schwerlich los, das magisch strenge Band ist schwer zu trennen". Goethe hatte ja durch den Hofrat von Eckartshausen ein gutes magisches Wissen erhalten.

Es sind tiefe Abgründe, in die ein Magus geraten kann. So war z.B. der Franzose Gilles de Rais (Marshall der Bretagne) zu einem wahren magischen Untier geworden, indem er innerhalb weniger Jahre etwa 800 Kinder (sogar ungeborene) für seine Schwarzen Messen opferte, schlachtete und sowie vor und nach dem Tode sexuell mißbrauchte.

Auch in den heutzutage ausgeübten satanischen Messen wird noch Blut verwandt und auch der Woodu-Kult in Haiti bedient sich noch des Blutopfers.

So ist auch jeder Krieg und überhaupt jedes Blutvergießen, ein magisches Verbrechen gegen die Harmoniegesetze des Kosmos und findet stets seinen karmischen Ausgleich. Nach der esoterischen Lehre sind alle Völker, die sich Blutopferungen bedienten, verdammt und ausgemerzt worden. Ein geschichtlicher Rückblick bestätigt diese Behauptung. Auch Gilles de Rais, zu seiner Zeit der reichste Mann Frankreichs, wurde 1440 auf dem Scheiterhaufen verbrannt.

In der Bibel heißt es: "Denn die Seele des Fleisches ist im Blute und ich habe es euch auf dem Altar gegeben, um für eure Seelen Sühne zu schaffen, denn das Blut bewirkt Sühne durch die Seele" (Levi. 17. Kap. 11. Vers).

Auch die Opferung Abrahams, der seinen eigenen Sohn töten wollte, kann nach diesen Gesichtspunkten beurteilt werden. Das Opfern eines Menschen ist natürlich wirksamer, als die Opferung eines Tieres, zumal wenn es sich um eine reine Jungfrau oder um unschuldige Kinder handelt.

Das wichtigste Opferorgan ist das Herz. In einer alten, magischen Regel heißt es: "Da die Seele des Opfers in Verbindung gesetzt wird mit der Seele des Opfernden durch das Opfer, so ist sie für ihn der Mittler zu Gott. Da die Menschenseele und Tierseele sich nahestehen, so kann auch die Tierseele eintreten für den Menschen bei Gott!"

Das Opfer galt ja nicht nur als Sühneakt, sondern war auch ein Symbol der Hingabe an Gott. Die schuldige Seele will ihre Schuld tilgen durch die Sühnehandlung des Opfers.

So ist auch das Tieropfer eine schändliche Handlung. Früher schlachtete man für die männlichen Gottheiten nur männliche Tiere, für die weiblichen Gottheiten weibliche Tiere. Für die Götter des Himmels nahm man weiße Tiere, für die Götter der Unterwelt wurden schwarze Tiere dargebracht. Wilde Tiere wurden nicht geopfert, niemals ein Löwe oder ein Tiger. Es heißt z.B. im Talmud: "Bringet Gott kein Opfer dar von den Verfolgern, sondern von den Verfolgten, denn nur ihnen ist Gott gnädig.

Blut besitzt auch, genau wie Speichel eine große Heilkraft. Schon Jesus Christus, der jüdische Magus, heilte mit Speichel. Auch die heute noch im Volk und den wieder neu belebten Hexenkulten verbreitete Sympathiemagie benutzt zu ihren Praktiken Blut und Drüsensekrete.

Wenn bei der Blutsbrüderschaft, die ja eine magische Kulthandlung darstellt, das beiderseitige Blut vermischt wird, so soll diese auch eine magische Seelenverbrüderung andeuten, die auch über den Tod hinaus andauern soll. Es ist nun das Grauenhafte und Unbegreifliche, daß diese Bindungen auch tatsächlich den Tod überbrücken können, zumal, wenn sich das Wissen und die Magie dazu in den Händen von magisch veranlagten Menschen befindet.

So kann und wird auch hier viel Unheil angerichtet. Unzählige Spiritisten sind von dämonenhaften Wesen besessen und das bekannte Buch des Pfarrers Johannes Greber "Der Verkehr mit der Geisterwelt Gottes" hat bei der Befolgung der darin enthaltenen Anweisungen nachweislich zu einer Reihe von Besessenheitszuständen und der Wissenschaft unerklärlichen Vorfällen geführt. Auch die früher häufig vorgekommenen Fälle, in denen Nonnen oder andere religiös überspannte Menschen behaupteten, sogenannte Seelenpartner zu besitzen, sind nur auf derartige Anknüpfungen an die Dämonen der Astralebene zurückzuführen.

Hiermit soll dieses hochinteressante Gebiet zu dem dunklen Thema der Blutmagie beendet werden. Näheres findet der Leser z.B. in einigen Werken von Gregorius, dessen Aussagen auch den Inhalt dieses Kapitels wesentlich beeinflußt haben.

Beschwörung des Frater Saturnius

Nachfolgend wird zum besseren Verständnis dieser Thematik eine magische Beschwörung, in der die dunkle Seite der Blutmagie zur Anwendung gelangt aus dem Buch "Experimentalmagie" wiedergegeben. Durchgeführt wurde dieses Ritual von dem hochmagisch begabten Frater Saturnius (Johannes Göggelmann) und verstorbenen Mitglied der Loge Fraternitas Saturni zum Zwecke der Durchbrechung der Sperre die zum Tiefen-ich im Menschen führt.

Frater Saturnius führt laut seinem magischen Tagebuch an:

"Am Saturntag, dem Samstag, dem 8. Januar 1952 begab ich mich mit dem Fahrrad außerhalb der Statt Tettnang, wo eine alte zerfallene Ruine steht. Dort nahm ich von 22 Uhr bis 24 Uhr eine Beschwörung des eigenen Genius vor.

Gemäß meiner Nativität, den Mundanaspekten, dem Kairos und Transit des laufenden Gestirns wie den Lunaraspekten versprach ich mir Erfolg. In den Ruinen beschrieb ich auf den Steinfließen einen magischen Kreis und zeichnete die Signaturen, Pentagramme, Rufungs-, sowie Schutzzeichen auf mit dem Blute einer schwarzen Katze, die ich unter ritualgemäßem Handeln und Anrufungen schächtete und das Blut in einem Tongefäß auffing, um damit die Sigille, Charaktere, Pentakel und Pentagramme zu zeichnen.

Ich verwendete zwei geweihte Wachskerzen. In einem Räuchergefäß verbrannte ich Bilsenkrautsamen (Hyoscyamus niger), Tollkirche (Atropa belladona), Stechapfel (Datura stramonium) und Teufelsdreck (in jeder Apotheke erhältlich). Die Signaturen für die Beschwörung meines ureigensten Dämoniums zeichnete ich mit Katzenblut und eigenem, aus dem linken Unterarm und Mittelfinger entnommenen Blut.

Vor Kälte und Nässe schützte ich mich dadurch, daß ich in der Nähe ein Feuer anmachte, wo ich auch das Fleisch der Katze zusammen mit einem Schädel verbrannte. Trotz des Feuers fror ich und die Zähne schlugen mir aufeinander. Aber ein innerer Zwang, ja ein Gebot, trieb mich in die kalte und nasse Nacht hinaus, um das Werk zu beginnen. Zur Erwärmung hatte ich einen halben Liter Kirschschnaps bei mir. Außerdem trank ich dazu vom Blute der Katze.

Ich beschwor unter der Lockung wie Drohung meines ganzen Willens und Gemüts, ohne eine Pause einzuschalten, volle zwei Stunden. Mit einem neuen Messingblech und einem Buchsbaumstäbchen schlug ich die Töne dazu und intonierte lautmagisch. Ich hätte nie geglaubt, daß ich so schnell erhört würde.

Ich vergaß zu erwähnen, daß ich aus einem großen Trauerflor mir ein schwarzes Gewand wie eine Art Umhang gefertigt hatte. Auf der magischen Stirnbinde hatte ich ein Pentagramm aufgeklebt. Ein silbernes Schutzzeichen trug ich auf der Brust mit dem Sigill des Monddämoniums: "Vegtael", das noch aus meiner früheren ekkletischen, gnostischen Loge stammt und meinen Namen trägt, wie die eigenen Signaturen der bestimmten Gestirne und in Hebräisch eine Schutzglyphe, sowie eine Anrufung von bestimmten Wesen im Astral und das Symbol des ureigenen Ich.

Auf einmal sah ich mich einem hohen sehr alten Rabbi gegenüber. Zuerst erschrak ich und dachte: "Wo kommt denn der her?" Er aber hatte meine Gedanken erfaßt und lächelte mich mild und weise an. Er sagte, er sei einer meiner Urahnen mütterlicherseits. Er sah mein ungläubiges Gesicht; denn ich wollte doch etwas anderes bezwecken. Ich glaubte ihm nicht so ohne weiteres. Sodann sprach er: "Du hast dein ureigenes Ingenium evoziert, dein saturnales, schwerblütiges Blut, das du von deiner Mutter ererbt hast; denn deine Mutter stammt aus meinem Samen, aus dem Stamm Juda."

So wurde mir dann Mär, Mythe, Legende, Geschichte, Freuden- und Leidenszeit, Aufstieg und Niedergang des "auserwählten Volkes", d.h. der jüdischen Rasse kund; aber auch ihre Erlösung im Äion des Saturnius, wenn er im Steinbock erhöht steht, laut Gesetz und Verheißung Jawes".

Frater Saturnius berichtet dann weiter, daß dieses Experiment ihn im Gegensatz zu anderen Praktiken gestärkt habe und er sich wie neu geboren, gleichsam wie nach einer Art Katharsis, fühlte. Er schließt diesen Bericht an seinen Großmeister mit den Worten: "Chabberom Chaisse salute en Bachata!"

Welche Auswirkungen, diese und weitere blutmagische Praktiken auf das Leben des Frater Saturnius hatten, zeigt ein Brief den Saturnius etwa achtzehn Jahre später an seinen amtierenden Großmeister schrieb und der aus dem Buch "Die Fraternitas Saturni" von F. W. Haack entnommen ist:

"... Es stimmt, daß ich oft in schrecklichen Situationen stehe, mit Besessenheit und Auszug meines Astrals bis zur Schwelle, wo Gevatter Tod steht. Es stimmt auch, daß ich ein harter strenger, einsamer und oft unverstandener Mann, ein gehaßter Mann bin. Denn Saturni ist hart aber gerecht, er kennt keine Kompromisse, aber er ist ehrlich, treu und verschwiegen und arbeitsam, aber wenn es sein muß ein schrecklicher Rächer seiner Feinde, ob hier oder drüben..."

Der bereits zitierte Spruch von den gerufenen und nicht weichenden Geistern erhält nach vorangegangenen Schilderungen wohl seine praktische Bestätigung.

Die schwarzmagische Anwendung von Blut in magischen Ritualen führt zwar zur schnellsten aber auch dauerhaftesten Bindung an astral-dämonische Wesenheiten und die Gefahren, die durch Sexual-, Blut-, Satanistische- und Schwarze Magie entstehen können für Geist, Seele und körperliches Dasein, dürfen in keinstem Falle unterschätzt werden.

Dennoch gilt auch hier der Grundsatz des: "Tue was du willst" und eine experimentelle Erforschung dieser dunklen Seite der Magie, ist nur ein weiterer Weg zum Absolutum, wenn auch über den leidvollen und schmerzlichen Weg in die Tiefe!

Der Symbolschlüssel der vier Elemente

Das Wissen um die Wirkungsweise der vier Elemente, zählt ebenso wie das esoterische Weistum der Zahlen und der Kabbala zu den Einweihungsschlüsseln, um den inneren Aufbau des Kosmos zu enträtseln und zu verstehen.

Alles Existierende, sowohl im Mikrokosmos (dem Menschen), als auch im Makrokosmos (dem Weltall) ist durch das Zusammenwirken der vier Elemente entstanden. Diese Elemente, die in der indischen Geheimlehre als Tattwas bezeichnet werden sind:

Akasha - das Ätherprinzip
Tejas - das Feuerelement
Apas - das Wasserelement
Vaju - das Luftelement und
Prithivi - das Erdelement

Die vier Grundelemente sind aus einem fünften Ursachenprinzip, dem Akasha-Tattwa entstanden. Jedes Element besitzt nach dem allgemeingültigen Gesetz der Polarität zwei Eigenschaften, und zwar das Aktive; Aufbauende, Schaffende und Erzeugende und als Gegensatz, das Negative, das Abbauende, Zersetzende und Vernichtende. Nur durch dieses Zusammenwirken zweier gegensätzlicher und polarer Kräfte, die auch in den vier Elementarreichen wirken, ist Leben überhaupt möglich.

Das Ätherprinzip (Akasha)

Das Ätherprinzip ist das Unvorstellbare, der Urgrund des Seins, das Ursachenprinzip aus dem die vier Elemente entstanden sind. Im menschlichen Körper entspricht dem Akashaprinzip das Blut als Träger der od-magnetischen Kräfte, sowie der Samen als lebensspendendes Agens.

Das Feuerelement (Tejas)

Dem Feuerelement, im indischen als Tejas bezeichnet, sind die Kräfte der Hitze und Expansion zugeordnet. Es ist das erzeugende Agens, das in seiner positiven Eigenschaft durch die Kraft der Ausdehnung neue Formen erschafft und in seiner negativen Auswirkung durch seine Dynamik und Aggressivität alte Formen vernichtet. Symbol des Feuer-Tattwa ist ein rotes aufrechtstehendes Dreieck. In der Natur wird Tejas die Kraft der Elektrizität zugeordnet.

Das Wasserelement (Apas)

Apas ist in seiner Wirkungsweise genau die entgegengesetzte Emanation zum Feuerelement. Das Wasserelement besitzt die Eigenschaften der Kälte und Zusammenziehung. In seinem aktiven Pol ist es das lebenspendende, ernährende und erhaltende Prinzip und in seiner negativen Wirkung, die zersetzende, gärende und zerlegende Kraft. Symbol für Apas ist ein silberner oder weißer Halbmond. Dem Wasserelement entspricht die Kraft des Magnetismus.

Das Luftelement (Vaju)

Dieses Element gilt als vermittelndes Prinzip zwischen Feuer und Wasser, das als neutrales Medium, das Gleichgewicht der Kräfte erhält. Alles was der Bewegung, dem luftigen und leichten angehört, untersteht dem Einfluß des Luft-Tattwa. Symbol des Luftelements ist ein blauer Kreis.

Das Erdelement (Prithivi)

Im Gegensatz zu Vaju sind dem Erdelement, zusammenziehende, bindende und gestaltende Kräfte zugeordnet. Durch Prithivi werden die anderen Elementarkräfte zu einer Form gebunden und verfestigt.

Auch im menschlichen Körper besitzen die vier Elemente ihre Entsprechung, so wird der Kopf dem Feuerelement, der Bauch dem Wasserelement und die Brust als vermittelndem Prinzip dem Luftelement zugeordnet. Dem Erdelement mit seiner Kohäsion oder zusammenhaltenden Kraft entsprechen im menschlichen Körper die Muskeln, Knochen, das Fleisch usw.

Herrscht ein bestimmtes Element im menschlichen Körper vor, so befindet sich automatisch ein anderes im Mangelzustand und es treten bestimmte Wirkungen ein:

Sättigung	Mangel	Resultat
Feuerelement	Wasserelement	Durstgefühl
Wasserelement	Feuerelement	Kältegefühl
Luftelement	Erdelement	Hunger
Erdelement	Luftelement	Müdigkeit

Auch jede einseitige Übersättigung eines Elementes löst bestimmte Wirkungen im menschlichen Organismus aus. Beim Überwiegen des Feuerelementes entsteht ein Bedürfnis nach Bewegung und Tätigkeit, beim Wasserelement ein verstärkter Prozeß zur Ausscheidung und bei Vorherrschen des Luftelements treten Sättigungsgefühle auf. Ein Überwiegen des Erdelements führt zu einem Bedürfnis nach schöpferischer Tätigkeit, zur Aktivierung des Geschlechtstriebes, oder vornehmlich bei älteren Menschen zu einem verstärkten Wunsch nach Arbeitsbetätigung.

Auch die vier menschlichen Temperamente in ihrer reinen Form, können den vier Elementen zugeordnet werden. Das cholerische Temperament entspricht dem Feuerelement und besitzt in seinen positiven Eigenschaften die Fähigkeiten der Aktivität, der Begeisterung, des Eifers, der Entschlossenheit, Kühnheit und Schöpfungskraft. Im negativen Sinne zeigt sich das cholerische Temperament durch Eifersucht, Leidenschaft, Reizbarkeit, Streitsucht und einem Trieb zur Zerstörung und Vernichtung.

Dem melancholischen Temperament (Wasserelement) entsprechen in positiver Hinsicht: Bescheidenheit, Ruhe, Verinnerlichung und Inbrunst. In negativer Hinsicht sind es; Pessimismus, Gleichgültigkeit und Schüchternheit.

Das sanguinische Temperament (Luftelement) weist in seiner aktiven Form; Güte, Freude, Optimismus und Regsamkeit auf. In negativer Hinsicht sind es Schwatzhaftigkeit, Unehrlichkeit, Veränderlichkeit und Mangel an Ausdauer.

Das phlegmatische Temperament (Erdelement) besitzt in seiner aktiven Form die Eigenschaften; Gründlichkeit, Konzentration, Verantwortungsgefühl, Festigkeit und Ausdauer. In negativer Hinsicht sind es: Schwerfälligkeit, Trägheit, Fahrlässigkeit, Unlust, Wortkargheit und Menschenscheue.

Aber nicht nur im menschlichen Körper läßt sich das Wirken der vier Elemente nachweisen, man erkennt auf unserem Planeten eine deutliche Trennung in Erde, Wasser, Luft und Feuer. Aus dem Wasserelement haben sich die Ozeane und Meere gebildet und das Wasser ist heute noch der Lebenraum der unzähligen Fischarten.

Das Luftelement ist die Heimat aller Vögel und findet seine Entsprechung in allem luftigen und stürmischen. Das Element der Erde ist die Heimat der Säugetiere und findet seine Entsprechung in den Erdteilen und Kontinenten. Das vierte Prinzip, das Feuerelement wirkt in allem feurigen und brennenden und läßt sich in der glutflüssigen Lavaschicht, im Erdkern nachweisen.

So kann man bei einigem Nachdenken, die Auswirkungen der vier Elemente überall in ihrer Tätigkeit erkennen und eine lohnenswerte Aufgabe ist es, sich dieses Gebiet meditativ zu erschließen. Einem späteren Kapitel, bleibt dann die praktische Arbeit mit den Elementen vorbehalten. Dem Leser, der dieses unerschöpfliche Gebiet weiter studieren und erforschen will sei das Buch: "Der Weg zum wahren Adepten" von Franz Bardon wärmstens empfohlen.

Die beigefügte Tabelle über die magischen Entsprechungen der fünf Elemente, vertieft das hier Gesagte und wird im späteren praktischen Teil noch öfters benötigt werden.

TABELLE DER ELEMENTE UND TATTWA

Tattwa	Akasha	Tejas	Apas	Vayu	Prithivi
Element	Äther	Feuer	Wasser	Luft	Erde
Planet	Saturn	Sonne/Mars	Venus/Mond	Merkur	Jupiter
Form	Oval	Dreieck	Halbmond	Kreis	Quadrat
Farbe	schwarz	rot	silber/weiß	blau/grün	gelb
Metall	-	Eisen	Zinn	Gold	Blei
Sinn	Gehör	Gesicht	Geschmack	Gefühl	Tastsinn
Gefühl	-	heiß	kalt	kühl	warm
Geruch	-	beißend	herb	säuerlich	süßlich
Organ	After	Scham	Zunge	Hände	Füße
Chakra	Stirn	Wurzel	Milz/Nabel	Handchakra	Fußchakra
Kraft	Raum	Expansion	zus.ziehend	Bewegung	Kohäsion
Bewegung	überall	aufwärts	abwärts	schräg	inmitten
Richtung	-	Süden	Osten	Norden	Westen
Elementar	-	Salamander	Undinen	Sylphen	Gnomen
Ton	mittel	hoch	tief	sehr hoch	sehr tief
Silbe	Ham	Ram	Vam	Pam	Lam
Hebr. Bst.	-	Jod	Heh	Vau	Heh
Hebr. Name	Schin	Asch	Maim	Ruach	Aretz
Gottesname	-	Jehova	Elohim	Shaddai	Adonai
Erzengel	-	Michael	Gabriel	Rahael	Auriel
Engel	Eheieh	Aral	Taliahad	Chassan	Phorlakh
Herrscher	Eth	Djin	Nichsa	Paralda	Ghob

Das Geheimnis der Zahlen

Der Ursprung der esoterischen Zahlengeheimnisse und ihrer okkulten Bedeutung liegt in dem alten Priesterweistum der Caldäer, Sumer, Babylonier und Ägypter verborgen und war in der Antike tief mit deren Religionslehren verwoben.

Ihren Weg in das Gedankengut der Eingeweihten unseres Jahrhunderts fand dieses Weistum über die Zahlenmystik der Hebräer, der Gnosis und durch das Wissen der Rosenkreuzer. Für die alten Völker waren die Zahlen verwoben mit einer naturverbundenen, magischen Vorstellungswelt. Sie erblickten in den Zahlen die Urideen Gottes, mit denen die sichtbare und unsichtbare Welt erschaffen wurde.

Dank der tiefen Religiosität dieser Menschen entfalteten die Zahlen die in sich bergenden realen Kräfte und konnten so auf den menschlichen Geist und die Seele einwirken.

In der Antike findet man bei Pythagoras, Hieronymus, Aristoteles, Basilius, Proklus, Plato, Augustinus, Rabanus, Hilarius, Agrippa von Nettesheim, Robert Fludd, Paracelsus und Kepler wichtige Lehrsätze über die Zahlenlehre und deren Geheimnis.

Bekannt ist auch, daß die Pyramide von Gizeh nicht nur ein Grabmal der ägyptischen Könige war, sondern darüberhinaus ein vorhistorisches Zeitdokument damaligen hohen Wissens auf dem Gebiet der Mathematik und Astronomie. Nach Ansicht der alten Pythagoräer und Caldäer ist eine Zahl mit einem bestimmten Gestirn verbunden. Diese Ansicht hat sich bis heute als magisch wirksam erwiesen und findet noch besondere Verwendung in Astrologie und Sphärenmagie.

Nachstehend ist die okkulte Zuordnung der Zahlen zu den Planeten wiedergegeben, ergänzt wird diese Übersicht um die magisch entsprechenden Farben, Metalle und Edelsteine:

Zahl	Planet	Farbe	Metall	Edelsteine
3	Saturn	schwarz	Blei	Onyx
4	Jupiter	violett	Zinn	Amethyst
5	Mars	rot	Eisen	Rubin
6	Erde	-	-	-
7	Venus	grün	Kupfer	Saphir
8	Merkur	orange	Zink/Titan	Goldtopas
9	Mond	weiß	Silber	Smaragd
10	Neptun	dunkellila	Radium	Opal
11	Uranus	hellblau	Aluminium	Rauchtopas
12	Sonne	gelb	Gold	Diamant

Diese Zuordnung bildet nach Pythagoras das System der magischen Zahlen und ist die Grundlage der Magie und Esoterik für den Eingeweihten. Die sogenannten Glückszahlen, die Zahlen der magischen Quadrate, der Amulette und Talismane, ja der gesamte magische Influxus haben hier ihren Ursprung.

Im folgenden sind die Grundbedeutungen der wichtigsten Zahlen dargestellt.

Die Zahl 1

Die Zahl eins ist die erste Zahlenmanifestation und symbolisiert die höchste Form überhaupt, die Gottheit, das Absolutum. Eins ist ohne Anfang und Ende, war immer dar und wird immer sein. Eins kennzeichnet die höchstpotenzierte Kraft und die Zentralisation des Geistes.

In der eins sind nach magischem Schlüssel alle anderen Zahlen enthalten. Erst aus der Abspaltung der eins konnten die anderen Zahlen entstehen. Symbol der eins ist die Senkrechte.

Die Zahl 2

Die Zahl zwei ist durch die Spaltung der neutralen eins in positive und negative Kräfte entstanden. Sie symbolisiert die Dualität und birgt in sich das ewige Gesetz des Werdens und Vergehens. Keine Pol kann ohne Gegenpol existieren, kein Tag kann ohne die Nacht erkannt werden. Selbst Gott trägt in sich zwei Seiten und nicht umsonst heißt es in der Gnosis: "Gott besitzt ein helles und ein dunkles Antlitz." Die zwei wird durch die Waagrechte gekennzeichnet.

Die Zahl 3

Die Zahl drei ist die erste zusammengesetzte Zahl und versinnbildlicht in der religiösen Entsprechung: Gottvater, Gottsohn und Gottes heiliger Geist. So wie die zwei für den Gegensatz aller Dinge steht, so symbolisiert die drei den Ausgleich der Spannungen, den Ausgleich der positiven und negativen Kräfte. In der drei liegt das Geheimnis der Schöpfung aus zwei gegenpolaren Kräften verborgen. Drei ist aber auch die Zahl des Karmas und der Saturnsphäre. Die drei symbolisiert die drei Dimensionen Länge, Breite und Tiefe oder anders ausgedürckt Linie, Fläche und Körper. Die drei ist die erste Kubikzahl und wird durch ein Dreieck dargestellt.

Die Zahl 4

Vier ist die Zahl der Materie, die aus den Elementen Feuer, Wasser, Luft und Erde zusammengesetzt ist.

Weitere Entsprechungen sind:

Die Temperamente: Das Sanguinische, das Phlegmatische, das Cholerische und das Melancholische. Die Jahreszeiten: Frühling, Sommer, Herbst, Winter. Die Himmelsrichtungen: Osten, Westen, Norden und Süden.

In der Zahl vier ist bereits die Zahl zehn enthalten (1 + 2 + 3 + 4 = 10). In der Zahlenmystik bedeutet dies, daß in der Vierheit, die noch nicht offenbarte Welt im Zahlengesetz enthalten ist. In der vier sind auch die erste gerade und die erste ungerade Zahl enthalten, deshalb besitzt diese Zahl, wie schon ihr Symbol das Quadrat zeigt, eine gewisse Vollkommenheit und verdeutlicht die vollkommene Manifestation des Geistes in der Materie. Vier steht aber auch für Ordnung, Gerechtigkeit, Realisation, Weisheit und alles Erschaffene. Astrologisch gesehen ist sie dem Jupiter zugeordnet.

Die Zahl 5

Fünf ist die Zahl des Menschen und der praktischen Magie. Sie ist die Hälfte von zehn, der gesammten Schöpfung und stellt die halbe Welt, den Mikrokosmos; den Menschen dar. Fünf symbolisiert Macht und Kraft und ist folglich dem Mars zugeordnet. Ihre Entsprechung sind die fünf Sinne des Menschen; Gesicht, Gehör, Geruch, Geschmack und Gefühl. Ihr Symbol ist das Pentagramm und man sieht sehr häufig die Figur eines Menschen mit ausgebreiteten Armen und Beinen in diesem Symbol eingezeichnet.

Die Zahl 6

Sechs ist im Gegensatz zur Fünf (Mikrokosmos, Mensch), die Zahl des Universums. Das jüdische Volk

DER MAGIER ALS BEHERRSCHER DES MIKRO- UND MAKROKOSMOS

besitzt als Symbol zwei miteinander verbundene Dreiecke (das Hexagramm, oder Siegel Salomonis) auf seinen Tempeln. Diese beiden Dreiecke zeigen die Entsprechung und Verbundenheit der oberen (Makrokosmos) und der unteren Kräfte (Mikrokosmos). und der Ausspruch des Hermes Trismegistos: "Wie oben so unten" findet hier ihren Ursprung.

Die Zahl sechs bildet das Siegel der Welt (1 + 2 + 3 = 6), denn aus dem göttlichen Geist (1) entstand durch die Polarität der Kräfte (2) im gegenseitigen Spannungsaustausch (3) unsere erschaffene Welt (6). Der Schöpfungsbericht in dem Gott die Welt in sechs Tagen erschuf erfährt hier ihre esoterische Auflösung.

Die sechs ist weiterhin die Zahl der Arbeit und damit dem Planeten Erde zugeordnet. Die sechs als Sinnbild der Erde bedeutet die stärkste Bindung des Geistes an die Materie, denn die Erde ist der Stern des Leides und der größten Gebundenheit des Geistes an das Karma in der menschlichen Inkarnationsreihe.

Die Zahl 7

Die Zahl sieben wird durch das Septagramm (den siebeneckigen Stern) symbolisiert und ist die Zahl der Venus. Die sieben enthält in sich die Zahlen 2, 3, 4 und 5; denn 3 + 4 = 7 und 2 + 5 = 7. Es sind also zwei Kräftepaare in ihr enthalten, und die Kräfte der Harmonie (3) und der Materie (4) können sich durch sie entfalten.

Durch das Wirken der göttlichen Dreifaltigkeit (3) auf der Ebene der Materie (4) entsteht die Schönheit der Harmonie (7). Die Seele (3) ist mit dem Körper (4) verbunden. Daher sind die Kräfte der Venus: Liebe, Schönheit und Harmonie.

Ihre zweite Entsprechung findet die sieben in dem Zusammenwirken der Zahl 2 (Duale Polarität) mit der Zahl 5 (Zahl des Menschen und der Sexualität; im Sinne der höheren Oktave des Planeten Mars, der in seinem oberen Lichte aktiv und befruchtend wirkt). Hierin liegt das Geheimnis der Zeugung und seiner Mysterien verankert. Die sieben greift dadurch sehr stark in das menschliche Zeugungsleben und in den organischen Aufbau ein: nach sieben Monaten ist ein Embryo bereits lebensfähig, wenn auch noch nicht ausgereift. In der siebten Stunde nach der Geburt entscheidet sich, ob ein Kind lebensfähig bleibt und bei Erkrankungen ist der siebte Tag die kritischste Zeit.

Die Zahl sieben enthält das Geheimnis der drei (Saturn) und der Zahl vier (Jupiter). In 3 mal 4 entstanden die zwölf Sternbilder (je drei entsprechend einem der Elemente; Feuer, Luft, Wasser und Erde) und in 3 plus 4 entstanden die sieben heute noch existierenden Planetenkörper (3 erlöste und 4 noch gebundene Demiurgen), denn die transsaturnischen Planetenkörper gehören der esoterischen Lehre nach bereits einem anderen Weltensystem an.

4 * 7 = 28; dies entspricht dem Rhythmus des Mondumlaufs und der weiblichen Periode, worin man den starken Einfluß des Mondes auf das Wesen der Frau erkennen kann.

3 * 9 (die Mondzahl) = 27. Dies ist die Dauer der Periode die bei einer gesunden Frau mit normalem Organismus am 28. Tag (2 + 8 = 10; Quersumme 1, die Zahl des Anfangs) wieder einsetzt.

Die Geheimlehre, spricht in diesem Zusammenhang auch von einem männlichen, allerdings nur rudimentären Blutrhythmus von 23 Tagen (Quersumme 5 = Mars).

Die Zahl sieben ist also stark an das sexuelle, sinnliche Empfinden der Frau gekoppelt, welches in der Regel auf Grund der zugrunde liegenden Harmoniegesetze der Zahl sieben in ihrer Art höher gepolt ist als das triebhafte, marsianische Verlangen eines Mannes.

Die sieben steht weiterhin für den siebten Tag der Schöpfung, als das große Werk vollendet ist und Gott sieht das alles vollkommen war.Sieben Engel standen vor dem Throne Gottes (die sieben noch existierenden planetarischen Wesenheiten, ohne die transsaturnischen Demiurgen). Sieben Tage lang dauerte die Sintflut, welche den Untergang des Erdteils Atlantis bewirkte; der sogenannten "Achter" (benannt nach den damals noch acht vorhandenen Planeten; Venus, Merkur, Erde, Luna, Horus, Mars, Jupiter und Saturn). Es gibt 7 Grundfarben, 7 Grundmetalle, 7 Sakramente, 7 große Mysterien ...

Die Zahl 8

Acht ist die Ziffer des Verstandes, des Intellekts, des Wissens und somit dem Merkur zugeordnet. Die Zahl acht wird durch zwei miteinander verschlungene Vierecke dargestellt und symbolisiert die positiven und negativen Kräfte der Elemente; 2 + 4 = 8 (Das Symbol der Polarität 2 vereinigt mit der Zahl 4, dem Symbol der vier Elemente).

Durch die esoterische Verbindung der Zahl acht mit dem Planeten Merkur ist sie Sinnbild für den Mentalkörper des Menschen.

Als weiteres Symbol für die acht gilt nach der esoterischen Lehre die Lemniskate, die ineinander geschlungene Linie ohne Anfang und ohne Ende. Die acht war die heilige Zahl des untergegangenen Erdteils Atlantis, dessen Bewohner man auch das Volk der Achter genannt hat.

Atlantis besaß laut okkulter Lehre 8 Könige und hatte 8 Provinzen. Erst durch den Absturz des Atlantismondes Horus, wurde das Zeitalter der Zahl acht beendet und das Zeitalter der sieben begann, dessen Ende durch den Absturz des Erdmondes Luna in den nächsten Jahrtausenden eingeleitet werden wird.

Die Pythagoräer nannten die acht, die Zahl der Gerechtigkeit und der Fülle, da sie in vier gleiche Zahlen geteilt werden kann (2 + 2 + 2 + 2 = 8).

Die Zahl 9

So wie die acht den Mentalkörper des Menschen (Merkurkräfte gleich Geist) symbolisiert, steht die neun für den Astral- oder Begierdenkörper des Menschen (Mondkräfte = Seele).. Neun ist die Zahl der Frau, der Fruchtbarkeit und der Müttterlichkeit.

Es gibt 9 Musen und 9 wichtige Edelsteine: Saphir, Smaragd, Diamant, Beryll, Onyx, Kryolith, Jaspis, Topas und Karneol. Unter den Aspekt der Ziffer neun fallen alle Praktiken der Astral-, Natur- und Mumialmagie. Neun ist genau wie die drei, eine vollkommene Zahl, da sie dreimal die drei in sich birgt, also eine dreifache Harmonie: Körper, Seele und Geist. Mit der Ziffer neun endet zugleich die erste Zahlenreihe, denn alle weiteren Zahlen lassen sich durch Kombinationen der neun Grundzahlen bilden.

Die Zahl 10

Mit der Zahl zehn beginnt die zweite Zahlenreihe. Man nennt sie die Zahl des vollkommenen Universums, denn über sie hinaus kann nicht weitergezählt werden, ohne die ersten neun Zahlen zu wiederholen.

Zehn steht für das vollkommene Universum, für alles Erschaffene. Sämtliche Urideen vom unnennbaren, unbegreiflichen Geist Gottes, bis zur stärksten Verdichtung in der Materie, werden durch diese Zahl dargestellt. Die Zehn ist in der Esoterik eine heilige Zahl, denn in ihr verbirgt sich die dreifache Harmonie Gottes. Symbole der zehn sind das Quadrat mit einem Punkt in der Mitte (der Geist in der Materie) oder eine Ellipse durch die ein senkrechter Strich hindurchgeführt ist.

Die folgenden Zahlen besitzen nun nicht mehr die gleiche Bedeutung wie die ersten neun Grundzahlen, denn in ihnen sind alle Kräfte sublimiert oder geteilt. Je weiter man in der Zahlenreihe geht, desto expansiver werden die in den Zahlen enthaltenen Kräfte, aber auch umso komplizierter und sublimierter. Aus diesem Grund wird in der Geheimlehre aus mehrstelligen Zahlen, stets die Quersumme gebildet.

Im folgenden sollen weitere Zahlen von wichtiger Bedeutung kurz dargestellt werden:

Die Zahl 12

Die 12 ist von großer Bedeutung; es gibt 12 Monate, 12 Tierkreiszeichen, 12 Apostel, 12 Planeten im ursprünglichen System der planetarischen Sphären, 12 Propheten und 12 griechische Gottheiten.

Die Zahl 13

Die dreizehn gilt als die Unglückszahl schlechthin und als besonderer Unglückstag gilt Freitag der 13. Dies ist unter anderem darauf zurückzuführen, daß im alten Tierkreis ein 13tes Zeichen, das des Raben als Ausgleich für das 365 Tage währende Jahr eingesetzt wurde und der Kreuzigungstag des Jesus Christus auf einen 13ten fiel.

Nimmt man die Quersumme von 13, erhält man die Zahl 4, die Zahl der Materie und entstand das Leid nicht durch den Abstieg des Geistes in die Niederungen der materiellen Welt? Das Prinzip des Sündenfalls erhält hier eine neue noch nicht vollständig entschlüsselte Bedeutung.

Die Zahl 16

Die 16 ist eine glückliche Zahl, denn ihre Quersumme ergibt 7, die Zahl der Harmonie und des Glücksplaneten Venus.

Das magische Quadrat des Jupiters enthält 16 Zahlen (mit den ausgewiesenen Summen 34 in der waagrechten, senkrechten und diagonalen; Quersumme von 34 wiederum 7 gleich der Venus). Jupiter gilt als Planet der Fülle und des Reichtums, sodaß in der 16 die positiven Kräfte von Venus und Jupiter in wunderbarer Weise miteinander vereint sind.

Die Zahl 21

Die 21 zählt wie die 16 zu den Glückszahlen, denn in ihr ist die dreifache Kraft der Venus enthalten (3 mal 7 = 21) und siebenmal die göttliche harmonische Dreizahl.

Die Zahl 22

Bei den Hebräern ist die 22 die Zahl der Fülle und der Weisheit, denn 22 Buchstaben besitzt das hebräische Alphabet und 22 Bücher umfasst das alte Testament.

Die Zahl 33

Dies ist die Zahl der Lebensjahre Christi. In buddhistischen Schriften werden 33 Götter und 33 Bewußtseinsgruppen erwähnt.

Die Zahl 40

Vierzig symbolisiert in der Religion die Zahl der Reue, der Buße und der Vergeltung:

40 Tage und 40 Nächte dauerte die Sintflut,
40 Jahre verbrachten die Israeliten in der Wüste,
40 Tage fasteten Christus, Moses und Elias,
40 Monate predigte Jesus Christus in der Öffentlichkeit und
40 Stunden verbrachte er tot im Grabe zu.

Bei der Hinrichtung des Großmeisters der Templer Jakobus Burgundus Molensis im Jahre 1314 verfluchte der mit ihm verurteilte Großpräzeptor Gaufried von Charney seine Ankläger. Nach 40 Tagen verstarb der eine Ankläger Papst Clemens V. an Siechtum und Gewissensqual und nach siebenmal 40 Tagen wurde der zweite Ankläger König Philipp IV. von Frankreich von seinem eigenen Pferde zu Tode geschleift.

Die Zahl 72

Nach der Bibel währt das Leben eines Menschen 70

Jahre, kosmisch gesehen sind es aber 72 Jahre. Ein Weltenjahr, indem die Sonne einmal den Tierkreis durchläuft, dauert 25920 Jahre. Ein Weltenmonat 2160 Jahre (25920 geteilt durch 12) und ein Weltentag 72 Jahre (25920 : 360); die Zeit eines kosmischen Menschenlebens.

Hat ein Mensch dieses Alter erreicht, beginnt für ihn die Zeit der inneren Reife und Sammlung, die die Basis für seine nächste Inkarnation schaffen soll. Nach der okkulten Wissenschaft hat in einem solchen Fall der normale Lebensablauf nicht genügt, denn gemäß dem Reinkarnationsgesetz müssen, je nach Einlagerung des betreffenden Individuums ganz bestimmte Erfahrungen gesammelt oder besondere Pflichten im Leben eines jeden Menschen erfüllt werden. Vielleicht ist aber auch das Dasein eines Menschen, der länger als die Spanne von 72 Jahren lebt, nutzbringend oder notwendig für ein ihm angeschlossenes Ego. Das Gesetz von Ursache und Wirkung geht ja immer besondere Wege.

Die Zahl "72" galt in der ägyptischen Zahlenlehre als aufbauende, schaffende und fruchtbare Zahl, da sie die Zahl der Isis (9) und des Mondes (9) in sich birgt (7 + 2 = 9). Nach der ägyptischen kosmischen Zeitrechnung besteht ein Jahr aus 360 Tagen (die 5 überzähligen Tage wurden als ätherische Bildetage, als Tage der Reife bezeichnet). 360 geteilt durch 5 gleich 72. Quersumme gleich 9!

Der gesunde Mensch besitzt normalerweise eine Durchschnittstemperatur oder Blutwärme von 36,5 Grad (ein Jahr umfaßt 365 Tage) macht in der Minute 18 Atemzüge (Quersumme wiederum 9 = Einfluß Lunas) und hat 72 Pulsschläge (Quersumme 9). Werden bei einem Menschen mehr oder weniger Pulsschläge gemessen, so befindet er sich in Disharmonie mit dem Kosmos. Der gesunde Mensch macht in 24 Stunden 25920 Atemzüge. Es ist dies, die gleiche Zahl, die das platonische Jahr hat.

Diese Beispiele mögen genügen, um zu zeigen, das das Gesetz des Makrokosmos auch im Menschen (im Mikrokosmos) wirkt. Der Ausspruch des Hermes Trismegistos in der Tabula Smaragdina "Wie oben so unten - wie unten so oben" erhält hier wiederum eine weitere esoterische Deutung.

Die Zahl 666

Diese hochmagische Zahl von der es heißt, sie berge in sich das Geheimnis der biblischen Apokalypse wird in der Offenbarung des Johannes behandelt. Bei Johannes heißt es 666 sei eines Menschen Zahl und zugleich die eines "Tieres". Die 666 symbolisiert somit in tiefer esoterischer Bedeutung das "Menschentier", den stoffgebundenen, materiellen Menschen, in dem die Kraft des Geistes noch nicht erwacht ist und der auf das Rad von Karma und Reinkarnation geflochten ist. Die Zahl 666 steht somit dem Kommen des Christus, als Erlöser und geistigem Befreier entgegen.

Selbst am Firmament stehen sich nach Aussage von Peryt Shou noch heute zwei Sterne allererster Größe gegenüber, der eine die Umkehrung des anderen. Diese beiden Sterne sind:

Aldebaran (Dwaran) im Sternbild des Stier und
Anthares (Andwar) im Sternbild des Skorpion.

Während Dwaran für den Gottmenschen steht, symbolisiert Andwar das Menschentier, das bis zum heutigen

Tag dominiert. Bis das Tier und sein Stigma überwunden werden, von dem die Apokalypse berichtet, muß die Menschheit irren und leiden, vereint mit Anthares, dessen rotes Feuerlicht schon zu Urzeiten als Symbol der Verwüstung und der Auszehrung galt.

Nicht wenige Menschen stehen heutzutage unter der zersetzenden Kraft und der Radioaktivität dieses furchtbaren Sterns, der wie der Mars große Teile Eisen in seinem Strahlenspektrum enthält. Anthares ist somit die große vernichtende Kraft, die neben Saturn dem Sonnenlogos entgegen steht, denn nach magischer Anschauung muß zerstört werden, damit es möglich ist neu aufzubauen. Das Abgefallene muß auch den letzten Zersetzungskeim empfangen, damit es völlig vernichtet werden kann.

Die 666 ist nach östlicher Lehre eine Rotation der Zahl 6 und steht als Schlüssel vor dem Geheimnis zur Überwindung des Menschentieres, das durch die Vernichtung des Anthares-Drachen, daß heißt durch Umpolung des niederen Eros besiegt werden muß. Erst durch die Überwindung dieses Drachen kann der göttliche Eros einkehren und die Geburt eines neuen Menschheitsgeschlechtes einleiten, daß dann im Gegensatz stehen wird zu den heutigen Gewaltnaturen, den Algol-Menschen, die noch völlig von den Trieben ihrer Leidenschaft beherrscht werden.

Unendlich mehr, als das hier wiedergegebene, drücken die Zahlen an magischem Weistum aus. Dunkel nur läßt sich das gewaltige Wissen erahnen, welches in ihnen verborgen liegt. Längst noch nicht vollständig erforscht, bergen die Zahlen und insbesondere die magischen Zahlenquadrate ein gewaltiges esoterisches Wissen kosmischer Gesetzmäßigkeiten, welches sich nur in stummer Schau dem dafür gereiften erschließt.

Das System der planetarischen Sphären

Nach der okkulten Geheimlehre (magia cosmosophia) besteht unser Sonnensystem nicht nur aus den neun astronomisch bekannten Planeten Merkur, Venus, Erde, Mars, Jupiter, Saturn, Uranus, Neptun und Pluto, sondern aus insgesamt zwölf Planeten.

Die Himmelskörper die sich jenseits der Umlaufbahn des Saturn befinden; Uranus, Neptun, Pluto und der noch unbekannte Planet Isis (mittlere Entfernung von der Sonne etwa 50 astronomische Einheiten) zählen esoterisch nicht mehr zu unserem Sonnensystem. Diese vier Planeten werden einer benachbarten Welteninsel zugeordnet, die erst im Begriff steht sich mit unserem System zu verschmelzen.

In der Geheimlehre heißt es: "Das symbolische Urbild der Sonne ist der zwölfstrahlige Stern. Als gebährende Muttergigantin warf sie zwölf Planeten in den Raum." Dies waren folgende Planeten, von der Sonne aus gesehen in helizentrischer Reihenfolge:

1. Vulkan

Der Planet Vulkan wurde inzwischen vom Schwerkraftfeld der Sonne angezogen und ist ihr einverleibt. Astrophysikalisch läßt er sich heute noch als Sonnenkorona oder Sonnenprotuberanzen erkennen. Vulkan gilt als Verursacher der Sonnenflecken und besaß astrologisch einen mondähnlichen Charakter.

2. Merkur

Merkur gilt in der Esoterik als bereits erlöster Demiurg und hat durch starken Sonneneinfluß sein eigenes Wesen fast vollständig aufgegeben.

3. Venus

Die Venus gilt ebenfalls als erlöster Planet. Ihre dämonischen Schwingungen sind nur noch schwach vorhanden und können sich nur noch in Verbindung mit starken dämonischen Partnern (Mars, Saturn, Pluto usw.) entfalten.

4. Erde

Die Erde wird als Planet des Leides bezeichnet und ist der Prüfstein für das menschliche Ego. Hier muß nach okkulter Lehre der Mensch sein Karma erfüllen, bevor er zu höheren Sphären aufsteigen kann.

5. Lemuria

Durch den Absturz dieses Kleinstplaneten wurde der Untergang des Erdteiles Lemuria herbeigeführt. Die Absturzstelle wird im stillen Ozean in der Nähe von Japan vermutet.

6. Horus (Atlantismond)

Der ebenfalls in vorgeschichtlicher Zeit abgestürzte Planet Horus verursachte den Untergang des sagenumwobenen Erdteils Atlantis und löste durch seine Kollision die biblische Sintflut aus.

Nach astronomischen Berechnungen bewirkte diese Kollision eine Verlagerung der Erdachse, so daß sich die geologische Struktur der Erdoberfläche grundlegend veränderte. In der esoterischen Lehre heißt es: "Wo heute in Grönland eine starke Eisdecke liegt, war früher grünes Land und wo sich heute die Sahara ausbreitet befand sich früher ein Meer."

7. Luna

Der Trabant der Erde, der Mond ist für die Gezeiten von Ebbe und Flut verantwortlich und beeinflußt durch seinen 28-Tagesrhythmus die weibliche Periode.

Lilith

Der zwischen der Erde und dem Mond befindliche Miniaturplanet Lilith, dessen astrologischer Einfluß als äußerst verderblich gilt, ist anscheinend ein Rudiment von Vulkan oder Horus. Lilith kreist in einer Entfernung von etwas über einer Million Kilometer um die Erde und besitzt einen Druchmesser von nur 700 km.

Lilith gilt als Karmamond und greift in astrologischer Hinsicht die vitale Schicht des Menschen (seine Triebschicht) an und erzeugt als Folge eine Pervertierung der Triebe. Dadurch daß Lilith auf die unbewußten Schichten des Körpers einwirkt ist man in den meisten Fällen gegen ihren Einfluß machtlos.

8. Mars

Der Mars wird ebenso wie heute der Mond in das Anziehungsfeld der Erde geraten und an die Stelle des in den nächsten Jahrtausenden abstürzenden Erdmondes Luna treten. Nach einer weiteren Zeitspanne kosmischen Ausmaßes wird dann der Mars mit der Erde in einer großen kosmische Katastrophe zusammentreffen und dadurch den Untergang dieser beiden Planeten bewirken.

9. Asteroiden

Das Asteroidenfeld zwischen Mars und Jupiter bildet

die Trümmerstücke und Überreste und eines Planeten, dessen größter Teil von Mars und Jupiter angezogen wurde und die heute noch als Monde dieser beiden Planeten existieren.

10. Jupiter

Die zahlreichen Jupitermonde stellen die Überreste des früher zwischen Mars und Jupiter existierenden neunten Planeten dar.

11. Hades

Die Entstehung der Saturnringe wird durch die rudimentären Reste dieses innersaturnischen Planeten erklärt.

12. Saturn

Die uralte planetarische Wesenheit Saturn, die an der Grenze unseres Sonnensystem steht, gilt als der Planet des Leides und des Schicksals. Er ist aber auch der Planet der Verinnerlichung und der tiefsten Erkenntnisse. Saturn ist der unbestechliche Richter des Karmas und verantwortlich für die verschiedenen leidvollen Inkarnationen des Menschen.

Durch alle Prüfungen die der Demiurg Saturnus dem Menschen auferlegt, durch seine gnadenlose Härte, durch seine gerechte Strenge, durch seine Einengungen und seinen Einfluß auf das menschliche Karma, zwingt er zur stärksten Zentralisation des Ich und damit zur Verinnerlichung und zum Verstehen der großen kosmischen Zusammenhänge. Saturnus kennt keine Gnade, keine Milde und keine Nachgiebigkeit und seine niedere Oktave (sein Dämonium) birgt das große Unglück an dem viele Menschen zerbrechen.

Saturnus ist die dunkle Seite im Antlitz Gottes, er verkörpert das Prinzip der Vernichtung und Auflösung, aber deswegen stellt er dennoch keine böse Kraft dar, denn nur durch das Vergehen der alten Formen kann nach dem Gesetz der Polarität neues Leben entstehen.

Die Machtsphäre Saturns ist nach okkulter Lehre so gewaltig, daß er die meisten Planeten beherrscht und unter seinen Einfluß zwingt. Nur Venus und Merkur gelten als von ihm erlöst, während auf der Erde noch der Entscheidungskampf tobt zwischen den lichten Kräften der Sonnenwesenheit und der dunklen Macht des Saturn. Saturn ist in seiner höheren Oktave identisch mit Lucifer, dem gefallenen Engel. Lucifer ist genau wie alle anderen Planetendemiurgen, ein Engel vor dem Throne Gottes und so bilden diese zwölf Wesenheiten oder planetarischen Körper die zwölf Sphären der Sonne.

Die außersaturnischen Planeten: Uranus, Neptun, Pluto und Isis sind Demiurgen einer benachbarten Weltinsel, deren Zentralpunkt der Fixstern Alcyone ist und die im Begriff steht, sich durch Annäherung mit unserer Weltinsel zu verschmelzen in einem gewaltigen kosmischen Vereinigungsprozeß. Die hinter Isis stehenden acht weiteren, derzeit noch unbekannten Weltkörper, gehören ebenfalls zum System von Alcyone. Die Esoterik nennt die astrale Sphäre der transsaturnischen Planeten die Glimmlichtsphäre.

Durch ihre grundlegende atomistische Verschiedenartigkeit wirken diese Himmelskörper auf den größten Teil der Menschheit als Übeltäter. Der Influxus dieser Planeten wirkt durch seine revolutionäre Struktur gleichsam durchdringend, auflockernd und dadurch zersetzend und zerstörend.

Erst wenn die Menschheit durch bewußte Hochpolung ihrer Sinne die höheren Oktaven dieser planetarischen Wesenheiten zu erfassen vermag, ist sie in der Lage die zersetzenden Schwingungen in positive Kräfte der Erkenntnis und Evolution umzuwandeln.

In der Überlieferung der eingeweihten Geheimlogen wird darauf hingewiesen, daß durch das Herannahen dieser Planeten die noch nicht erschlossenen höheren Sinne des Menschen geweckt werden. Die nachstehende Aufstellung zeigt eine kurze Übersicht über die zu erwartenden neuen Fähigkeiten des Menschen:

Physis	**Intellekt**	**Spiritueller-Zustand**
Gesicht	Hellsehen	Intuition
Gehör	Hellhören	Intuition
Geruch	Hellriechen	Inspiration
Gefühl/ Geschmack	Hellfühlen	Telepathie

In dieser Weise wirken bereits die transsaturnischen Planeten auf die Menschheit ein, indem sie die höheren Sinne erwecken, je nachdem auf welcher Basis der betreffende Mensch schwingt, sei es auf der Basis der Intuition, der Inspiration oder der telepathischen Ebene. Immer wird jedoch einer der fünf Grundsinne gesteigert und höher gepolt werden, durch die sich stetig vollziehende Erweckung der entsprechenden Chakra im Ätherkörper des Menschen.

Die Chakra werden in einem seperaten Kapitel im praktischen Teil dieses Buches noch ausführlich behandelt werden, denn das Wissen um die Funktionsweise und Aktivierung der Chakra ist eine der wesentlichsten Erfordernisse der praktischen Magie.

Die großen Menschheitsepochen

Im Laufe der letzten Jahrzehntausende veränderten sich durch einschneidende geologische Umwälzungen der Erdoberfläche nicht nur ganze Landstriche und Erdteile, auch Völker und Menschenrassen erblühten oder waren dem Untergang geweiht. Dieses Vergehen und Entstehen mächtiger Nationen wird in der Geheimwissenschaft durch die Verschiebung der Präzession des Frühlingspunktes erklärt. Der griechische Astronom Hipparchos von Nikäa fand das Gesetz von der Präzession des Frühlingspunktes im Jahre 150 v. Chr. durch die Beobachtung der verschiedenen Längen des Sternes Spica.

Mit der Dauer eines Erdumlaufs um einen gedachten Mittelunkt vollzieht sich eine Umdrehung in zirka 25920 Jahren einmal und führt so zu einer ständigen Verschiebung des Frühlingspunktes unter den Fixsternen. Bei vielen alten Kulturen hatte der genaue Frühlingspunkt eine große Bedeutung. So wurden bei den Persern zur Zeit des Frühlingsvollmondes die Zwillingsgötter besonders verehrt, später der Stier Apis bekränzt, bei den Juden hatte das Opferlamm (Widder) seine herausragende Bedeutung und bei den Christen besaß das Zeichen der Fische eine besondere Symbolik.

Der Frühlingspunkt durchschreitet in rund 2160 Jahren 30 Grade des Tierkreises (gleich einem Tierkreiszeichen) und bringt dadurch einen genau erkennbaren Wechsel, ein Aufblühen oder Vergehen großer Menschheitskulturen mit sich. Legt man einen Orbis (eine Übergangszeit) von etwa drei Grad zugrunde, überschneiden sich zwei Weltzeitalter für einen Zeitraum von etwa 200 Jahren wodurch sich große geschichtliche Veränderungen ergeben. Neben dem ewigen Gesetz des Werdens und Sterbens tritt bei Beginn eines neuen Äons immer wieder eine andere Seite des göttlichen Aspektes hervor. Dadurch erhalten die folgenden 2160 Jahre ein bestimmtes, die Entwicklung vorantreibendes Gepräge.

Vertieft man sich in dieses Spezialgebiet, so lassen sich für den Beginn und das Ende einiger wichtiger Menschheitsepochen etwa folgende Jahreszahlen angeben:

Zeitalter der Zwillinge (-6690 bis -4530)
Zeitalter des Stier (-4530 bis -2370)
Zeitalter des Widder (-2370 bis -210)
Zeitalter der Fische (- 210 bis 1950)
Zeitalter des Wassermann (1950 bis 4110)
Zeitalter des Steinbock (4110 bis 6270)

Das Zeitalter des Widders (2370 bis 210 v. Chr.)

Beim Übergang vom Stier ins Widderzeitalter ca. 2370 v. Chr. wandelten sich die materiellen irdischen Befruchtungskräfte des Stiers in die geistigeren Tat- und Willensimpulse des Widders. Dieser Vorgang erhält durch die Überlieferung vom Leben des großen Menschheitsführers Rama seine esoterische Bestätigung.

Rama der auf Grund seines überragenden Geistes, seines in sich gekehrten Wesens und seiner profunden Kenntnisse heilender Pflanzen und Tränke bereits in jungen Jahren von seinem Volk den Skythen verehrt wurde, leitete den Untergang des Äons des Stieres mit seinen grausamen Blut- und Menschenopfern ein. Rama verurteilte und bekämpfte die schwarzmagischen Opferrituale der dunklen Druiden und Druidinnen. Sein konsequentes Vorgehen und die große Verehrung die er bei weiten Teilen seines Volkes genoß, führte zu einem Herannahen eines schrecklichen Krieges bei den Skythen.

Die Anhänger der Blutopfer sammelten sich unter dem Symbol des **Stierkopfes**. Dem Stier setzte Rama den **Widder** entgegen, den mutigen und friedfertigen Führer der Herden, und machte ihn zum Sammelzeichen seiner Getreuen. Um einen Krieg zu vermeiden, führte Rama, die ihm ergebenen Skythen aus Europa und begann mit der Besiedelung Asiens.

In dieser Überlieferung läßt sich die Ablösung des Zeitalters des Stieres und der Übergang zum Äon des Widders wunderbar erkennen. Die Blut und Bodenkräfte des Stieres (des Sternzeichens wohlgemerkt) wurden durch das Symbol des Widders überwunden.

In einer anderen Analogie wird der Übergang des Zeitalters des Stiers zum Äon des Widders durch den Beginn des Mithraskultes beschrieben, der von 250 bis 360 n. Chr. die herrschende Weltreligion war. Folgende Überlieferung über den Mithraskult ist erhalten geblieben:

"Der Gott Mithras kam in das Weideland eines wilden und scheinbar unbezwingbaren Stiers. Mit marsianischem Mut nimmt er sogleich den Kampf auf, packt den wilden Stier bei den Hörnern und schwingt sich auf seinen Rücken. Obwohl er abgeworfen wird, erlahmt er nicht in seinen Anstregungen und läßt sich von dem wütenden Stier so lange schleifen, bis dieser ermattet seinen Widerstand aufgibt.

Der Sonnengott Mithras zieht jetzt den Stier in dessen Haus (das Tierkreiszeichen Stier). Das ist ein langer und beschwerlicher Weg (Übergang des einen zum anderen Äon). Noch einmal erhebt sich der besiegte Stier und versucht zu fliehen, Mithras packt ihn jedoch bei den Nüstern und stößt ihm das Messer tief in die Seite.

Auf alten, erhalten gebliebenen Darstellungen des Mithraskultes sieht man bei diesem Vorgang zusätzlich, daß sich gleichzeitig ein Skorpion und eine Schlage dem Geschlechtsteil des Stieres nähern, um ihn unfruchtbar zu machen. Aber nun vollzieht sich ein Wunder, aus dem sterbenden Stier sprießen Heilpflanzen hervor, aus seinem Rücken wächst Getreide, aus seinem Blut entfaltet sich ein Weinstock und aus seinem Samen gehen nutzbringende Tiere hervor. Alles endet in wunderbarer kosmischer Alchemie.

Im Sieg des Mithras über den Stier erschaute man den Impuls des Widderzeitalters, der darauf abzielte die dumpfe Triebhaftigkeit des Stieres den marsianischen Willenskräften des Widders zu unterwerfen und in die Evolution einzuordnen. Skorpion und Schlange aus dem Gegenbereich des Stiers treten in Erscheinung und erinnern daran, daß dem Gedeihen und Werden, das Entwerden und der Tod gegenüberstehen. Aber dies bedeutet nicht die entgültige Vernichtung, sondern ist nur das Tor zu einem anderen höheren Sein. Neues und schöneres Leben erblühen aus dem toten Stier.

Im Tierkreiszeichen des Stier vollzieht sich der Abstieg des göttlichen Funkens in die Materie, wodurch dieser befruchtet und gebärfähig wird und bei der Opferung des Stieres werden die lebensspendenden Kräfte nicht zerstört, sondern lediglich freigelegt. Auf diesen Vorgang nimmt das überlieferte Kultmahl der Mithrasreligion ebenso Bezug wie das Abendmahl der katholischen Kirche. Die im Brot und im heiligen Trank latent vorhandenen göttlichen Kräfte werden durch heilige Formeln aus der materiellen Bindung gelöst und befreit und den Gläubigen als Stärkung zugeführt.

Das Zeitalter der Fische (210 v. Chr. bis 1950)

Im Fischezeitalter standen die Tierkreiszeichen Waage und Fische in Opposition zueinander. Hierdurch entstanden die Verherrlichung der unbefleckten Empfängnis, der Jungfrauenkult, der Kult der heiligen Madonna und die vielen praktizierten Mondkulte.

Der Madonnenkult vergeht jedoch in den letzten Jahrzehnten immer mehr und an seine Stelle tritt zunehmend ein Sonnenkult als philosophisches und religiöses Kultursymbol. Der Leichnamskult des gekreuzigten Christus ist bereits in eingeweihten Kreisen einer Verehrung der lebendigen Sonnenkraft, des Sonnenchrestos gewichen.

Die Geburt Jesus Christus der das Gesetz des Fischezeitalters: "Liebe deinen nächsten wie dich selbst" verkündete, erfolgte interessanterweise erst etwa 210 Jahre nach dem Eintritt des Frühlingspunktes in das Zeichen der Fische. Der Orbis und Nachklang des Widderäons mußte also erst gänzlich überwunden werden.

Auch der Ausspruch des Simon Petrus: "Ich gehe Menschen fischen", der in der Bibel so stark hervorgehobene Beruf von Petrus (er war Fischer) und das frühere geheime Zeichen des Christentums (das Symbol des Fisches) sind deutliche Hinweise um das verborgen gehaltene esoterische Wissen um die Präzession des Frühlingspunktes.

Der Vorläufer Jesus, der als Meister der Gerechtigkeit in die Geschichte eingegangen ist und etwa um 100 v. Chr. lebte, hatte zwar schon den Impuls des Fischezeitalters erfaßt, konnte jedoch nur auf einen verhältnismäßig kleinen Kreis einwirken, da die Kräfte des Widderäons noch zu stark vorherrschten.

Das Zeitalter des Wassermann (1950 bis 4110)

Als Vorbote des Zeitalters des Aquarius werden üblicherweise die französische Revolution im Jahre 1789 (Orbis 2,2 Grad) und als Auslöser der erste und vor allem aber der zweite Weltkrieg gewertet.

Der Influxus des Wassermannzeitalters ist heutzutage bereits klar erkennbar, durch die ungeheuere geistige Hochpolung des Menschen, durch die bereits im großen Rahmen vollzogene Emanzipationsentwicklung der Frau und durch die Unabhängigkeitsbestrebungen vieler unterdrückter, abhängiger Nationen und Völker. Auch der sich immer schneller vollziehende Untergang der Kirchen (besonders der römisch-katholischen) in ihrer jetzigen Form, sowie dem Hinwenden der Menschheit zu den Gesetzen von Karma und Reinkarnation lassen sich nicht mehr leugnen und sind Hinweise auf das neue Weltzeitalter.

Aufgrund des Übergangsorbis ist aber noch etwa bis zum Jahr 2100 mit Nachklängen des Fischezeitalters zu rechnen. Der Impuls des Wassermannzeitalters ist jedoch bereits unverkennbar und wird sich mehr und mehr durchsetzen. Schon jetzt erkennen immer mehr Menschen und esoterische Vereinigungen das Gesetz des neuen Äons, das von Aleister Crowley während seines Ägyptenaufenthalts 1904 in der Grabkammer der Cheopspyramide durch Verbindung mit einer hohen mentalen Wesenheit niedergeschrieben wurde, an.

Viele Esoteriker betrachten Crowley sogar als Vorläufer und Verkünder eines neuen Aquariusmahatmas (vergleichbar mit Jesus, Mohamed oder Buddha) der voraussichtlich in den Jahren 1996 bis 1999 als der kommende Weltlehrer in Erscheinung treten wird.

Crowley's Gesetz, daß den neuen geistigen Impuls für die nächsten 2000 Jahre enthält lautet:

Tue, was Du willst, ist das ganze Gesetz!
Es gibt kein Gesetz über tue was Du willst!
Liebe ist das Gesetz!
Liebe unter Willen - mitleidlose Liebe!

Die Härte dieses Gesetzes durchdringt bereits nachweisbar große Teile des Menschengeschlechts und hat das Gesetz von der aufopferungsvollen Liebe abgelöst. Durch Leid und Strenge wird die Menschheit zu immer neuen und höheren Erkenntnissen vorangetrieben, denn nur durch Leid, lernt, reift und adelt die Menschheit.

Immer fantastischere Erfindungen und Entdeckungen werden im Laufe der nächsten Jahrhunderte gemacht werden und nur auf die Menschheit selbst kommt es an, ob diese Erfindungen im egoistischen, zerstörenden oder in charitativem, aufbauenden Sinn angewandt werden.

Im Februar 1996 wird Uranus als der Beherrscher des Wassermannäons in sein eigenes Zeichen treten und in ihm seine erste Konjunktion mit der Sonne haben. Ein wichtiges, kosmisches Ereignis, steht dann der Menschheit bevor. Im Frühjahr 1997 erfolgt dann eine Konjunktion von Uranus und Jupiter im Zeichen des Wassermann. Der große Priester, der Weltenlehrer des neuen Zeitalters soll dann erscheinen. 1999 wird

Neptun in das Wassermannzeitalter eintreten und wiederum wird ein ungeheurer geistiger kosmischer Prozeß von den wissenden Kreisen erwartet.

So schließt sich das Wissen um den Frühlingspunkt in esoterischer, kosmosophischer Betrachtung und verdeutlicht das ewige Gesetz des Stirb und Werde zum Zweck der Evolution.

Der satanische Gedanke im Universum

Einen höchst interessanten Aspekt der kirchlichen Teufelslehre vertritt der Nobelpreisträger Anatole France (1844-1924) in seinem Roman "La revolte des anges".

France schreibt: "Nachdem der Herr der Heerscharen, den Aufstand der in wilder Freiheitsliebe entbrannten und vom schönsten aller Seraphim angeführten Engel brutal niedergeschlagen hatte, scharte der so zum Satan gewordene Luzifer die Getreuen um sich und motivierte sie zu ernsthaftem Forschen:

"Lernen wir, was uns fehlt. Nur durch das Wissen lenkt man die Natur, gewinnt man die Herrschaft über das Weltall, wird man Gott. Wir müssen den Blitz in unsere Gewalt bekommen; daran müssen wir ohne Unterlaß all unsere Mühe wenden. Nicht blinde Tapferkeit (keiner hätte in diesen Tagen tapferer sein können als ihr!) wird uns in den Besitz der göttlichen Donnerkeile bringen, sondern Studium und Nachdenken."

Als es aber soweit war, daß ein zweiter Aufstand erfolgversprechend schien, hatte Satan einen Traum, der ihm die Folgen eines Sieges klar machte: Der zu Gott gekrönte und vom römischen Papst angebetete Satan, der einst bei dem Gedanken an das Leid, das auf der Welt herrschte, bis in sein Innerstes erschüttert gewesen war, fühlte nun weder Mitleid noch Erbarmen.

Er betrachtete Leiden und Tod als durchaus erfreuliche Auswirkungen seiner Allmacht und erhabenen Güte. Und das Blut der Opfer stieg wie duftender Weihrauch zu ihm auf. Er verdammte die Intelligenz und haßte die Wißbegier. Auch er selbst wollte nichts mehr lernen, aus Angst, er könnte durch den Erwerb neuen Wissens verraten, daß er nicht von Anbeginn schon alles gewußt hatte. Es gefiehl ihm, sich mit Geheimnis zu umgeben, und in der Meinung, an Größe zu verlieren, sobald man ihn verstünde, gab er vor, unergründlich zu sein. Sein Hirn verdunkelte ein dichter Nebel von Theologie. Eines Tages kam er auf den Einfall, sich gleich seinem Vorgänger als Gott in drei Personen ausrufen zu lassen.

So vergingen Jahrhunderte. Doch eines Tages warf der zu Gott gewordene Satan von der Höhe seines Thrones einen Blick in die tiefsten Tiefen des Abgrundes und erblickte Jaldabaoth (den früheren Gott) in jenem Höllenpfuhl, in der ihn gestürzt hatte, nachdem er dort so lange selbst gefangen war. Jaldabaoth bewahrte in der ewigen Finsternis seinen Stolz. Geschwärzt, gebrochen, furchterregend, erhaben, sandte er einen Blick der Verachtung zum Palast des Himmelskönigs und wandte dann den Kopf ab. Und der neue Gott, der seinen Gegner beobachtete, sah über das schmerzliche Antlitz Intelligenz und Güte gehen. Nun betrachtete Jaldabaoth die Erde, sah sie in Übel und Leiden verstrickt und nährte in seinem Herzen wohlwollende Gedanken.

Plötzlich erhob er sich, und indem er mit seinen unermeßlichen Armen den Äther wie mit einem Doppelruder durchfurchte, machte er sich auf den Weg zur Erde, um die Menschen zu belehren und zu trösten, wie dies einst Satan getan hatte.

Dieser aber erwachte, in kalten Schweiß gebadet, und sprach zu seinen Gefährten: "Nein, erobern wir den Himmel nicht. Es genügt, daß wir es können. Denn Krieg erzeugt wiederum Krieg und der Sieg Niederlage. Der besiegte Gott wird Satan, und der siegreiche Satan wird Gott. Möge mir das Geschick dieses furchtbare Los ersparen!" Was nützt es, daß die Menschen Jaldabaoth nicht mehr unterworfen sind, wenn der Geist Jaldabaoths weiter in ihnen lebt, wenn sie nach seinem Ebenbilde eifersüchtig, gewalttätig, streitsüchtig und habgierig, Feinde der Künste und der Schönheit sind; was nützt es, daß sie den barbarischen Demiurgen verworfen haben, wenn sie nicht auf die Dämonen, ihre Freunde, hören, auf Dionysos, Apollon und die Musen...

Wir wurden besiegt, weil wir nicht begriffen haben, daß der Sieg etwas Geistiges ist und wir in uns selbst, und nur in uns selbst, Jaldabaoth bekämpfen und bezwingen müssen."

Hiermit endet die kurze aber lehrreiche Geschichte um die Eroberung der Welt durch zwei von Anbeginn der Zeiten rivalisierende Prinzipien. Auch wenn man nicht allen Ausführungen Anatole France's zuzustimmen vermag, läßt es sich nicht leugnen, daß der "Gott" des einen Volkes, für ein anderes Volk die Personifizierung des "Bösen" darstellt. Durch militärische Besetzung und Eroberung kam es in der Geschichte der Menschheit häufig vor; daß die Siegermacht dem im Krieg Unterlegenen Volk ihren Gottesbegriff aufdrängte. So wurde der alte heidnische Gott Wotan durch die Bekehrung der Germanen zum Christentum zum Blutdämonen verdammt, und wer weiß vielleicht wird in einigen Jahrhunderten die Glaubenslehre eines Aleister Crowley (der nachweisbar von Jahr zu Jahr in allen Gesellschaftsschichten stärker an Einfluß gewinnt) und der Jesus Christus als Sklavengott schmähte, die neue Weltreligion?

Vielleicht gilt auch der Ausspruch "Gott und Satan sind nur im Menschen selbst relevant". Da der Schöpfungsmythos Gott angeblich den Tod brachte, indem sich dieser in eine Vielzahl kosmischer Lebensfunken (den Menschen) aufteilte, die dazu verdammt sind, immer weiter in die Tiefe der Materie abzusteigen, bis sich in ihnen wieder die Umkehr zum Geistigen vollzieht und die verlorene Einheit wieder hergestellt werden kann.

Eine interessante Theorie, vertrat der Offenbacher Philosoph Philipp Mainländer (1841-1876). Für Mainländer ist Gott ein unverursachtes, völlig unbewegtes, raum,- zeit- und eigenschaftsloses, von Motiven absolut freies Sein, das den Zustand seiner nicht bewußten Existenz, durch die ihm einzig mögliche Tat beendete: die Negation seiner Selbst.

Der Tod Gottes aber gebar nach Mainländer das Leben der Welt, eines Kollektivs vieler, in Raum und Zeit sich bewegender und zusammenwirkender, mit den verschiedensten Eigenschaften behafteter, in ihren Willensentscheidungen von Motiven bestimmter, dem endgültigen Nichts zustrebender Einzelindividuen.

Brutal ausgedrückt, ist nach Mainländer, die angebliche Schöpfung" nichts anderes, als der verwesende Leichnam Gottes, und alle Lebewesen erfüllen darin gleichsam die Funktion von Fäulnisbakterien und Totenwürmern. Und auch der individuelle Wille zum Leben ist letztlich nur ein Wille zum Tod, denn alle Kräfte nehmen unweigerlich ab, bis sie erlöschen.

Der Philosoph vertrat nun die Meinung, daß es angebracht sei, diesen Prozeß der Auflösung der Individuen dadurch zu beschleunigen, daß man sich nicht fortpflanzt. Mainländer stellte sich hiermit bewußt in einen gewollten Gegensatz zur Evolutionstheorie, die davon ausgeht, daß nur die jeweils stärkeren und zum Lebenskampf besser ausgerüsteten Individuen überleben, zum Wohle der Erhaltung und Weiterentwicklung der Rasse.

Altes gnostisches Weistum lehrt, teilweise in Übereinstimmung mit Mainländer, daß sich die Wesenheit Gottes in Myriaden von Einzelindividuen aufteilte, um sich selbst in seiner Existenz zu erkennen und zu begreifen. Alles Streben der Menschen und Lebewesen im Kosmos gipfelt letztendlich nur in dem Ziel der Rückführung zu diesem kosmischen Bewußtsein.

Fragen über Fragen werden hier für den Erforscher eines esoterischen Gottesbegriffs aufgeworfen. Feststellen läßt sich nur, das jede Sache ihre zwei Seiten besitzt. Zwei Seiten, die aber Aspekte ein und desselben Prinzips darstellen.

Im nächsten Abschnitt wird aufgrund gnostischer Überlieferungen und esoterischem Geheimwissen ein Gottesbegriff dargestellt, der sich völlig von der Personifizierung Gottes als "gütige Vaterfigur" löst und der von einer unfaßbaren Allgewalt ausgeht, die in sich, die gleichen Gesetze birgt, die überall im Kosmos erkannt und nachgewiesen werden können.

Der esoterische Gottesbegriff

Die ewige Frage nach der Existenz eines Gottes, beschäftigt schon seit Beginn der Zeiten, die Gedanken und Vorstellungswelt der Menschheit. Für einen Teil der Menschen ist die gesamte Schöpfung nur ein Produkt des Zufalls, ein anderer Teil, sieht in allem, auch in dem kleinsten Käfer oder einem einfachen Grashalm die Emanation und Anwesenheit eines unergründlichen Gottes.

Der Gottesbegriff wie er im Christentum unserer Tage vertreten wird, befriedigt sicherlich nur noch die wenigsten. Für ein Leben das in der Regel zwischen siebzig und achtzig Jahren dauert, wird den "Guten" der Himmel und die ewige Seeligkeit versprochen den "Schlechten" aber die Hölle und ewige Verdammnis.

Ein Gott der tagein, tagaus völkermordende Kriege, Armut, Hunger, Katastrophen, Krankheiten und ein immer tieferes Verstricken in den grausamen Kampf um Leben und überleben zuläßt, kann nicht verstanden und akzeptiert werden. Wer kann einen Gott verehren, der wie der jüdische Gott Jawhe solche schrecklichen Plagen wie Blattern, Pest, Hagel, Heuschrecken, Finsternis und Tötung aller Neugeborenen über die Ägypter schickte?

Leitet man den Gottesbegriff an den täglichen Realitäten ab, so muß man zu der überzeugung gelangen, daß Gott nicht allmächtig ist, wie es uns die Religionen glauben machen wollen. Denn wenn er allmächtig ist, warum verweist Gott dann nicht seinen dunklen Widerpart, den Herrn des Satanischen und Bösen in seine Grenzen und gebietet dem schrecklichen Tun Einhalt? Und billigt man Gott zu allmächtig zu sein, warum läßt er dann täglich millionenfaches Unrecht und Elend auf dem Planeten Erde zu? Womöglich ergötzt er sich sogar an dem Leid der geknechteten Milliarden?

Dies wäre kein, gerechter, liebender Gott sondern der eigentliche Satan und wäre dann der große Verführer, das dunkle Prinzip nicht ein viel besserer Gott, ein würdigeres Objekt für unsere Verehrung?

Fragen über Fragen, die unbeantwortet im Raum stehen und einem gläubigen Christen sicherlich Schauder des Entsetzens bereiten. Dennoch muß sich der Esoteriker mit ihnen auseinandersetzen, um sich frei zu machen für ein höheres Wissen und für einen tieferen Gottesbegriff. Schon der große Magier Eliphas Levi vertrat die Auffassung: "Wahre Religion beweist sich durch Geist und rechtfertigt sich durch Vernunft".

Wieviel tröstlicher, gerechter und logischer klingt die östliche Lehre von Karma und Reinkarnation, wie sie in einem früheren Kapitel dargelegt wurde. Jedoch auch dies führt nicht zu einem Gottesbegriff der uns in unserem tiefsten Inneren überzeugt. Zwar lassen sich durch diese Lehren viele Fragen des Lebens leichter beantworten, doch zu einem endgültigen Erkennen und Verstehen Gottes führen auch sie nicht.

Schon immer glaubte der Mensch an ein höheres Wesen, oder an deren viele, die die Geschicke der Menschheit lenken und dafür verantwortlich sind, das auf unserem Planeten überhaupt Leben entstanden ist. Wer erfühlt kein Ahnen und Sehnen in seinem Herzen von der Gegenwart eines ewigschaffenden Gottes? Die Welt kann kein Zufallsprodukt vernunftloser Gewalten sein, wie dies die ungläubigen Materialisten verfechten.

"Wie engbegrenzt ist der Wirkungsbereich des Menschen"; schreibt Karl Spiesberger in seinen Schriften, "trotz seiner vielgepriesenen Vernunft". "Wie vieles hat der menschliche Geist an Errungenschaften und Erfindungen der Natur abgelauscht. Er, der Denker, ist ein Zufallsprodukt einer Nichtdenkenden Natur? Das Sinnlose bringt das Sinnbegabte hervor? Scheint es nicht eher so, als seien die Werke des Kosmos ebenso sinnvoll erdacht und sorgsam ausgeklügelt, wie die vom Menschen geschaffenen Werke?

Betrachtet man den Wuchs der Pflanzen, die Struktur von Tier- und Menschenkörpern, den Aufbau der Materie, vom Element bis hinunter zum Atom und darüberhinaus, in immer kleinere Teilchen, oder gar die Milliarden von Sternen am Firmament, die endlose Weite des Alls mit der endlosen Zahl der in ihr enthaltenen Galaxien, wer wagt da noch zu behaupten alles Zufall?

Wo sind die Wissenschaftler, die diese Rätsel auch nur annähernd zu entschleiern vermögen? Wo ist der Stoff, aus dem Sterne und Welten entstehen, wo ist die Kraft, die der Materie ihre Gesetze aufgezwungen hat? Wo ist der Anlaß für all diese Wunder, welche Urkraft hat dies bewirkt?

Dies kann nicht das Produkt des blinden Zufalls sein, ebenso wenig wie das Ergebnis eines lieben aber persönlichen Gottes, oder eines Wüstendämons mit Namen Jawhe mit seinen kleinmenschlichen Attributen. Urgeist, Urlicht, Urwille, Urkraft, oder wie immer wir das ewigwährende Prinzip allen Seins und Lebens benennen mögen, ist das Agens, das hinter allem steht." So die schönen Worte des eingeweihten Esoterikers Karl Spiesberger.

Dieses Agens, diese Nullpunktsenergie ist für das tägliche Werden und Vergehen auf Erden verantwortlich. Wer über die Vorgänge des täglichen Lebens in stiller Stunde nachdenkt und meditiert, erkennt die Prinzipien und Gesetze die das Leben auf der Erde antreiben. Besitzt nicht jedes Ding auf Erden seinen Gegenpol, existieren nicht Tag und Nacht, Blühen und Verwelken, Wachsen und Absterben, Leben und Tod in allen Bereichen der Natur? Sind nicht alle Dinge, auch die tausend Jahre alten Berge oder die jahrmillionenalten Kontinente der ständigen Veränderung unterworfen?

Nur durch die Gesetze der Polarität und der endlosen Weiterentwicklung, der Evolution, ist Leben überhaupt möglich. In der Physik gilt das Gesetz von der Erhaltung der Masse, nach dem nichts vergehen, sondern sich nur verändern und umwandeln kann. Unterliegt nicht auch die Urkraft, die hinter allem steht, Gott selbst, diesen ewigen Gesetzen?

Die Esoterik spricht vom dunklen und hellen Antlitz Gottes, der nur durch die wechselseitige Spannung von positiv und negativ schaffen und erschaffen kann. Ohne die Finsternis als Gegenpol kann der Tag nicht erkannt werden und ohne das Absterben alter Formen kann kein neues Leben entstehen. Auch Gott ist auf seine dunkle Seite angewiesen, auf seinen Widerpart, denn nur durch männlich-positive (gebende) und weiblich-negative (empfangende) Kräfte entsteht das Leben in seinen schier endlosen Manifestationen.

Doch wozu dies alles, warum müssen alte Formen vergehen, warum trägt alles den Keim der Vernichtung und des Todes in sich? Damit neue Formen entstehen können! Neues Leben, das niemals tot und vergangen war, sondern sich nur zurückgezogen hat um sich weiterzuentwickeln zu neuen, immer höheren und vollendeteren Stufen.

Auch Gott ist dem Gesetz der Evolution unterworfen und befindet sich nach alter Lehre im Zustand ständigen ein- und ausatmens, wodurch neue Sterne und Galaxien entstehen und alte vergehen und umgewandelt werden müssen. Jede Umwandung in neue Formen bringt bessere, widerstandsfähigere, geistigere Ergebnisse hervor, auch wenn der menschliche Geist dies auf Grund seiner begrenzten irdischen Lebensdauer nicht zu erfassen vermag.

So ist alles, auch Gott selbst ständige Bewegung und Dynamik. So arbeiten die Kräfte des Aufbaus und der Zerstörung, Hand in Hand zum gemeinsamen Fortschritt. Hier leuchtet die Erkenntnis auf, daß Satan nur ein Aspekt Gottes, eine Äußerung des göttlichen Willens in der Auslösung ist, der auf unserem physischen Daseinsplan scheinbar nur das Sekundäre ist, in Wirklichkeit aber das Primäre, nämlich den Willen das Absoluten darstellt.

Satan ist nur ein umgekehrter Gott und Gott ein umgekehrter Satan, der eine untrennbar mit dem anderen verbunden. Satan ist die Verneinung Gottes, der Schatten des Lichts, der dunkle Aspekt des Hellen. Nur durch das Zusammenwirken dieser beiden Kräfte die dennoch ein und dasselbe Prinzip darstellen, entsteht Belebung der Formen, entstehen Leben, Dynamik und Bewegung.

Das unendliche Leid und schreckliche Unheil auf unserem physischen Daseinsplan entsteht nur durch das Auflehnen gegen die göttlichen, kosmischen Urgesetze. Alle Völker der Erde unterliegen, wenn auch periodisch stärker oder schwächer teuflischen Einflüssen. Die Blutopfer der Azteken, die Teufelstänze der Samoaner, die Voodoo-Kulte der afrikanischen Neger, die schamanistischen Bräuche Asiens, das teuflische Giftgasmorden des zweiten Weltkrieges, lassen klar erkennen, wie die gesamte Menschheit unter der Macht eines dunklen Demiurgen steht. Eines Demiurgen der sich so unheilvoll auswirkt, weil er infolge totaler Unreife und Nichterkenntnis der großen, geistigen und kosmischen Naturgesetze weder erkannt noch verstanden wird.

Der Mensch verstrickt sich immer tiefer in neuem Karma, das unbarmherzig Ausgleich verlangt. So ist Satan der Herr der Welt, vom Urbeginn bis zur heutigen Zeit und noch viele Jahrtausende lang.

Auch wenn Gottes Wege unbegreiflich bleiben und ein esoterischer Gottesbegriff nicht einfach zu erringen ist, so kann der Mensch dennoch das stetige Wirken einer kausalen Kraft erahnen. Menschliche Erkenntnisfähigkeit kann Gott in allen seinen Emanationen überhaupt nicht erfassen und verstehen. Dem Gläubigen bleibt einzig die Möglichkeit, sich an faßbare Erscheinungen der göttlichen Offenbarung zu halten.

Aus diesen Gründen lehrt die Esoterik einen religiös aufgebauten Sonnenkult. Die Sonne als Gebärer und Erhalter unseres engeren Kosmos kann sehr wohl als Vorstellungs- und Verehrungsbild Gottes aufgefaßt werden, auch wenn sie logischerweise nur ein winziges Teilchen der Gottheit darstellt. Ohne die segenspendenen Kräfte der Sonne, wäre alles Leben auf der Erde unmöglich. Also wurde und wird die Sonne als Allmutter als großer Sonnenlogos verehrt, unter dessen Gesetzmäßigkeit alle Formen stehen, vom größten Säugetier bis hin zur kleinsten Amöbe, ja sogar bis hinab zum allerkleinsten, dem Atom.

So wie die Kraft des Sonnenchrestos auf die Erde und ihre Formen im aufbauenden, belebenden Sinne wirkt, wirken auch die Kräfte des Luziferlogos als Widerpart im abbauenden Sinne, der nach der esoterischen Geheimlehre in der Intelligenz des Planeten Saturn verkörpert ist. Dennoch darf Saturn nicht als dämonisches Prinzip, als Ursprung des Bösen aufgefaßt werden. Wohl ist das Böse eine dämonische Macht, deren Wurzeln jedoch im Menschen selbst liegen, auf Grund einer falschen Einstellung zum Kosmos, in dem die vorhandenen disharmonischen Strömungen nicht geistig oder seelisch umgewertet werden.

Durch die Wechselwirkung zwischen Geist (positiv) und Substanz (negativ) entsteht Leben und entstand die Welt, lehrt die Gnosis. Das Licht scheint in der Finsternis vom Urbeginn der Zeit an, denn Finsternis ist Licht, und das Licht ist offenbarte Finsternis.

Gott kann nur Wirken durch den ständigen Abstieg in die Materie und die damit verbundene Teilung in Gut und Böse. Diese Differenzierung wird fälschlicherweise als Entstehung des Bösen bezeichnet. Wohl beginnt hier der Egoismus, aber nur wenn dieser als Auflehnung gegen die duale Einheit Gottes empfunden wird, kann man bildlich vom Entstehen des Bösen in der Welt sprechen.

Die Wurzeln einer falschen Einstellung der Menschheit zu den saturnalen Kräften liegen nur in den lunaren Einflüssen, die heute noch vehement auf den Menschen wirken. Erst durch die Befreiung vom Geschlecht, durch die Auflösung und Überwindung von männlich und weiblich, durch Beherrschen und Erkennen dieser Kräfte, vermag der Mensch sein Schicksal selbst in die Hand zu nehmen und sein Karma im harmonischen Sinne zu lösen.

Der Weise sagt, der Weg nach oben und der Weg nach unten führen beide zum gleichen Ziel. Bewußter Saturnkult ist somit auch Sonnenkult und Kult der Sonne ist gleichzeitig Kult des Saturn. Der bildlich oft dargestellte Leidenszug um den Mund des Demiurgen Luzifer entspricht dem schmerzvollen Zug um den Mund von Jesus Christus. Beide tragen die Erkenntnis ihrer eigenen Kreuzigung längst in sich.

Sowohl Gott als auch Luzifer sind in ihrer Entwicklung auf Äonen an das Kreuz der Materie gebunden und nur durch die noch Millionen Jahre währende Evolution können sich diese beiden Urprinzipien von ihrer Bindung an die stoffliche Welt befreien.

Vor dem Throne Gottes stehen nach uralter gnostischer Lehre ein dunkler und ein lichter Engel, die sich einträchtig die Hand reichen; in Ewigkeit. Auch wenn das Wissen um die zwei Seiten im Wesen Gottes zu den Mysterien der Schöpfung zählt und auch nur die wenigsten Menschen bereit sind, diesen Glauben für sich anzuerkennen, sollte sich der aufgeschlossene Leser dennoch in einigen stillen Stunden mit dieser Thematik befassen. Auch die katholische Kirche lehrt in ihren Glaubensdogmen die Existenz einer diabolischen, satanischen Kraft. Nur wird im Christentum diese Kraft, als der Macht Gottes unterlegen angesehen.

Gott ist ein Sein und eine Zustandsform, die für den Verstand weitesgehend unfaßbar bleibt und nur dem begnadeten Mystiker bleibt es vorbehalten, sich dem Wesen Gottes, in Demut und Anbetung zu nähern.

Kabbala

Kabbala aus dem hebräischen stammend, bedeutet Wissen oder Überlieferung. Grundlegende Werke der Kabbala sind der "Sepher Yezira", das Buch der Schöpfung und der "Sohar", das Buch der Herrlichkeit. Der Sepher Yezirah wurde im 3. bis 6. Jahrhundert und der Sohar im 13. Jahrhundert schriftlich niedergelegt. Das Wissen, daß diesen beiden Werken zugrunde liegt, läßt sich aber teilweise bis zum alten Ägypten zurück verfolgen und wurde als wertvolles geistiges Erbgut anfangs nur von Mund zu Mund weitergegeben.

Der grundlegende Gedanke der Kabbala ist, daß alle Dinge im Universum Teile eines organischen Ganzen sind, die durch kosmische Gesetze geregelt sind. Zwischen jedem existierenden Teil gibt es Entsprechungen und Verbindungen, auch wenn diese meist nicht sofort und für jeden ersichtlich sind. Alle Dinge lassen sich nach der Kabbala auf ein Urprinzip zurückführen und enthalten in sich Teile dieser Urkraft. Die Urkraft wiederum ist durch die aus ihr entstammenden Dinge und Erscheinungen erkennbar, denn es gilt der Grundsatz der Analogie zwischen Makrokosmos (dem Weltall) und Mikrokosmos (dem Menschen).

Eine weitere Grundvorstellung der Kabbala besteht darin, daß das auslösende Urprinzip oder der höchste Gott vollständig unbegreiflich ist. Diese Seinsform kann niemals direkt angesprochen werden, auch nicht im Gebet. Das göttliche Prinzip im Kosmos ist Alles und Nichts, besitzt keine Eigenschaften, und ist daher werden gut noch böse. Die Kabbala nennt diese Emanation "Ainsoph", das Grenzenlose. Es hat das Universum nicht erschaffen, ist folglich auch nicht dafür verantwortlich, denn das Universum floß aus ihm heraus, nicht als Willensakt, sondern als Notwendigkeit.

Aus dem "Ainsoph" brach ein einzelner Lichtstrahl hervor, und aus diesem kamen neun weitere Lichtstrahlen. Dieses Ausfließen von Licht ist eine erste Offenbarung des unbegreiflichen Urprinzips. Jeder der zehn Lichtstrahlen kann sowohl als eine Facette des Urprinzips oder auch als eine Stufe der Offenbarung des Ainsoph angesehen werden.

Die Offenbarungen des göttlichen Urprinzips werden als die zehn "Sephiroth" bezeichnet, sind die geistigen Identitäten des Ainsoph und können als solche erkannt werden. Diese Sephiroth sind die Kräfte die hinter Mensch und Universum stehen. Der kabbalistische Baum des Lebens, zeigt eine diagrammartige Darstellung der zehn Sephiroth und ihre wechselseitigen Verbindungen zueinander. Er zeigt, wie das Urprinzip von Kether durch die anderen Sephiroth bis zu Malkuth herabfließt bzw. sich zu unserer materiellen Welt verdichtet. Umgekehrt zeigt er aber auch den Weg, den der Mensch zurücklegen muß, um von Malkuth zum göttlichen Prinzip Kether zurückzukehren. Da jede der zehn Sephira ein besonderes Urprinzip charakterisiert, enthält der kabbalistische Baum des Lebens alles Existierende. Jeder Gegenstand und jeder Gedanke kann einer bestimmten Sephira zugeordnet werden.

Der Baum des Lebens ist in drei Säulen eingeteilt:

Die rechte Säule bringt die männlichen, positiven, hellen Seiten zum Ausdruck. Sie ist das Prinzip des Yang.

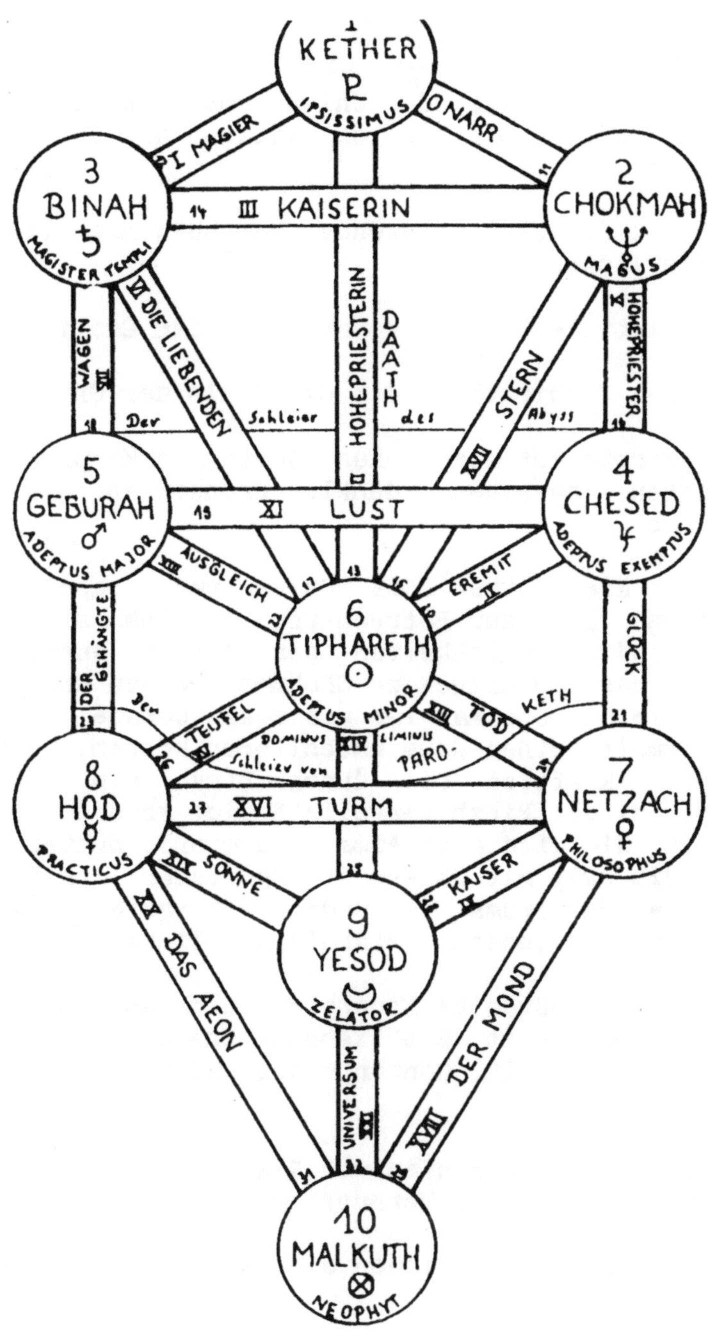
1
KETHER
IPSISSIMUS
2
CHOKMAH
MAGUS
3
BINAH
MAGISTER TEMPLI
4
CHESED
ADEPTUS EXEMPTUS
5
GEBURAH
ADEPTUS MAJOR
6
TIPHARETH
ADEPTUS MINOR
7
NETZACH
PHILOSOPHUS
8
HOD
PRACTICUS
9
YESOD
ZELATOR
10
MALKUTH
NEOPHYT
O NARR
I MAGIER
III KAISERIN
II HOHEPRIESTERIN
DAATH
V HOHEPRIESTER
VI DIE LIEBENDEN
VII WAGEN
XVII STERN
Der Schleier des Abyss
XI LUST
VIII AUSGLEICH
IX EREMIT
DER GEHÄNGTE
GLÜCK
XV TEUFEL
XIII TOD
XIV
DOMINUS LIMINUS
Der Schleier von PARO- KETH
XVI TURM
XIX SONNE
IV KAISER
XX DAS AEON
XXI UNIVERSUM
XVIII DER MOND

Chokmah ist der Vater des Universums, die männliche, aktive Kraft hinter allem Tätigen und Schöpferischen.

Chesed ist die zivilisierende, beschützende, liebende, väterliche Kraft.

Netzach ist die Kraft der Natur und der Emotionen.

Diese drei Sephiroth bilden die **Säule der Gnade**.

Die Sephiroth auf der linken Seite verkörpern die weiblichen, passiven, dunklen Prinzipien. Sie sind das Yin.

Binah ist die Mutter des Universums, passiv und aufnehmend bis zur Befruchtung. In Binah sind alle schlummernden Möglichkeiten der Formen enthalten. Sie ist das Gegenstück zu Chokmah, dessen Kraft sie Form verleiht. Chokmah ist wie zwei gerade Linien, die niemals einen Raum umschließen können. Chokmah ist daher kraftlos bis durch Binah ein Dreieck geformt wird. Binah vervollständigt so die höchste Dreiheit. Sie wird auch Aima, die große Mutter genannt, die ewig mit Chokam Ab, dem Vater, zur Erhaltung des Univerums verbunden ist - wie Shiva und Shakti bei den Indern - ständig kopulierend.

Geburah ist gebündelte Engergie, stark und von zerstörerischer Kraft. Die liebende Energie von Chesed wird hier gesammelt, konzentriert und so zu Stärke und Strenge.

Hod sammelt die Energien von Nezach, die Emotionen, und wandelt sie um in Vernunft und Inspiration.

Diese drei Sephiroth bilden die **Säule der Strenge**.

Die mittlere Säule oder das Bewußtseinsprinzip stellt das Gleichgewicht der Kräfte her.

Kether ist die erste Emanation des unbegreiflichen Urprizips und beherrscht die obere Dreiheit. Kether ist das höchste Stadium der menschlichen Entwicklung und Erleuchtung.

Tipareth ist das Selbst, der Heilige Schutzengel, der sich zwischen Gnade und Strenge manifestiert, als Selbstbewußtsein und als freier Wille.

Yesod ist das Fundament, das Unbewußte, das Astrale.

Malkut symbolisiert den Menschen in seinem tatsächlichen Sein, der bereits die anderen neun Sephiroth enthält, sie aber in sich noch nicht vollständig verwirklichen konnte.

Der Baum des Lebens ist somit nicht nur eine Darstellung des Universums, sondern auch des Menschen. Kether ist über dem Kopf und Yesod in der Genitalgegend. So haben die Sephiroth im Körper die gleiche Bedeutung und Funktion wie die Chakren der östlichen Systeme, oder die Rosen am Kreuz der Rosenkreuzer.

Die 22 Wege, die die zehn Sephiroth untereinander verbinden, werden die "Pfade der Weisheit" genannt. Die Sephiroth sind natürliche Kräfte, die Pfade Bewußtseinszustände. Während die Sephiroth statisch sind, sind die Pfade dynamisch. Jeder Pfad verkörpert einen Gleichgewichtszustand zwischen den Kräften der beiden Sephiroth, die er verbindet. Genauso wie die Sephiroth haben auch die Pfade ihre Entsprechungen oder Korrespondenzen in den Planeten, den Tierkreiszeichen, den Elementen, den Farben, im

Tarot usw.

Über das Wissen und die Weisheit die in der Kabbala verborgen sind, wurden bereits ganze Bibliotheken geschrieben und die vorangegangene Darstellung, die sich an dem Buch "Die geheimen Unterweisungen und Rituale des Hermetischen Ordens der Goldenen Dämmerung" orientiert kann somit lediglich eine Einführung in dieses dunkle aber überaus interessante und unerschöpfliche Gebiet jüdischer Mystik bieten.

P R A X I S

Asana - Körperbeherrschung

Eine ausgezeichnete Methode die Willenskräfte des Menschen zu stärken, erreicht man durch die Technik der bewußten Körperhaltungen, die im indischen als Asanas bezeichnet werden. Sinn dieser oftmals merkwürdig anmutenden Stellungen, ist die Beherrschung des Körpers durch den Geist, sowie die Förderung und Herbeiführung kontemplativer (sich selbst erkennender) Zustände.

Der ägyptische Sitz (der Gott), der Kniesitz, die Ibisstellung und der Buddhasitz sollen im folgenden kurz dargestellt werden.

Der ägytische Sitz

Setzen sie sich auf einen Stuhl und halten sie das Rückgrad absolut gerade. Die Füße und Knie sind beisammen und bilden einen rechten Winkel. Das Gewicht ruht ohne Muskelanspannung auf den Gesäßknochen. Die Hände liegen auf den Oberschenkeln.

Der Kniesitz (Drache)

Hinknien. Oberschenkel und Knie sind geschlossen. Das Gesäß ruht auf den Fersen. Der Fußrist ist gestreckt und die zurückgebogenen Zehen berühren den Boden. Die Hände liegen auf den Oberschenkeln, die Handwurzeln sind dicht an den Leib angelegt. Der Oberkörper ist aufrecht und die Wirbelsäule bleibt kerzengerade.

Die Ibisstellung

Während der Körper auf dem rechten Bein ruht, wird das linke Bein angehoben und von der rechten Hand

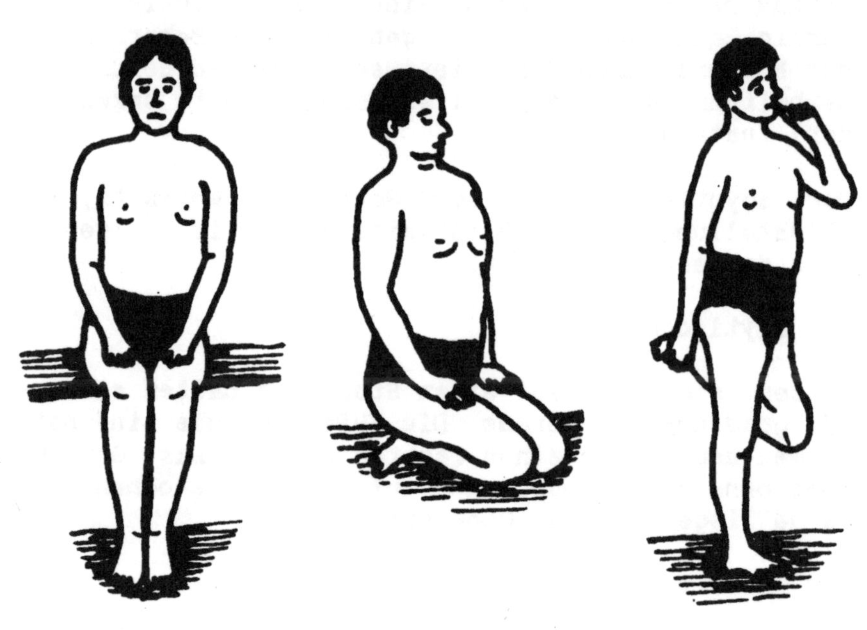

ÄGYPTISCHER SITZ, KNIESITZ UND IBISSTELLUNG

festgehalten. Die linke Wade preßt gegen die Rückseite des rechten Oberschenkels und der freie Zeigefinger der linken Hand liegt auf den Lippen.

Der Buddhasitz (Lotosstellung)

Das wohl bekannteste indische Asana ist der sogenannte Buddhasitz, der sich vorzüglich als Meditationsstellung eignet. Er wird wie folgt eingenommen: Beine kreuzen, der rechte Fuß liegt in der linken Leiste, der linke Fuß wird über den rechten auf den Oberschenkel gelegt. Die Fußsohlen weisen nach oben, Knie und Schenkel beider Beine befinden sich waagrecht auf dem Boden. Die Arme liegen auf den Oberschenkeln. Der Körper ist aufrecht und die Wirbelsäule gestreckt.

Wird der Buddhasitz richtig ausgeführt, so schließen die Hacken der Füße das vordere und hintere Wurzelchakra ab. Die Funktion der Sohlen- und Kniechakra sind dadurch ebenfalls unterbunden. Der normale Stromkreislauf im Ätherkörper des Menschen ist unterbrochen und alle Konzentration liegt jetzt bewußt und gewollt auf den oberen Chakra (insbesondere dem Intuitionschakra). Das Geheimnis des Buddhasitzes, liegt somit in seiner bewußt fördernden Versenkungswirkung. Näheres hierzu bleibt jedoch dem Kapitel über die Geheimlehre der Chakra und ihrer magischen Erweckung vorbehalten.

Bei allen vier Stellungen, man beginne zweckmäßigerweise mit dem ägyptischen Sitz; schließe man die Augen und versuche unbeweglich auszuharren. Anfänglich werden Muskel- und Nervenreize das längere Verbleiben in einer bestimmten Körperhaltung zu stören versuchen. Mal verspürt man einen Juckreiz an der einen Körperstelle, ein anderes mal zwickt es, oder ein

Muskel verkrampft sich. Man zwinge sie sich jedoch dazu, absolut ruhig und unbeweglich auszuharren.

Günstig ist es, während man sich in einem Asana befindet, seine Gedanken auf ein bestimmtes Symbol zu richten, beispielsweise auf ein Quadrat, ein Dreieck einen Kreis oder einen anderen bliebigen Gegenstand. Auch eine Idee, ein Gedankengang oder ein Mantram (siehe das Kapitel über die Kraft der Mantren) eignen sich ganz hervoragend zur kontemplativen Versenkung.

Anfangs wird es nur für wenige Minuten gelingen, entspannt in einem Asana zu verbleiben. Bei fortdauernder täglicher Übungsweise gelangt man jedoch rasch zu Erfolgen. Nach und nach steigere man die Verweildauer eines Asana bis auf eine Stunde. Erst wenn es gelungen ist, mindestens eine Stunde entspannt in ein und derselben Stellung zu verbleiben, gehe man zu einer anderen über. Es ist völlig sinnlos zu einem früheren Zeitpunkt eine neue Körperhaltung zu wählen, da nach einer gewissen Zeit jedes andere Asana bequemer, als das gerade eingenommene erscheint. Man verbleibe darum, ganz gleich was um einen herum geschieht, wie groß die Widerstände auch sein mögen, in der einmal gewählten Stellung. Es empfiehlt sich, um zu Erfolgen zu gelangen, regelmäßig täglich eine Stunde zu üben!

Durch die Einnahme der beschriebenen Asanas erreicht man eine bewußte Stärkung der persönlichen Willenskräfte. Man lernt seinen Körper zu beherrschen und vermag große Kräfte der Entspannung aus den Asana zu ziehen.

Irgendwann kommt dann der Zeitpunkt, an dem man bemerkt, daß das gerade geübte Asana die denkbar bequemste Körperhaltung ist, die man einzunehmen imstande ist. Man verspürt dann sofort nach der Einnahme dieses Asana eine tiefe Entspannung, Ruhe und Konzentration. Die uns ständig umgebende Unruhe und Hektik das Tagesgeschehens fällt dann von uns ab und man lernt, sich, in sich selbst zu versenken. Dies ist dann die körperliche Voraussetzung, um sich mit weiterführenden geistigen Übungen zu beschäftigen, ohne das man von äußeren Einflüssen abgelenkt oder gar behindert wird.

Die indische Yogalehre mit ihren unzähligen Asanas kennt eine Vielzahl von Körperstellungen, durch die man sich inspirieren lassen kann.

Eine Vorübung zu den genannten Ausführungen kann man auch in einer etwas bequemeren Lage vornehmen:

Legen sie sich dazu in entspannter und nicht verkrampfter Körperhaltung auf ein Bett, einen Divan oder dergleichen und versuchen sie nun so lange es ihnen möglich ist, vollkommen unbeweglich und entspannt liegen zu bleiben. Schon nach wenigen Minuten wird man bemerken, wie alle Anspannungen des Tages sich zu lösen beginnen und eine Atmosphäre der Ruhe und des Friedens die Hektik des Tagesgeschehens verdrängen werden. Mit positiven Gedanken lasse man sich bei einstellender Müdigkeit in den Schlaf gleiten. Nach dem Erwachen wird man sich wunderbar erfrischt fühlen und ist in der Lage, sich neu gestärkt, den Problemen des Alltages zu stellen.

Dharana - Gedankenstille

Eine der Grundvoraussetzungen der praktischen Magie ist die Herbeiführung der absoluten Gedankenstille (des sogenannten negativen Zustands), der auch als Dharana bezeichnet wird. Ohne diese Fähigkeit ist ein späteres praktisches magisches Arbeiten undenkbar.

Zur Herbeiführung des negativen Zustands setze oder lege man sich in bequemer Lage auf ein Bett, ein Sofa oder einen Stuhl. Zu Beginn der Übung schließe man die Augen, führe einige tiefe Atemzüge durch und entspanne sich so weit als möglich. Nun weist man jeden auftretenden Gedanken energisch ab, nichts darf im Geiste herrschen, nur eine absolute Leere. Man denke und fühle überhaupt nichts!

Diesen Zustand halte man ohne sich etwa zu vergessen oder gar einzuschlafen, so lange als möglich aufrecht. Anfangs wird diese Übung nur für Sekundenbruchteile gelingen, später dann für Sekunden und nach härtesten Anstrengungen und unendlich mühevollem, zähem Ringen, für die Dauer von Minuten. Das Ziel dieser Praktik ist erreicht, wenn man für einen Zeitraum von zehn Minuten, im Zustand der absoluten Leere zu verbleiben vermag.

Der Zweck von Dharana, ist neben der Steigerung des Konzentrationsvermögens, sich die bewußte Kontrolle über alle auftretenden und unerwünschten Gedanken zu verschaffen. Darüber hinaus stärkt man das positive Lebensgefühl, überwindet Depressionen und erschließt sich nach und nach einen Pfad zu seinem Innern.

Der magische Atem

Eine der vorzüglichsten Methoden die Gesundheit zu stärken und zu erhalten, Depressionen zu überwinden und dem Körper vermehrt Lebensenergie zuzuführen ist die Praxis des vergeistigten Atems. Wieviele Krankheiten, mangelnde Widerstandsfähigkeit und fehlende Antriebskraft sind heutzutage das Ergebnis einer falschen Atemweise. Ganze Bibliotheken ließen sich füllen mit Werken über das "richtige" Atmen, doch nur die wenigsten verstehen es, richtig zu atmen!

Ein neugeborenes Kind macht 44 Atemzüge in der Minute, ein fünfjähriges Kind noch 26 und ein erwachsener Mensch gar nur noch 16 bis 17 Atemzüge. Und wie wird geatmet; flach, verkrampft, hektisch... Hier sündigt der Mensch gegen sich selbst! Dem Sportler besonders dem Athleten wird da schon eine andere, gesündere Atemweise abverlangt.

Im folgenden werden drei für den Menschen besonders wertvolle Atmungsarten kurz vorgestellt und zur Aneignung dringenst angeraten. Schon nach kürzester Zeit wird sich ein jeder von den günstigen Wirkungen dieser Atmungsarten überzeugen können und auf sie gewiß nicht mehr verzichten wollen.

Der Vollatem

Die Grundlage jeglicher Atemtechnik ist zunächst der Vollatem. Nur er versorgt die Lungen mit genügend Sauerstoff, dehnt die Rippen und Brustmuskulatur und macht das Zwerchfell elastisch. Die günstige Wirkung des Vollatems, läßt sich schon daran erkennen, daß der übliche Atem der Lunge 7 bis 10 Liter Luft in der Minute zuführt, der bewußte Vollatem aber 50 bis 70 Liter.

Die Anwendung des Vollatems ist nun folgende:

Wir begeben uns in eine bequeme, entspannte Ruhelage und atmen zwanglos durch die Nase. Die Muskeln, vor allem in der Hals- und Gesichtspartie sind locker und gelöst. Wir füllen zunächst die unteren Lungenpartien, indem wir das Zwerchfell nach unten drücken (natürlich ohne Pressen oder Spannen). Danach füllen wir die mittleren Teile der Brust, so daß die Flanken und Rippen nach außen treten. Zuletzt werden die oberen Partien durch leichtes Anheben der Brust gefüllt (wobei die letzten Rippenpaare gleichfalls angehoben werden). Nach dem der Atem einige Augenblicke angehalten wurde, atmen wir bei leicht geöffnetem Mund ohne jede Spannung aus.

Der rhythmische Atem

Alle Bestehende schwingt im kosmischen Rhythmus. Ziel dieses Atemexerzitiums ist die Einschwingung auf diese Rhythmik. Ein erhöhtes Wohlbefinden und die Zunahme der Willenskräfte sind die Folge des rhythmischen Atems.

Unter Beibehaltung des Vollatems zählen wir langsam:

beim Einatmen .... 5 Einheiten
beim Atem anhalten .... 3 Einheiten
beim Ausatmen .... 7 Einheiten

Nach dem Ausatmen warten wir, bis sich der natürliche Atemdrang einstellt.

Später sind die Atemperioden zu verlängern:

7 - 5 - 9; 9 - 7- 11; 11 - 9 - 13 usw.

Die Wichtigkeit dieser Atmung kann gar nicht genug betont werden, ist sie doch die Grundlage für eine vermehrte Zuführung von Lebenskraft und Prana und ermöglicht dadurch erst ein praktisches magisches Arbeiten.

Der Beruhigungs-Atem

In beliebiger Körperhaltung atmen wir gründlich aus. Nach Abwarten des natürlichen Atemdrangs atmen wir sehr langsam und tief durch die Nase ein. Nun halten wird den Atem ganz kurz an und atmen kräftig jedoch ohne Anstrengung aus. Die Lippen sind wie zum Pfeifen gespitzt und die Luft wird stoßweise ausgeschieden, während man sich in Gedanken vorstellt, daß alles Belastende und Bedrückende zusammen mit der Atemluft aus dem Körper entweicht. Nach Abwarten des natürlichen Atemdrangs wiederholen wir die ganze Übung fünfmal.

Dieses Exerzitium beruhigt, entspannt und sollte durch seine ausgleichende Wirkung den Abschluß eines jeden Atemtrainings bilden. In dem Kapitel über die Praxis der magischen Atemimprägnierung werden die hier vorgestellten Techniken durch den vergeistigten magische Kraftatem vertieft werden.

Die Schulung des zentralen Blickes

Im Auge des Menschen liegt eine große Macht. So sind manche Personen in der Lage aufgrund weniger durchdringender Blicke Einfluß auf die Menschen ihrer Umgebung auszuüben. Auch ist die im folgenden gelehrte Praktik zur Schulung des zentralen Blickes eine notwendige Vorübung für spätere magische Experimente, beispielsweise der Spiegelmagie.

Wie in der Esoterik bekannt, sind die Augen eine Hauptausstrahlungsquelle für die menschlichen Lebens- und Odkräfte. Durch die Anwendung eines magisch geschulten Willens verbunden mit einer vermehrten Odstrahlabgabe der Augen, ist man in der Lage beeinflussend auf Menschen und Tiere zu wirken. Dies kann im positiven Sinn, durch die Aussendung guter Gedanken erfolgen, oder aber durch den sogenannten bösen Blick auch in negativer und schädigender Hinsicht geschehen. Die Geheimlehre spricht in diesem Zusammenhang ganz richtig davon, daß Gedanken Kräfte sind!

Um sich nun einen magnetischen Blick anzueignen, übe man am besten mit einer Versuchsperson. Dieser Person zeichne man einen farbigen Punkt auf die Nasenwurzel. Nun setze man sich der Person gegenüber und fixiere den Punkt für die Dauer von fünf Minuten ohne im geringsten abzuweichen oder zu blinzeln.

Eine zweite bewährte Methode zur Schulung des zentralen Blickes ist, daß man sich in aufrechter Haltung hinstellt und den rechten Arm mit nach oben gerichtetem Zeigefinger in Blickrichtung vor sich hält. Nun fixiert man diesen Finger mindestens zwei bis drei Minuten unter stärkster Anspannung aller Willensenergien.

Nach mehrmaligem üben wird man feststellen, daß der Zeigefinger sich fühlbar erwärmt und an der Fingerspitze kann man bisweilen einen leichten Schwefelgeruch feststellen. Dies sind Anzeichen dafür, das man diese Praktik richtig ausführt.

Das Ziel der Schulung des zentralen Blickes ist erreicht, wenn man in der Lage ist, sich fünfzehn Minuten auf einen Punkt zu konzentrieren, ohne das dabei das Auge tränt oder der Blick in die Ferne abschweift.

Schulung der Vorstellungskraft

Eine der wichtigsten Forderungen für die Ausbildung und Entwicklung okkulter Kräfte ist neben Dharana (Gedankenstille) die Schulung der zentralen Vorstellungskraft (der plastischen Imagination). Ohne die Fähigkeit die Gedanken nach unserem Wollen zu lenken und zu Beherrschen, ist ein praktisches Arbeiten in den magischen Disziplinen überhaupt nicht möglich.

Um die Fähigkeit der Imagination zu steigern, konzentrieren sie sich auf eine einfache Zeichnung (Kreis, Dreieck, Quadrat, Tattwasymbol usw.), dies nennt man etwas visualisieren. Betrachten sie diese Figur einige Minuten ganz genau. Danach schließen sie die Augen und versuchen sie das geschaute Bild im Geiste so genau als möglich zu rekonstruieren. Verschwindet der Gegenstand in ihrer Vorstellung, müssen sie danach zu trachten, ihn von neuem hervorzurufen. Mit der Zeit müssen Form und Farbe des Symbols naturgetreu vor sich gesehen werden.

Erst wenn diese Übung restlos gelingt, gehe man zu einfachen flächenhaften (dreidimensionalen) Körpern wie; Kugel, Würfel und dergleichen über. Ist man in der Lage auch diese Körper plastisch vor sich zu sehen, stelle man sich Gegenstände des täglichen Lebens vor; etwa eine Nadel, ein brennendes Streichholz, eine Gabel, ein Messer, einen Bleistift, eine Blume, und so fort. Auch die entsprechenden Farben dieser Gegenstände müssen deutlich vor dem geistigen Auge aufleuchten. Ist man so weit gekommen, einen Gegenstand ohne Unterbrechung fünf Minuten lang festzuhalten, gehe man dazu über, die Gegenstände mit offenen Augen zu imaginieren. Diese müssen dann wie in der Luft hängend derart plastisch sichtbar sein, daß sie regelrecht greifbar erscheinen.

Der bekannte okkulte Schriftsteller Karl Weinfurter berichtet in seinem großartigen Einweihungswerk "Der brennende Busch" von einem Mann der mit der plastischen Imagination unglaubliche Ergebnisse erzielte. Weinfurter schreibt wörtlich:

"... In unserem Fall kam Herr R. so weit, daß er sich wirklich mit einem bloß auf diese Weise vorgestellten Messer in den Finger schnitt. Dieses vorgestellte Bild des Messers mußte sich also für einen Augenblick verstofflicht haben. Weiters verbrannte er sich den Finger an der Flamme einer Kerze im Leuchter. Leuchter und Kerze waren gleichfalls bloße Geschöpfe seiner Phantasie. Aber es kam noch besser. Unser lieber Genosse kam so weit, daß er bei normalem Bewußtsein in seinem Zimmer auf und ab ging, sich aber vorstellte, er sei im Garten. Und er sah sich wirklich im Garten, wo die Sonne schien, die Vögel sangen und die Blumen dufteten..."

Auch hier sieht man wieder den esoterischen Grundsatz belegt, daß Gedanken Kräfte sind, es kommt nur auf die Intensität der Gedanken und des Willens an, welche Resultate man, in welcher Zeit realisiert. Sicher sind die Übungen zur Schulung der plastischen Imagination nicht einfach, aber Beharrlichkeit und Ausdauer führen immer irgendwann zum Ziel.

Hat man in den vorangegangenen Übungen zufriedenstellende Ergebnisse erzielt, gehe man zu lebenden Wesen über. Erst stelle man sich kleine Tiere wie einen Wurm, eine Fliege, einen Käfer vor, später dann eine Katze, einen Hund, ein Schaf usw. Hierbei ist sorgfältiges Vorgehen unumgänglich, Zug für Zug muß das entsprechende Tier Kraft der Imagination plastisch und lebensnah im Geiste vor sich gesehen werden. Ist man auch hierzu mit offenen Augen in der Lage, konzentriere man sich auf Menschen. Zuerst beginne man mit Freunden, Verwandten, Bekannten oder Verstorbenen. Man stelle sich die Gesichtszüge der betreffenden Personen vor, gehe dann zu Kopf, Kleidung und abschließend dem gesamten Körper über. Ziel dieser Übung ist es, sich einen Menschen plastisch und in allen Einzelheiten mindestens fünf Minuten vorstellen zu können.

Nach dem Weißmagier Franz Bardon stärken die geschilderten Konzentrationsübungen nicht nur die Willenskraft, sondern verbessern die gesamten intellektuellen und geistigen Kräfte des Menschen. Sie erwecken die magischen Fähigkeiten des Geistes und sind als Vorübungen für telepathische Experimente, mentales Wandern, Hellsehen und alle anderen magischen und okkulten Praktiken unabdingbar. Ohne die Fähigkeit der plastischen Imagination ist kein magischer Fortschritt zu erreichen und je besser man sich auf einen Gegenstand, eine Idee oder einen Wunsch zu konzentrieren vermag, umso größere Kräfte setzt man bei späteren magischen Experimenten frei.

Experiment mit dem astralen Licht

In dem Buch "Geheime Seelenmächte" beschreibt Karl Brandler-Pracht ein interessantes okkultes Experiment, bei dem man eine erste Vorstellung von den die Menschheit umgebenden feinstofflichen Sphären erhalten kann und das darüberhinaus dazu geeignet ist, den Astralkörper des Menschen nach und nach zu sensibilisieren.

Hierzu begibt man sich in ein vollständig verdunkeltes Zimmer, setzt sich mit dem Rücken gegen das Fenster und sieht ruhig in die Dunkelheit. Mit der Stärke der Willenskraft, konzentriert man sich nun darauf, einen Blick in die Astralebene zu tun. Nach längerer Konzentration und ruhigem Abwarten, bei dem jedoch die Gedanken nicht von dem betreffenden Wunsch, die uns umgebende Ätherwelt sehen zu wollen abweichen darf, werden sich bald feine lichte weißgraue Nebelmassen zeigen. Die Vorstellungskraft des Schülers muß nun diese Nebelmassen zwingen, sich zu sammeln und zu verdichten. Je stärker der hierzu aufgewandte Wille ist, desto besser werden sich die Nebel auflösen und anfangen sich zu Gebilden zu formen.

Anfangs dehne man die Zeitdauer dieses Experimentes nicht über dreißig Minuten aus, erst wenn der Neophyt in der Lage ist, sich mit einem Odschutzmantel zu umgeben (siehe hierzu das Kapitel über Odpraktiken), arbeite man hier weiter, um tiefer in die Geheimnisse der feinstofflichen Welten einzudringen.

Die Kraft der Mantren

Ein Mantra ist ein Wort oder ein Satz, der häufig wiederholt wird und der im Unterbewußtsein und den feinstofflichen Körpern des Menschen bestimmte Schwingungen und Wirkungen auslöst. Mantren bilden auch heute noch einen festen Bestandteil in vielen Religionen, was man durch ihre praktische Anwendung in Litaneien und Liturgien erkennen kann.

Bei einem Mantra kommt es nun nicht nur auf eine oftmalige oder ständige Wiederholung an, sondern das Wichtigste ist die Vorstellungskraft, die man in ein Mantra hineinlegt. Jeder Gebrauch von Mantren und wären sie noch so alt und ehrwürdig, würde stets seine Wirkung verfehlen, würde man es gedankenlos und monoton verwenden. Wird ein Mantram jedoch oft genug wiederholt und von einem starken Vorstellungsbild begleitet, schafft der Mantramist eine Dynamide, eine Expansionskraft, die das Vorstellungsbild auf ihn ausströmt und so reale Wirkungen hervorbringt. Man wird hierbei leicht verstehen können, daß ein Segen, der unter der vollen Konzentration eines geweihten Priesters erteilt wird, eine tatsächliche Wirkung zustande bringt. Man sieht hieran, daß esoterisches Geheimwissen in allen Religionen und auch im Christentum bewahrt wurde.

Der Name Jesus Christus als Mantra ausgesprochen und gleichzeitig mit einer starken Vorstellung des Schutzes verbunden, ist auch heute noch in vielen Situationen (beispielsweise bei astral bedingten Alpträumen) nützlich. Doch soll hier die religiöse Seite der Mantren verlassen werden und es sei nur noch kurz auf die Psalmen 58, 59, 69, 91, 109 und 141 verwiesen, denen sehr starke magische Kräfte zugeschrieben werden.

Mantren können laut gesprochen, geflüstert oder auch nur gedacht werden. Besonders das gedachte Mantra besitzt eine große Wirkkraft, da es sich direkt auf der Gedankenebene manifestiert.

Mantren können vielen Zwecken dienen und werden vornehmlich in magischen Logen als Rituale mit besonderem Ideengehalt verwandt. Durch die während einer Logensitzung gesammelte Vorstellungskraft der Mitglieder wird die bereits angesprochene Dynamide geschaffen, die dann Einfluß auf die Logenmitglieder oder auf eine bestimmte übersinnliche Sphäre ausübt. Aber erst durch oftmalige Praxis wächst die Kraft eines Mantra so an, daß es eine spürbare Wirkung hervorbringt, hierzu ist aber, wie überall eine gewisse Geduld und Ausdauer notwendig.

Mantren können aber nicht nur nach außen projiziert werden, intensiv in einen Körperteil hineingedacht, vermögen sie ebenso wie das Buchstabendenken, die Erweckung der feinstofflichen Zentren im Ätherkörper des Menschen herbeizuführen. So kann man ein Mantra beispielsweise in die Kopfgegend projizieren, zwischen die Augenbrauen, oder auf den Solarplexus. Man wird an diesen Stellen bemerken, wie durch das Mantra bestimmte Schwingungen ausgelöst werden, die belebende, heilende, geistige oder gar mystische Energien freisetzen.

Aus dem Weisheitsschatz östlicher Mantrakunst seien kurze einige Mantren und deren Bedeutungen angeführt:

"OM" - Symbol Gottes und der Vollkommenheit,
"Tat Twam Asi" - Ich und Gott sind eins,
"Hare Rama" - Spruch zur Erleuchtung und
Überwindung des Schicksals.

Denkt man beispielsweise das Mantra "Om" in die Stirngegend, verspürt man dort nach einiger Zeit ein Gefühl der Entspannung und Ruhe.

Selbstverständlich kann man sich auch eigene Wörter und Sätze zusammenstellen und sie als Mantra verwenden, dies hängt lediglich von der Imaginationsfähigkeit und dem Willen jedes einzelnen ab. Anfangs sollte man sich aber mit Eigenschaften wie: Gesundheit, Glück, Liebe, Sympathie, Erfolg, Ruhe, Frieden usw. begnügen und ein Mantra so lange üben, bis man seinen Ideengehalt vollständig verwirklicht hat.

Mantren als ganze Sätze formuliert, sind durch ihre ständige Wiederholung, besonders vor dem Einschlafen von starker Wirkung. Beispiele für Mantrasätze:

Liebe und Frieden allen Wesen !
Mir geht es von Tag zu Tag besser !
Glück und Erfolg sind mir beschieden !
Ich erhalte sehr starke magische Kräfte !
Mein Selbstbewußtsein wächst von Tag zu Tag !
Mein Wille dominiert, ich setze mich überall durch !

Nachfolgend ist ein besonders schönes Schutzmantra angeführt, daß jedem praktizierenden Mantramisten wegen seiner harmonischen und schützenden Wirkung sehr zu empfehlen ist.

Wall von Kristall

"Wall von Kristal allüberall,
schließe dich rings um mich,
schließe ein mich im Sein,
überwölbe mich, überforme mich,
laß nichts herein als Liebe, Licht, Leben allein.
OM so ist es und so soll es sein!"

Hierbei stelle man sich vor, daß man sich inmitten einer strahlenden Kugel befindet, die alle negativen Einflüsse abweist. Dieses Schutzmantra beim Verlassen des Hauses in sich hinein gesprochen, soll den Weggehenden beschützen und vor Schaden bewahren. Seit der Esoteriker Bo-Yin-Ra dieses Mantra schuf, zählt es zu den klassischen Mantren und wird immer wieder gerne zitiert.

Abschließend soll noch ein altes gnostisches Gebet wiedergegeben werden, welches sich durch seine mantramistische Wortmagie ganz vorzüglich zur täglichen Praxis eignet. Es fördert den Tatwillen, stärkt Selbstbewußtsein und Verschwiegenheit und soll die Gabe einer sprachlich überzeugenden und wirkungsvollen Redeweise verleihen. Jeden Abend vor dem Einschlafen und Morgens kurz nach dem Erwachen unter voller Konzentration in sich hineingedacht (oder gebetet) übt dieses uralte Mantra bereits nach kurzer Zeit seine positiven Wirkungen aus:

Gnostisches Gebet

Gib, daß ich tu mit Fleiß,
Was mir zu tun gebühret,
Wozu mich dein Befehl,
In meinem Stande führet.

Gib, daß ich's tue bald,
Zu der Zeit, wo ich's soll.
Und wenn ich's tu, so gib,
daß es gerate wohl!

Hilf, daß ich rede stets,
Womit ich kann bestehen.
Laß kein unnützes Wort
Aus meinem Munde gehen.

Und wenn in meinem Amt
Ich reden soll und muß,
So gib den Worten Kraft
Und Nachdruck ohne Verdruß!

Dem stetig übenden ergeben sich durch eine gezielte, richtige Anwendung der Mantrakräfte ungeahnte Möglichkeiten. Das Unbewußte des Menschen reagiert ja bekanntlich sehr leicht auf äußere Einflüsse. So kehrt jedes nicht verarbeitete oder verdrängte Tagesgeschehen im Traume wieder an die Oberfläche und erlebt hier seine Bewältigung. Und wieviel stärker prägen sich dem Menschen regelmäßig wiederholte Formeln ein, man denke nur an die Suggestionen der Werbung.

Durch sinnvolle Mantren ist man in der Lage seinen Charakter zu veredeln, die Gesundheit zu erhalten ja sie sogar in aussichtslosen Situation wieder herzustellen. Selbst die heutige medizinische Forschung hat die Grundsätze einer positiven Einstellung als einen wesentlichen Faktor des Heilungsprozesses anerkannt. Nutzen wir also die heilenden und helfenden Kräfte unseres unterbewußten zum Wohle, zur positiven Beeinflussung und zur Veredelung von uns Selbst.

Die Praxis der magischen Atemimprägnierung

Eng verwandt mit dem Wissen über die Wirkkraft der Mantren ist die magische Praxis der Atem- und Nahrungsimprägnierung, wie sie besonders von dem hohen Eingeweihten Franz Bardon vertreten wird.

Bei der normalen (unbewußten) Atmung wird dem menschlichen Körper nur soviel Lebenskraft zugeführt, wie zu dessen Erhaltung notwendig ist. Durch die in einem vorigen Kapitel gezeigten Atemtechniken wird die Zufuhr von Lebenskräften erheblich gesteigert. Bei der Praxis der magischen Atemimprägnierung zieht man zusätzlich noch eine bestimmte Eigenschaft heran und verwirklicht diese durch fortgesetzte Wiederholung. Verlegt man in die einzuatmende Luft einen Gedanken, eine Idee oder eine Vorstellung wird diese vom Akasha-Prinzip (dem geistigen Prinzip) der Luft aufgenommen und dem Körper zugeleitet.

Die esoterische Wissenschaft spricht hier von Prana, daß in der Luft und in den Sonnenstrahlen als feinstoffliches Agens wirkt und ohne das pflanzliches, tierisches oder menschliches Leben unmöglich wäre.

Der imprägnierte Luftstoff besitzt somit eine zweifache Funktionsweise. Erstens dient die eingeatmete Luft der Erhaltung des Körpers und zweitens wird die geschaffene Vorstellung oder Idee den feinstofflichen Körpern des Menschen zugeführt und bewirkt dadurch die gewünschte Veränderung. Es kommt also weniger auf die Menge der eingeatmeten Luft, als vielmehr auf deren Qualität an (die Idee, die man in den Luftstoff hineinlegt).

Zur bewußten Atemimprägnierung begebe man sich in eine bequeme Lage und entspanne sich. Danach stelle man sich vor, man atme mit der Lunge und den Poren eine bestimmte positive Eigenschaft ein. Man sauge vergleichbar einem trockenen Schwamm die gebildete Vorstellung in sich auf. Felsenfest muß man davon überzeugt sein, daß man dem Körper die gewünschte Eigenschaft zuführt und nicht der geringste Zweifel darf aufkommen.

Der bekannte Esoteriker und berühmte Erforscher alternativer Heilmittel G.W. Surya empfiehlt die Kraft des vergeistigten Atems als wunderbares Allheilmittel. Er schreibt: "Atmen sie langsam und möglichst gleichmäßig, ohne jede Überanstrengung und achten sie darauf, daß sich zuerst der Unterleib ausdehnt, dann erst die Brust. Nun halten sie einige Sekunden den Atem an, und hierbei stellen sie sich lebhaft vor, wie der Sauerstoff der Luft in ihrer Lunge das Blut reinigt, überhaupt jeden Krankheitskeim zu Asche verbrennt. Beim Ausatmen, welches gleichsam nur durch die Nase stattfinden soll, denken sie daran, wie alle unreinen Stoffe alle Krankheit, alle Schlacken ausgestoßen werden."

Diese Methode der doppelten Atmung (Einatmen einer bestimmten positiven Eigenschaft und Ausatmen einer entgegengesetzten negativen Eigenschaft) führt noch schneller zum Erfolg, als die einfache Atemtechnik, da in einem Atemzug zwei identische Kraftwirkungen zur Anwendung gelangen. Wichtig ist hierbei nur, daß man sich nie auf zwei verschiedene Eigenschaften konzentriert, denn diese würde zu einer Hemmung und Stauung führen und dann einen Erfolg stark gefährden. Konzentrieren sie sich also auf das Einatmen von Ruhe und Frieden und atmen sie im Gegenzug Unruhe und Streß aus.

Anfangs beginne man mit nur 5 Atemzügen und steigere

sich im Laufe der Zeit auf etwa 50 bis 100 Atemzüge. Man achte sorgsam darauf, den Atem nicht zu schnell den Lungen zuzuführen, das Ein- und Ausatmen erfolge natürlich und ohne jeglichen Zwang. Der Atem soll ruhig und entspannt fließen.

Die verschiedensten Eigenschaften können hierbei (wie bei den Mantren) angestrebet werden. Es entscheidet allein der Wunsch des übenden, dennoch vermeide man, all zu egoistische Wünsche und verbleibe bei Eigenschaften wie: Ruhe, Frieden, Harmonie, Gesundheit und dergleichen mehr.

Natürlich kann man auch seine Speisen und Getränke mit einer Vorstellung laden und selbst die Nahrungszufuhr zu einem bewußten magischen Akt gestalten. Die Praxis der Essensimprägnierung ähnelt der Atemimprägnierung und sei im folgenden kurz dargestellt.

Konzentrieren sie sich mit ihrer ganzen Vorstellungskraft auf ein Nahrungsmittel, das sie zu sich nehmen wollen. Stellen sie sich vor, daß die Speise ihren Wunsch verkörpert und so wirksam ist, als habe er sich bereits realisiert. Nun nehmen sie langsam die Nahrung zu sich, in der inneren überzeugung, daß tatsächlich mit ihrem Verzehr die gewünschte Eigenschaft in ihren Körper übergeht.

Alle Speisen und Getränke eignen sich gleichermaßen zur magischen Wunschimprägnierung nur vermeide man es, ' hastig zu essen. Man verzehre die Speisen ohne sich im geringsten durch äußere Einflüsse ablenken zu lassen, die Gedanken beschäftigen sich lediglich mit der bewußten Nahrungsaufnahme und der Realisierung des zu erzielenden Wunsches.

Zu beachten ist, wie bei der Atemimprägnierung, daß

man nicht zwei Wünsche auf einmal zu realisieren trachtet. Wünscht man sich z.B. beim bewußten magischen Atmen Gesundheit, so darf man sich bei der Nahrungsaufnahme nun nicht etwa auf Erfolg oder Glück konzentrieren, denn dies würde ein Zersplittern der Kräfte bedeuten und höchstwahrscheinlich überhaupt keine Wirkung zeigen. Am vorteilhaftesten ist es, sich sowohl bei der Atem- als auch bei der Nahrungsimprägnierung auf ein und denselben Wunsch zu konzentrieren. So entstehen keine entgegengesetzten, hemmenden Einflüsse. Auch gehe man zur Verwirklichung eines anderen Wunsches erst dann über, wenn sich der erste restlos erfüllt hat.

Daß man Erfolge nicht innerhalb von ein oder zwei Tagen erzielen kann, dürfte verständlich sein. Je stärker jedoch die geistige Einstellung und die Begabung des Übenden sind, um so schneller werden sich Resultate zeigen. Durch die Kraft des vergeistigten Atems besitzt der Mensch eine wunderbare Macht auf sein Unterbewußtsein in harmonischer Weise einzuwirken die gar nicht hoch genug eingeschätzt werden kann.

Die Magie des Wassers

Wasser läßt sich, wie eine jede Flüssigkeit oder ein jedes Nahrungsmittel, (siehe das vorherige Kapitel) mit einem besonderen Wunsch oder einer bestimmten Idee aufladen. Die grundlegenden Prinzipien der magischen Beeinflussung des Unterbewutseins wurden ja bereits in den Kapiteln "Die Kraft der Mantren" und "Die Praxis der magischen Atemimprägnierung" verdeutlich.

Die Praxis der Wasserimprägnierung beruht nun auf den gleichen Prinzipien, nur kann man sie in zwei verschiedene Methoden unterteilen.

Bei der ersten reinigt man sich von negativen, schädlichen Einflüssen und bei der zweiten lädt man sich mit guten Eigenschaften gleichsam auf. Für welche der beiden Möglichkeiten man sich entscheidet bleibt dem einzelnen selbst anheimgestellt, günstig ist es sogar beide Praktiken miteinander zu kombinieren.

Reinigungsmethode

Bei jedem Waschen der Hände denke man intensiv daran, das durch das Reinigen nicht nur der Schmutz vom Körper abgestreift wird, sondern auch alle Belastungen der Seele und des Geistes dahinschwinden. Denken sie z.B., daß Mißerfolg, Unruhe, Unzufriedenheit und Krankheit unter dem fließenden Wasser abgewaschen, respektive in das Wasser übertragen werden. Zur Veredelung von Geist und Seele imagniere man zusätzlich, daß alles Negative und Unreine der Psyche mit dem Wasser vom Körper fortgespült wird. Seien sie fest davon überzeugt, daß aller Mißerfolg und alles Schlechte in das Wasser übergeht.

Außergewöhnlich wirksam ist diese Übung, wenn man sie unter der Dusche oder im Sommer beim Baden vornimmt, wo der ganze Körper und nicht nur die Hände mit dem Wasser in Berührung kommen.

Bei richtig durchgeführter Übung verspürt man mit dem abfließenden Wasser ein großes Gefühl der inneren Reinigung und Befreiung, das in etwa mit dem Erleben der ersten Beichte im Kindesalter verglichen werden kann. Auch der Autor, der den christlichen Ritus der ersten Beichte, im Alter von etwa zehn Jahren sehr ernst nahm, verspürte eine ungeheuere Freude und Erleichterung, nach der erfolgten Sündenvergebung durch den Geistlichen. Es war ein Gefühl, wie neu geboren zu sein, gleichsam als ob eine schwere Last plötzlich von einem genommen worden wäre. Nur wer jemals ähnliches erlebt hat, kann diesen Zustand begreifen. Bei der Magie des Wassers bei der man seine unreinen Einstellungen und alles Negative mit dem fließenden Wasser von Seele und Geist imaginativ abwäscht, stellt sich ein ähnlich befreiendes Glücksgefühl ein.

Diese Praxis der geistigen und seelischen Reinigung, kann als tägliches Ritual angewandt werden und vermag den Menschen kurzzeitig in eine positivere und reinere Welt zu erheben.

Imprägnierungsmethode

In der umgekehrten Weise, kann man selbstverständlich auch alle Flüssigkeiten mit einem besonderen Wunsch imprägnieren. Kraft der geschulten Vorstellung stelle man sich vor, wie aus dem unendlichen Kosmos bestimmte Kräfte in das Wasser oder eine andere beliebige Flüssigkeit übertragen werden. Während man sich nun in diese Flüssigkeit begibt, oder sie durch Trinken zu sich nimmt, konzentriere man sich darauf, die entsprechende Eigenschaft in sich aufzunehmen und zu verwirklichen.

Ganz hervorragende Wirkungen der magischen Flüssigkeitsaufladung lassen sich durch die Verbindung von Atemtechnik, Chakrawissen und geschulter Imaginationsfähigkeit erzielen. Mit der linken Handfläche atmet man z.B. eine bestimmte Eigenschaft aus dem Kosmos ein, etwa Gesundheit, die man dann durch das rechte Handchakra ausatmend auf die zu ladende Flüssigkeit überträgt. Näheres über das verborgene Wissen der Chakra wird in einem späteren Kapitel gesagt werden.

Verfügt man über den nötigen Willen und die nötige Zeit, ist es auch möglich, beide Übungen miteinander zu kombinieren, indem man unter fließendem Wasser alles Negative abstreift und eine mit einer positiven Eigenschaft geladene Flüssigkeit durch trinken zu sich nimmt. Schon nach kurzer Zeit kann man sich von der Wirkung dieser beiden Übungen überzeugen und wird sie bestimmt ein Leben lang nicht mehr missen wollen.

Odpraktiken

Alle Körper strahlen! Ob Mineral, Pflanze, Tier oder Mensch, alle Gegenstände strahlen ein magnetisches Fluidum, eine feinstoffliche Substanz aus. Der Wiener Gelehrte Freiherr von Reichenbach gilt als der Entdecker dieser Substanz, die er nach dem nordischen Gott "Odin", "Od" genannt hat. Die Tatsache, daß alle Körper bestimmte Strahlen aussenden, wurde aufgrund der Radiumforschung erst viele Jahre nach dem Tod dieses großen Mannes anerkannt.

Reichenbach hat in seinen Odisch-magnetischen Briefen in exakt wissenschaftlicher Weise nachgewiesen, daß aus dem Körper des Menschen eine leuchtende (und unter gewissen Bedingungen auch sichtbare) Ausströmung hervortritt.

Die X-Strahlen von Röntgen, die Alpha-, Beta- und Gammastrahlen des Radium, die P- und N-Strahlen von Blondlot, die ultravioletten und Y-Strahlen von Prof. Jourewitsch sind alle bewiesen und doch für gewöhnlich unsichtbar.

Martin Ziegler nahm zum Nachweis der Odstrahlen einen besonderen Apparat. Er experimentierte mit den feinen Wimperhäarchen der einheimischen Drosera-Arten, einer fleischfressenden Pflanze. Er wies nach, daß diese Pflanze keine Instinkte für die Nahrungsauswahl besitzt, sondern auf physikalische Kräfte reagiert. Odisierte Substanzen aus Platin griff die Drosera gierig auf, während sie entodete Fleischstückchen von sich stieß! Gewiß ein eigenartiger Beweis!

So haben viele Forscher die Odstrahlen gefunden und zu erklären versucht wie Blondlot und Carpentier bei ihren Polarisierungsexperimenten, sie nannten die gefundenen Odstrahlen; N-Strahlen! Dr. Harnack fand die Hautelektrizität (Ablenkung einer Magnetnadel unter Glas durch die menschlichen Finger). Der Forscher A. Caan bewies dann im Jahre 1911 den Radiumgehalt des menschlichen Körpers. Durch seine Versuche, photographische Platten zu beeinflussen, sowie die Luft durch menschlichen Organe zu ionisieren, ist nachgewiesen, daß in einem lebenden Körper ständig ein Atomzerfall stattfindet, der Strahlungen erzeugt. Diese Strahlung ist Reichenbachs Od, oder odische Lohe.

Der italienische Professor Ferd. Cazzamali von der Mailänder Universität hat gar festgestellt, daß vom menschlichen Gehirn, Wellen elektromagnetischer Art ausgehen, die so beschaffen sind wie die Ätherwellen, die der drahtlosen Telegraphie zugrunde liegen. Prof. Cazzamali hat in einem vollständig isolierten Raum mit drahtlosen Empfangsapparaten die Gehirnschwingungen von Personen aufgefangen, deren Hirne stark in Tätigkeit waren. Geistige Kraft ist also mechanisch registriert worden!

So gibt es unzählige weitere Beweise, für nachgewiesene oder noch nicht gänzlich erforschte feinstoffliche Strahlungen und jeden Monat wird eine andere Strahlungsart entdeckt! Hier erkennt man eindeutig die Ähnlichkeiten zu den östlichen Erkenntnissen und Weisheitsreligionen! Alles ist Schwingung, Strahlung! Also Bewegung in, um, über und unter uns. Prana, Akasha, Od, Aura, Lohe und andere Begriffe bezeichnen das gestaltende, aufbauende Universalprinzip, der indischen Lehre und sind Bezeichnungen für die verschiedenen Strahlungsarten der Naturwissenschaft.

Diese Strahlungen sind sehr stark polarisiert und so strahlt z.B. die rechte menschliche Körperseite und die rechte Hand odpositiv, während die linke Seite, ebenso wie die linke Hand odnegativ wirkt (vgl. die Aussagen zu der einsaugenden und abstrahlenden Wirkung der Handflächen in dem Kapitel: "Die Geheimlehre von den Chakra"). Auch ist das Od in seiner Ausstrahlung bei beiden Geschlechtern sehr verschieden und auch je nach dem Gesundheitsgrad eines Menschen gewissen Veränderungen unterworfen. Das kräftigste und ungetrübteste Od zeigt sich bei einem gesunden Menschen, während eine kranke Person ein trübes und negatives (ja geradezu fauliges) Od erzeugt.

So ließen sich über dieses hochinteressante und längst noch nicht vollständig erforschte Wissensgebiet ganze Bücher schreiben und sind ja auch in der einschlägigen Literatur vorhanden. Doch an dieser Stelle interessieren weniger die theoretischen Hintergründe zur Lehre vom Od und mehr ihre praktische Verwertbarkeit.

Im folgenden wird gezeigt, wie man sich die Kräfte des menschlichen Od's zunutze machen kann und sich beispielsweise vor fremdem, kranken oder ungewollten Odeinflüssen zu schützen vermag, wie man Gegenstände von Od befreit, wie man Körper mit den eigenen Ausstrahlungen durchtränken und laden kann und vieles andere mehr.

Die gezeigten Praktiken sind für: Pendelmagie, Spiegel-, Sympathie-, Runen-, Talismanische-, Spaltungs- und Beeinflussungsmagie, Spiritismus, Naturheilkunde und viele weitere magische Diszipline von grundlegender Bedeutung.

Odreinigung von Gegenständen

Bisher nur sehr wenig bekannt ist, daß leblose Materialien, besonders wenn sie mit kranken Personen oder übelgesinnten Menschen in enger Berührung gestanden haben, uns sehr schädlich sein können. Um diese Gegenstände gefahrlos zu gebrauchen und um ihre odische Hülle zu reinigen, verfahre man wie folgt:

Legen sie das Objekt, daß sie von fremden Einflüssen reinigen wollen vor sich. Streichen sie mit der rechten Hand, Handteller dem Objekt zugekehrt von rechts nach links über den Gegenstand, ohne jedoch denselben zu berühren. Konzentrieren Sie sich stark auf die Wegnahme der fremden Odstrahlung. Saugen Sie die fremde Odstrahlung imaginativ mit der Innenhandfläche und den Fingerspitzen an, und nun schleudern sie das angestaute Od, nach jedem Strich durch kräftiges Abschleudern der Hände von sich.

Beim Ansichziehen, also beim Aufsaugen der Odstrahlen atmen Sie tief und kräftig ein, beim Abschleudern derselben mit der gleichen willensgeladenen Konzentration aus.

Die Entodung des Körpers

Hellseher und Sensitive behaupten, daß sich an unseren Ätherkörper und vorwiegend an die den Körper umgebende Gesundheitsaura zahlreiche feinstoffliche Gebilde (anzusehen wie Disteln) anderer Menschen anhängen. Diese ätherischen Formen können Krankheiten übertragen, Gefühle und Empfindungen übelster Art vermitteln und beeinflussen uns, tief in unserem Innern. Diese verunreinigenden Gebilde entfernt man folgendermaßen:

Bei mäßig gespreizten Fingern werden Längsstriche dicht in Körpernähe ausgeführt. Die Bewegungsrichtung beginnt beim Kopf, geht hinab zum Rumpf und schließlich zu den Füßen ist. Dann fährt man mit den Händen an Brust und Rücken vorrüber, soweit man es eben vermag. Die Körperrückseite wird abwärts über Gesäß, Schenkel und Waden bestrichen. Für jede Körperstelle genügt ein langsamer Abstrich. Man kann, wenn man dies wünscht auch mehrere Bewegungen über einer Körperstelle durchführen.

Die sich an den Händen sammelnden feinstofflichen Fluide werden mit einer energischen Handbewegung weggeschleudert. Es ist auch möglich die Hände nach jedem Abstrich unter fließendem Wasser abzuspülen.

Eine gegenseitige Entodung durch zwei Personen ist auf diese Weise ebenfalls möglich. Bei jedem Strich ist zu imaginieren, daß man mit jeder Bewegung alle schädlichen feinstofflichen Substanzen mittels der Hände aus dem Körper des Partners ansaugt und diese durch ausschütteln entfernt.

Einodung

Um einen Gegenstand mit dem körpereigenen Magnetismus zu durchtränken (beispielsweise: Spiegel, Pendel oder Wünschelruten) verfahre man wie folgt:

Einige rhythmische Atemzüge lockern die Odkraft des Körpers, welche unsere Vorstellungskraft in die Handflächen leitet. Während der Einatmung ruht die Rechte (bei größeren Gegenständen auch beide Hände) einige Zentimeter über dem Objekt und verbleibt darüber während der kurzen Atemstauung, inzwischen verdichtet sich das Od in Hand und Fingerspitzen weiter. Ausatmend strömt man nun das so gespeicherte

Od auf das Objekt über.

Nach dem üblichen Abschütteln der Hände kehrt die Hand zur Faust gebildet zur Ausgangsstellung zurück und die Prozedur nimmt ihren Fortgang. Eine siebenmalige Wiederholung genügt in der Regel.

Kleinere Gegenstände hält man zweckmäßigerweise in der geballten Faust (beispielsweise ein Pendel) und durchtränkt sie so mit dem eigenen Od. Auch das mehrmalige Behauchen eines Gegenstandes unter starker Konzentration ist sehr förderlich.

Der magnetische Rapport

Als magischer Odausgleich zum Zwecke der Kraftübertragung nach kraftraubenden Experimenten (etwa zur Stärkung und Wiederherstellung eines Mediums) eignet sich ganz besonders die Praktik des magnetischen Rapports. Auf diese Weise lassen sich die verbrauchten oder entnommenen Odkräfte einer Versuchsperson oder eines Mediums rasch wieder ersetzen. Auch als Vorübung zu magnetischen Heilbehandlungen ist der magnetische Rapport vorzüglich geeignet. Überall dort wo ein Mangel an Vitalität zu verzeichnen ist, Schwächezustand herrscht oder Nervosität und Überarbeitung vorliegen, vermag der magnetische Rapport Erfolg zu versprechen.

Nachstehend seien zwei von vielen Möglichkeiten der magnetischen Kraftübertragung geschildert:

Methode 1

Man faßt sich an den Händen. Die Innenhandfläche der Rechten umfaßt die linke Hand des Partners und umgekehrt. Nun beginnt man im umgekehrten Rhythmus zu atmen. Während der Magnetiseur ausatmet mit der Vorstellung und festen Überzeugung, daß er Kraft abgibt, atmet der zu kräftigende tief und behaglich ein ohne sich dabei im mindesten anzustrengen und mit der Gewißheit, daß ihm magnetische Kräfte zugeführt werden.

Diesen Atemrhythmus halte man eine Weile ein.

Methode 2

Bei der zweiten Methode steht der Magnetiseur links neben der in entspannter Haltung sitzenden Versuchsperson. Die Oberschenkel der Versuchsperson bilden mit den Unterschenkeln einen rechten Winkel. Nun gleiche man den Atemrhythmus an, (gemeinsames ein- und ausatmen). Die linke Hand legt man auf die Stirn des zu Behandelnden, die rechte auf deren Hinterkopf. Hat ein Wärmeaustausch stattgefunden - was zuweilen einige Minuten dauert - Hände wegnehmen und fest gegeneinander reiben. Anschließend wird die linke Hand auf die Magengegend der Versuchsperson und die rechte auf deren Rücken gelegt und einige Zeit so verblieben. Eine zehn bis zwölfmalige Wiederholung genügt in der Regel.

Bei gutem Gelingen wird man ein feines Kribbeln am ganzen Körper verspüren, insbesondere in den Handflächen. Dies ist ein Hinweis, für eine erfolgreiche Kraftübertragung und der damit verbundenen stärkeren Schwingung der Chakren.

Die Bildung eines Odmanteles

Eine in okkulten Kreisen häufig praktizierte und bewährte Methode sich vor fremden und schädlichen Einflüssen und Fluiden zu schützen ist die Praxis zur

Bildung eines magischen Odmantels. Hierzu nimmt man die Totenlage ein, indem man sich flach auf den Rücken legt und die Beine leicht spreizt. Nun atmet man in Vollatmung rhythmisch ein und aus. Die Augen sind geschlossen. Die Hände etwa in 10 cm Abstand über dem Solarplexus. Die linke Hand liegt hierbei über der rechten. Zweckmäßigerweise ist diese Praxis vollständig unbekleidet durchzuführen.

Ist man genügend entspannt, atmet man tief ein, hält kurz den Atem an und stellt sich vor, daß Od- und Lebenskraft dem Solarplexus entströmen. Beim ausatmen denke man intensiv, daß sich das Od über dem Leib zu den Füßen und hinter den Waden weiter zum Rücken bewegt, während ein zweiter Strom von der Brust zum Kopf und danach auf den Rücken führt. Im Rücken ist den Treffpunkt der beiden Odströme.

Kraft gedanklicher Imagination verdichte man den Odstrom nun soweit, bis er den Körper wie einen dicken Mantel umhüllt. Die Gesamtdauer der Übung zur Verdichtung des körpereigenen Odmantels betrage mindestens fünf Minuten.

Bildet man den Odmantel in richtiger Art und Weise, verleiht er stets ein Gefühl der Sicherheit und des Schutzes, gleichgültig wo man sich befindet. Angeraten ist er überall da, wo man in allzu engen Kontakt mit Menschen und deren Ausstrahlungen gerät.

Der Schutzmantel ist laut Frater Ptahhotep, eines Erforschers und Praktikers der Odlehre undurchdringbar und soll wie Stahl wirken. Man kann seine Sinne sogar soweit entwickeln, daß man diesen Odschutzmantel wahrnehmen kann. Nach weiterem Bericht von Ptahhotep wurde bei Experimenten mit Medien festgestellt, das ein vom Körper gelöster Astralleib eine in einem Raum gezogene Odschutzmauer (oder einen magischen Schutzkreis) nicht zu durchdringen vermochte.

Das Ziel dieser Übung ist es nun, soweit zu kommen, daß man in jeder Lage und Situation einen Odmantel aufbauen, verstärken und verdichten kann, denn nur dann ist man jederzeit Herr der Lage und gegen eindringende feinstoffliche Einflüsse gefeit.

Die Bildung eines magischen Dolchmantels

Einen besonders wirksamen Schutz gegen astrale Wesen und Einflüsse bietet der sogenannte magische Dolchmantel, der in seiner Art noch erheblich stärkere Abwehrkräfte enthällt als der normale Odmantel. Die Praktik hierfür ist folgende:

Man nehme die Totenlage ein, das heißt flach hinlegen, die Hände neben den Körper und die Beine leicht spreizen.

Völliges Ausatmen.

Den Atem durch die Nase einziehen, zuerst in den Bauch, der dabei angehoben wird. Danach immer weiter einatmen und die Luft vom Bauch in die Brust hinaufziehen. Atem anhalten. Durch den Mund tief und vollständig ausatmen. Danach folgt eine Atempause.

Die Übung ist dann in folgendem Rhythmus für eine Dauer von etwa sieben Minuten auszuführen:

Einatmen 7 Einheiten
Anhalten 4 Einheiten
Ausatmen 7 Einheiten
Atempause 4 Einheiten

Man stellt sich nun aufrecht hin, das Gesicht weist nach Süden. Intensive Vorstellung, daß dem Kopf Od entströmt, sich um den gesamten Körper legt und sich zu vielen einzelnen Dolchspitzen verdichtet. Der Körper muß Kraft der Vorstellung von lauter einzelnen, nach außen zeigenden Speerspitzen umgeben werden.

Diese Übung hat besonders Erfolg bei plötzlichen Angriffen aus dem Astralen. Man kann auch gegebenenfalls soweit gehen, die einzelnen Spitzen durch starke Konzentration nach astralen Angreifern zu schleudern. Man erzielt hierdurch ähnliche Wirkungen wie mit einer Sprengglyphe (siehe das Kapitel: Die Magie der Glyphen). Diese wird ja auch unter starker Konzentration angefertigt und ist in der Lage astrale Kraftballungen gleichsam zu zersprengen.

Odschutz während des Schlafes

Im Schlaf ist der Mensch viel mehr als er nur ahnt, fremden unkontrollierbaren Einflüssen ausgesetzt. Alpträume, unruhiger Schlaf und besonders astrale oder mentale Beeinflussungen können dann die Folge sein. Aus diesem Grund ist es wichtig, sich auch im Schlaf vor diesen ungewünschten Zuständen zu schützen.

Wir schließen den Stromkreis. Rechte Innenhandfläche auf das Sonnengeflecht, und zwar im Abstand von zehn Zentimetern. Die linke Hand legen wir auf den Rücken der Rechten und lassen Od der Magengegend entströmen und stauen es einige Atemzüge lang.

Kraft unserer Vorstellung teilen wir das Od, wie bei der Bildung des Odschutzmantels in zwei Strömungen:

Den ersten Odstrom führen wir aufwärts zu Brust und Kopf und leiten ihn über das Hinterhaupt weiter in die Nacken- und Rückengegend. Den anderen weisen wir hinab zu den Füßen und hinten über Kniekehlen und Gesäß empor, ebenfalls zum Rücken, wo beide Ströme sich vereinigen. Mit jedem Atemzug dehnen wir die Aura um den Körper aus, bis sie schließlich das ganze Lager erfüllt. Diese Aura laden wir mit Gedanken der Abwehr und des Schutzes gegen jeden Einfluß irgendwelcher Art. Kein fremder Einfluß vermag nun, diesen Schutzmantel zu durchdringen. Nach kurzer Entspannung und mit der Gewißheit des völligen Geschütztseins gehen wir dann in den Schlaf über.

Herbeiführen des magnetischen Schlafes

Um eine Menschen in den Zustand des magnetischen Schlafes zu versetzen, in dem er einerseits für die Suggestionen eines Hypnotiseurs und andererseits als Medium für besondere magische Experimente zur Verfügung steht, empfiehlt sich die folgende Vorgehensweise:

Legen sie einige Minuten lang die rechte Hand auf die Stirn der Versuchsperson und die linke Hand auf deren Nacken. Nun streichen sie vom Kopf über den ganzen Körper bis zu den Füßen mit beiden Händen langsam abwärts.

Während der magnetischen Behandlung konzentrieren sie sich darauf, daß die Versuchsperson in einen tiefen Schlaf fällt. Günstig ist hier die Vorgehensweise, sich zuerst auf den Kopf des Mediums zu konzentrieren, unter starker gedanklicher Vorstellung, daß sie dadurch das Tagesbewußtsein des Mediums ausschalten. Anschließend konzentrieren sie sich auf die Augen mit dem Willen, daß sich dieselben schließen sollen und zum Schluß auf die Herzgrube, wobei man sich fest vorstellt wie die Person in tiefen Schlaf fällt.

Der magnetische Schlaf ist sehr gesund und kräftigt die Person an der er vorgenommen wird ungemein. In diesem besonderen Zustand des Schlafes kann man bereits auch wirksame Suggestionen erteilen.

Nach ein bis zwei Stunden geht gewöhnlich der magnetische Schlaf in den normalen Schlaf über, oder die Versuchsperson erwacht von selbst. Bei fortgesetztem erfolgreichem Herbeiführen dieses Schlafzustandes kann der Magnetiseur auch den Zustand des Somnambulismus bei seiner Versuchsperson einleiten, der ihn in die Lage versetzt besondere magische Experimente auszuführen. Erreicht wird dies durch die Zugabe einiger weiterer magnetisierender Striche.

Somnambule Personen sind mit ihrem Magnetiseur stets im engsten Rapport. Was er empfindet, erleiden sie meist mit und alle physischen Zustände seines Wesens strahlen auf sie über. So wird von einem Experiment berichtet, bei dem, den Körpern von zwei Somnambulen versuchsweise Od entnommen wurde, daß man in eine Schüssel mit Wasser leitete um diese zu magnetisieren. Das Wasser schüttete man nach dem Versuch weg. Am nächsten Morgen litten beide Versuchspersonen gleichzeitig unter einer starken Erkältung.

Später stellte sich dann heraus, daß das ausgegossene Wasser in der Nacht gefroren war und durch seine Reperkussionswirkung (Verbindung) zu den beiden Frauen deren starke Erkältung verursacht hatte. Mag auch ein mancher über diese Verbindung lächeln, so sind dennoch eine ganze Reihe weiterer Versuche in der gleichen Richtung von den verschiedensten

Forschern (beispielsweise: Freiherr von Reichenbach, Oberst Albert de Rochas, Hector Durville, Dr. Justinus Kerner, Dr. Josef Ennemoser, Dr. Franz Anton Mesmer, Karl Spiesberger...) angestellt und praktisch nachgewiesen worden.

Bemerkenswert ist auch der Ausspruch Schopenhauers: "Wer heutzutage die Einwirkung des Magnetismus bezweifelt, ist nicht ungläubig, sondern unwissend zu nennen."

Noch viele weitere magische Odpraktiken stehen dem Okkultisten und Experimentator dieses Gebietes zur Verfügung, doch kann im Rahmen dieses einführenden Werkes darauf nicht näher eingegangen werden. Besonders empfohlen sei daher interessierten Lesern das Buch: "Magische Einweihung" von Karl Spiesberger, das eine Fülle odisch-magnetischer Praktiken in leicht verständlicher Form enthält.

Bewußte Pranaaufnahme

Im letzten Kapitel wurde über das Od und seine Bedeutung für die praktische Magie gesprochen und einige od-magnetische Praktiken vorgestellt. Wie wir gesehen haben, strahlen alle Körper aufgrund radioaktiver Zerfallsprozeße mehr oder weniger stark.

Je stärker ein Körper nun strahlt, um so größeren Einfluß vermag er auf seine Umgebung zu nehmen. Wie oft kann man den Ausspruch hören: "Der besitzt eine starke persönliche Ausstrahlung" oder "Die besitzt eine besondere erotische Ausstrahlung". Das sind Hinweise darauf, daß diese Personen einen stärkeren Magnetismus besitzten als andere Menschen.

Durch bestimmte Praktiken ist nun jederman in der Lage seine persönliche Ausstrahlung zu steigern und damit nicht nur einen größeren Einflußbereich zu gewinnen, sondern auch seine feinstofflichen Körper und seine innersekretorischen Drüsen zu kräftigen. Ja selbst die Erlangung besonderer magischer Fähigkeiten wie; Hellsehen, Willensmagie oder Spiegelmagie stellen sich hierdurch ein. Die Esoterik spricht in diesem Zusammenhang von der magischen Erweckung der Chakren im Ätherkörper des Menschen, denen wegen ihrer überragenden Bedeutung für die praktische Magie auch ein längeres Kapitel gewidmet wurde.

Doch zunächst sollen einige einfachere Methoden zur Stärkung des Magnetismus und der persönlichen Lebenskraft aufgezeigt werden. Der Einfachheit halber wird für Lebenskraft der aus dem Sanskrit stammende Begriff "Prana" verwandt, der sich im okkulten Sprachgebrauch eingebürgert hat.

Pranaaufnahme

Eine Übung, die das Ausströmen von Lebenskraft verhindert und die der raschen Aufnahme von Prana dient, ist die folgende:

Begeben Sie sich in liegende Stellung. Kreuzen Sie den linken Fuß über den rechten, indem Sie den linken Mittelfuß und dessen Spitze um die Dorsalfläche (Rückenfläche) des rechten biegen. Die Hände liegen flach gefaltet auf dem Solarplexus. Die Daumenspitzen und die Spitzen der kleinen Finger berühren sich leicht.

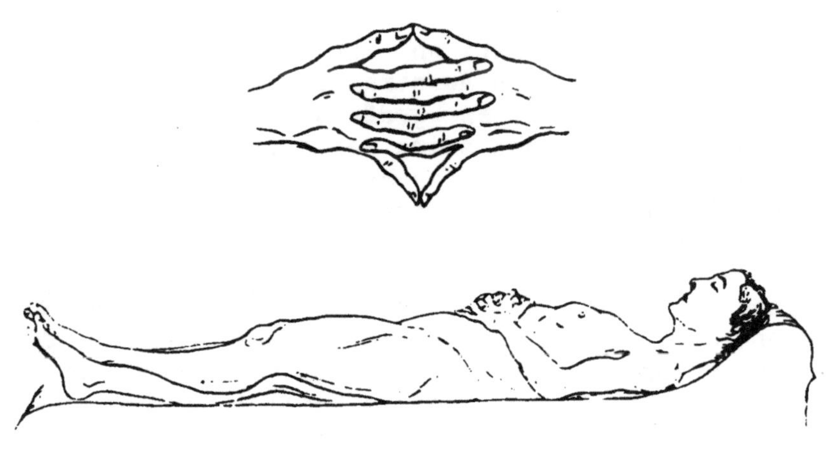

Der Kreislauf des Pranas ist nun vollständig geschlossen und keine Lebenskraft kann entweichen. Nun atme man tief und rhythmisch ein und aus. Man kann fühlen wie sich der Körper, bewußt mit Lebenskraft auflädt. In kurzer Zeit fühlt man sich kraftvoll, energisch und positiv.

Diese Übung kann neben der Auffrischung mit positiven Lebenskräften auch für Konzentrations- und Meditationübungen angewandt werden, bei denen eine Abgabe der eigenen Energiekräfte bewußt vermieden werden soll.

Die Aufnahme von Sonnenprana

Zur Aufnahme von belebenden, heilenden und wachstumsfördernden Kräften dient die Sonnenpranaübung, die auch als Sonnengebet bekannt ist. Durch diese Übung werden nicht nur alle Körperzellen und Organe, sondern auch die menschliche Aura (Aureole, die wie das Od den menschlichen Körper umgibt) mit den subtilen Lebenskräften der Sonne aufgeladen.

Sonnenpranaübung:

Bei Sonnenaufgang (aber auch bis zum Mittag), wende man sich in aufrechter Haltung, den Kopf leicht in den Nacken gelegt und die Beine mäßig gespreizt, der Sonne zu. Nun führe man die Arme im weiten Außenbogen über den Kopf und fauste leicht die Hände. Nach dem Übergehen in den Zehenstand, werden die Hände, bei geschlossenen Fingern schalenförmig geöffnet, damit die Strahlen der Sonne von den Handtellern bewußt aufgenommen werden können.

Unter Konzentration auf die bewußte Ansaugung der Sonnenenergie durch den ganzen Körper, insbesondere durch Hände und Fingerspitzen, verharre man einen Moment in dieser Stellung.Abschließend verlasse man den Zehenstand und führe die Arme unter befreiendem

Ausatmen im Seitenbogen zurück zur Ausgangsstellung. Das Sonnenritual ist zwölfmal zu wiederholen, bei Bedarf aber auch 24mal, 36mal usw.

Wichtig ist bei dieser Übung bei der man vorzugsweise leichtbekleidet oder besser noch ganz nackt sein soll, die geistige Einstellung auf das Ansaugen und Aufspeichern der Sonnenkräfte zu richten. Durch die Anwendung der magischen Vokalatemtechnik mit dem Buchstaben "A", läßt sich die Wirkung des Sonnenrituals noch weiter steigern (siehe die Praxis der Vokalatmung im Kapitel: "Die Geheimlehre von den Chakra").

Ritual des Ra

Aleister Crowley, der berühmteste Magier des zwanzigsten Jahrhunderts führt in diesem Zusammenhang ein weiteres Ritual an, um die ersten Strahlen der aufgehenden Sonne zu begrüßen und dem Chrestosprinzip in seiner Verkörperung als Sonnengott Ra zu huldigen.

Als Körperhaltung verwende man die gleichen Bewegungsabläufe, wie bei der Sonnenpranaübung, nur spreche man zusätzlich folgendes Gebet:

"Heil Dir, der Du Ra bist in Deinem Aufsteigen;
eben Dir der Du Ra bist in Deiner Stärke,
der Du über die Himmel fährst in Deiner Barke
beim Aufsteigen der Sonne!
Tahuti steht in seiner Pracht am Bug,
und Ra-Hoor weilt am Ruder;
Heil Dir von den Wohnorten der Nacht!"

Durch die rituelle Anbetung der göttlich-solaren Urkraft verbindet sich der Übende mit dem Chrestosprinzip der Sonne und fördert so die Aufnahme heilender, stärkender und harmonischer Schwingungen.

Die Aufnahme von Mondprana

So wie die Sonnenpranaübung die elektrischen (od-positiven) Kräfte erweckt, fördert die Mondübung die magnetischen (od-negativen) Kräfte im Menschen.

Das Exerzitium zur Aufnahme von Mondprana soll in der Zeit des zunehmenden Mondes bis zum Vollmond praktiziert werden und steigert neben der Sensitivität, die okkulten Fähigkeiten.

Der Übende begebe sich an einem wolkenfreien Abend an einen abgelegenen Ort, an dem ihn die Strahlen des Mondes am ganzen Körper treffen können. Möglichst unbekleidet stelle er sich mit dem Gesicht zum Mond und richte mit ausgestreckten Armen die Hände gegen diesen, so daß der Mond zwischen den Händen steht und die Handflächen und Fingerspitzen gleich einer Schale die magnetischen Mondkräfte empfangen können.

In dieser Stellung verharre man einige Minuten, so ruhig als möglich und sehe starr und unbewegt auf den Mond. Dann hole man tief Atem und konzentriere sich darauf, die magnetischen Kräfte des Mondes in sich aufzunehmen. Man empfange die Mondstrahlen mit der Vorstellung, das man in hohem Maße sensitiv (feinfühlig) wird und sich die inneren Sinne und okkulten Fähigkeiten rasch zu entwickeln beginnen. Hierauf balle man die Hände zusammen und kreuze die Arme über der Stirn. Nun öffne man die (jetzt der Stirn zuweisenden) Handflächen und gleite langsam in einem Abstand von 2-3 Zentimetern mit gekreuzten Armen über Gesicht und Körper.

Streng ist darauf zu achten, daß die rechte Hand die linke Körperseite und die linke Hand die rechte Körperseite bestreichen. Während der ganzen Übung konzentriere man sich darauf, daß das von den Händen aufgenommene Mondprana begierig vom Körper aufgenommen wird.

Nach Beendigung der abwärts führenden Bewegung atme man aus und führe die Hände im weiten Bogen - die Handflächen gegen den Mond gerichtet - wieder in die Ausgangsstellung zurück und wiederhole die Übung.

Das Exerzitium zur Aufnahme von Mondprana ist stets neunmal oder in einer anderen durch neun teilbaren Zahl vorzunehmen. Anfangs beschränke man sich jedoch auf eine nur neunmalige Wiederholung um eine allzu starke mediale Entwicklung zu verhindern.

Nach Beendigung der Übung begebe man sich dann so schnell als möglich zur Ruhe (möglichst noch ohne ein Wort zu sprechen) und mit der Gewißheit starke magnetische Kräfte in sich aufgenommen zu haben.

Die Isis-Übung

Neben der Mondpranaübung, ist eine weitere Praktik zur Aufnahme von lunaren, magnetischen Kräften die Isis-Übung. Dieses Ritual, daß auf den ägyptischen Mondkult zurückzuführen ist, wirkt durch die Verbindung von Ton und Körperhaltung, oder anders ausgedrückt; durch Gestik und Mantramistik.

Nach Sonnenuntergang, am wirkungsvollsten angesichts des zunehmenden oder besser noch vollen Mondes, wende man sich in aufrechter Haltung, der Mondscheibe zu. Die Beine sind gespreizt, die Arme in Schulterhöhe erhoben und die Handflächen weisen schalenförmig geöffnet nach oben. Nach dreimaligem tiefen ein- und ausatmen intoniere man die Lautfolge "I i i s i i i s" mit stark betonter S-Vibration.

Bei jedem intonieren der Lautfolge senke man die gewinkelten Arme rhythmisch ein wenig ab, so daß nach neunmaliger Wiederholung die Unterarme seitlich eng an den Rippen anliegen. Die Hände bleiben weiterhin schalenförmig geöffnet. Gedanklich stelle man sich ein, auf ein Erfühlen von feinen Vibrationen in Handflächen, Wirbelsäule und Scheitel.

Neben der Aktivierung und Belebung der feinstofflichen Schwingungszentren im menschlichen Organismus, stärkt die Isisübung den persönlichen Magnetismus und steigert sowohl die Sensitivität als auch die Medialität.

Selbstverständlich nehme man auch diese Übung, wo es Zeit und Witterung erlauben, möglichst unbekleidet vor. Die Wiederholungszahl betrage wiederum neunmal, oder ein vielfaches davon.

Die Isisübung, die auf dem Wissen über die Urmütter (feinstoffliche Schwingungszentren der Erde) basiert, verbindet mit starken schöpferischen, mütterlichen und lunaren Impulsen und wird in rituell arbeitenden Logenkreisen noch heute in deren magische Kulthandlungen einbezogen.

Ritual zur Steigerung der lunaren Odkräfte

Als dritte Praktik zur Aufnahme von magisch-lunaren Odkräften kann man sich laut Gregorius zusätzlich zur Isis- und Mondpranaübung der folgenden Methode bedienen:

"Lasse während einer Vollmondnacht ein junges, gesundes, weibliches Wesen, das nicht mehr Jungfrau sein darf, nach vorangegangener körperlicher Reinigung unbekleidet, sich eine Stunde lang im Mondlicht aufhalten. Anschließend hat sie eine Zeitlang in einem Bad zu verweilen, dessen Wasser nach Sonnenuntergang eingelassen sein muß.

Danach lege sich der Magus in das gleiche Bad, übe den vergeistigten Atem (siehe das Kapitel "Die Praxis der magischen Atemimprägnierung") und versuche gedanklich, die im Wasser befindlichen weiblichen Odkräfte körperlich aufzusaugen. Der Kopf darf aber auf keinen Fall in das Wasser eingetaucht werden. Gesicht und Stirn müssen unter allen Umständen unbenetzt bleiben.

Diese Handlung soll während des Mondlichts vorgenommen werden und darf nicht über ein halbe Stunde ausgedehnt werden. Nach Beendigung dieser kultischen Waschung hülle sich der Schüler in weiße Seide, schmücke sich möglichst mit Mondsteinen und salbe sich mit Öl von Pflanzen, die dem Mond unterstehen (z.B. Ambra)."

Soweit die rituellen Anweisungen des Magiers Gregor A. Gregorius, der wohl mit Recht als *der* Experte für alle magischen Praktiken gilt.

Die M-Wellen des Peryt Shou

Der Esoteriker und Mantrapraktiker Peryt Shou lehrt, daß der Mensch von Fixsternstrahlungen aus dem Sternbild des Orion, den sogenannten "M-Wellen" beeinflußt und durchdrungen wird. Diese in den Ätherkörper einflutenden kosmische M-Wellen bringen die einzelnen Zonen des siebenfachen feinstofflichen menschlichen Körpers in Vibrationen und Schwingungen.

Im folgenden ist kurz die Praktik zur Aufnahme dieser hohen kosmischen Schwingungen dargestellt, die bereits in altersgrauer Vorzeit als geheimnisumwitterte Kräfte den Menschen bekannt waren.

Im arischen Weistum wird überliefert: "Wodan schöpfte Weisheit aus dem Brunnen **Mimir**".

In der hebräischen Weisheitslehre heißt es: "Abraham wurde von Gott erleuchtet am Brunnen **Mamre**".

Die babylonischen Priester schöpften ihre Intuitionen aus dem Geheimnis des "**Mu-Mu**".

Die indischen Lehren bezeichnen "**Om**" als heiligen Urlaut, als Ursprung der Schöpfung, der das Unendliche und Vollkommene versinnbildlicht.

Alles dies, sind symbolverborgene Hinweise, auf das Wissen um die Geheimnisse der kosmischen M-Wellen.

Das nasale Singen des Konsonanten "M" soll nach Peryt Shou im Resonanzfeld des Gaumens und in dem dahinter liegenden Schädelbezirk starke Vibrationsschwingungen hervorrufen. Auch im Halsbereich werden die M-Wellen wahrgenommen und die praktische Magie verweist in diesem Zusammenhang darauf, diese Schwingungen durch Imagination erst in die Stirn und danach in den Scheitelbereich zu leiten.

Doch zunächst soll quasi als Vorübung das folgende Exerzitium ausgeführt werden:

M-Übung

Bringen sie sich in eine harmonische und bequeme Ruhelage. Entspannen sie sich, schließen sie die Augen und lagern sie die Beine etwas hoch. Falten sie die Hände und legen sie diese auf den Solarplexus. Die Beine sind leicht gekreuzt. Nun summen sie in nasalem Ton mit möglichst tiefer Stimmlage neunmal hintereinander den Buchstaben "M".

Nach einer kurzen Pause soll die Übung wiederholt werden, jedoch nicht öfter als insgesamt neunmal hintereinander. Man achte bei dieser Übung besonders auf eintretende Schwingungen und Vibrationen des Körper, die auf eine gesteigerte Aktivität der feinstofflichen Nervenplexen hinweisen.

Hat man durch die vorstehende Praktik den Körper einige Tage lang für die Resonanzschwingung der M-Wellen sensibilisiert gehe man zu nachfolgendem Exerzitium über, welches ein starkes Vibrationsfeld erzeugt und die Belebung wichtiger Zentren im Kopf und insbesondere die Zirbeldrüse anregt:

Aufnahme von M-Wellen

Mit geschlossenen Beinen in aufrechter Haltung, strecke man die Arme seitwärts nach oben. Die Hände sind hierbei im Gelenk gewinkelt und die Handteller bilden eine offene Schale. Nach dreimaligem, tiefen rhythmischen ein- und ausatmen, singe man in nasaler Tonlage den Konsonanten "M". Der Nasenrücken ist bei dieser Übung adlerartig zu spannen und die Augenbrauen sind nach oben zu ziehen. Der Ton wird nun in der Nasenhöhlengegend vibriert und nach oben zur Stirnhöhle geleitet. Als Wiederholung genügt bereits ein fünfmaliges Intonieren.

Während der Übung konzentriere man sich auf die Aufnahme kosmischer Kräfte, die in den Hinterkopf einstrahlen und das Rückenmark entlang fließen. Gleichzeitig erfühle man einen zweiten Strom, der von den Handflächen angesaugt, die Arme durchflutet und danach über Schenkel, Waden und Füße in die Erde einströmt.

Das Ansaugen der Kraftströme durch die Handteller erfolge unter starkter Konzentration. Etwas destiliertes Wasser oder reiner Alkohol auf den Handtellern erleichtert hierbei die Vorstellung und die Aufnahme der Strahlungsenergien. Ein Ziehen oder saugendes Empfinden in den Handmitten weist auf erwachende und belebte Handteller hin und ist ein Indiz für eine richtige Anwendung. Als beste Übungszeit werden in der okkulten Literatur die Stunden des Sonnenaufgangs, vornehmlich an Sonntagen angegeben.

Das Resultat dieses Exerzitiums ist eine fühlbare Steigerung der od-magnetischen Kräfte sowie die bereits erwähnte Erweckung der feinstofflichen Prinzipien im Schwingungskörper des Menschen. Im nächsten Kapitel werden die Exerzitien zur Stärkung des menschlichen Strahlungsmantels durch die Lehre und das Geheimwissen von den Chakra vertieft, sodaß im Sinne einer systematischen Schulung die inneren Kräfte des Menschen zur Entfaltung gebracht werden können.

Auch wenn man nicht alle gegebenen Anweisungen übt und nachvollzieht (was für einen Menschen in der heutigen Zeit auch gar nicht so einfach sein dürfte), bietet dennoch jedes Exerzitium für sich eine wunderbare Möglichkeit sich selbst zu sublimieren (zu verfeinern) und in seiner Persönlichkeit höher zu polen, im Sinne einer schrittweisen Entwicklung zu einem "neuen" Menschen.

Die Geheimlehre von den Chakra

Eines der wichtigsten und geheimnisvollsten Gebiete der Magie, ist das Wissen um die Aktivierung der Chakra im Ätherkörper des Menschen. In der Vergangenheit wurde die Lehre von den Chakra nur von wenigen wissenden Geheimlogen von Mund zu Mund weitergegeben und erst in den letzten Jahrzehnten ist dieses uralte esoterische Wissensgut auch in den europäischen Sprachraum eingedrungen.

Doch in welch versteckter und verstümmelter Form wurde dieses Wissen in den wenigen erschienenen Büchern dargestellt. Erst seit dem Erscheinen des epochalen Werkes: "Die magische Erweckung der Chakra im Ätherkörper des Menschen" von Gregor A. Gregorius hat sich in dieser Hinsicht etwas geändert. Seit dieser Zeit erscheinen von Jahr zu Jahr mehrere Veröffentlichungen zu diesem Thema, doch auch diese enthalten nur wenig brauchbares esoterisches Wissen und bieten noch weniger für die magische Praxis.

Es gibt nun verschiedene Möglichkeiten zur Erweckung der Chakra, ohne deren richtige Funktionsweise eine praktische Magie eigentlich undenkbar ist. Von Gregorius wird die Infunktionssetzung der Chakra durch magische Vokalatemtechnik gelehrt. Andere Autoren wie Kerning, Peryt Shou, Weinfurter, Sebottendorf... verweisen auf das ebenfalls vorzügliche Buchstabendenken. Weitere erfolgversprechende Methoden stellen Runenexerzitien oder Mantraübungen dar. Im folgenden sollen die Erkenntnisse dieser verschiedenen Wege und Richtungen gesammelt und in verständlicher Form dargebracht werden. Vor allem aber sollen detaillierte Anweisungen für eine leicht nachvollziehbare okkulte Praxis gegeben werden.

Die Chakra, zu deutsch Räder sind kreisende Wirbel im Ätherkörper (vgl. das Kapitel: "Die feinstofflichen Körper des Menschen"), die bei einem magisch ungeschulten Menschen, etwa einen Durchmesser von drei Zentimetern besitzen. Unentwickelt glühen sie dunkel und dumpf, aber mit ihrer fortschreitenden Erweckung werden sie im Ausmaß größer, strahlender und sind dann mit kleinen rotierenden Sonnen vergleichbar.

Die Chakra werden in der esoterischen Literatur auch als Lotusblumen oder Rosen bezeichnet und der Gruß der Rosenkreuzer "Mögen die Rosen erblühen am Kreuz" symbolisiert ja eigentlich in versteckter Form nur die Praxis zur Aktivierung dieser Kraftzentren im menschlichen Körper.

Nach der indischen Geheimlehre werden folgende Hauptchakra unterschieden:

Die Sohlen-Chakra

Diese beiden Chakra befinden sich direkt unter den Fußsohlen und zwar unter jeder Fußsohle eines. Sie besitzen einsaugende Funktion und durch sie strömt die ätherische Kraft der Erde in den Menschen ein.

Die Knie-Chakra

Durch die Kniechakra werden die von den Fußsohlen aufgenommenen Kräfte transformiert und gefiltert, um die feinstofflichen Pranakräfte zu dosieren oder abzudrosseln. Bei den meisten Menschen befinden sich heutzutage die Kniechakra leider nur in schwacher Drehung oder sind überhauptnicht in Funktion. Demzufolge können die einströmenden Kräfte nicht kontrolliert und umgeformt werden, sodaß eine ständige Disharmonie des Ätherkörpers die Folge davon ist.

Das Sexual-Chakra (Muladhara)

Bei Muladhara handelt es sich um ein Doppelchakra. Das Wurzelchakra befindet sich in der Gegend der Geschlechtsorgane und ist bei den meisten Menschen in zu starker Funktion. Sexuelle Triebhaftigkeit und Perversion können meist auf abnorm arbeitende Sexualchakra zurückgeführt werden.

Das zweite Wurzelchakra wird als Steißchakra bezeichnet und liegt in der Gegend des Wirbelsäulenendes. Bei falscher Funktion und Einpolung führt es zu homosexuellen Neigungen, Sadismus und abartigen Sexualpraktiken.

Die Hand-Chakra

Bedeutungsvoll sind die Chakra in den Handtellern. Das Heilen durch Handauflegen und die Geste der Segnung mit den Händen weisen auf die Bedeutung dieser beiden Chakra hin. Während das Chakra der linken Hand eine einsaugende Funktion besitzt, werden durch das Chakra der rechten Hand, Kräfte abgegeben oder weitergeleitet. Dieses Wissen ist beispielsweise für die Übertragung von Lebenskraft (Wunderheilungen) von einem Chakra auf ein anderes von unerhörter Wichtigkeit.

Das Milz-Chakra (Mayavipa)

Diese ganze Gruppe von Nebenchakren schwingt in der Gegend der Milz oder genauer im Milzgeflecht. Dem Milzchakra (Mayavipa) obliegt die Verteilung der durch den Kosmos in den Menschen einströmenden Kräfte.

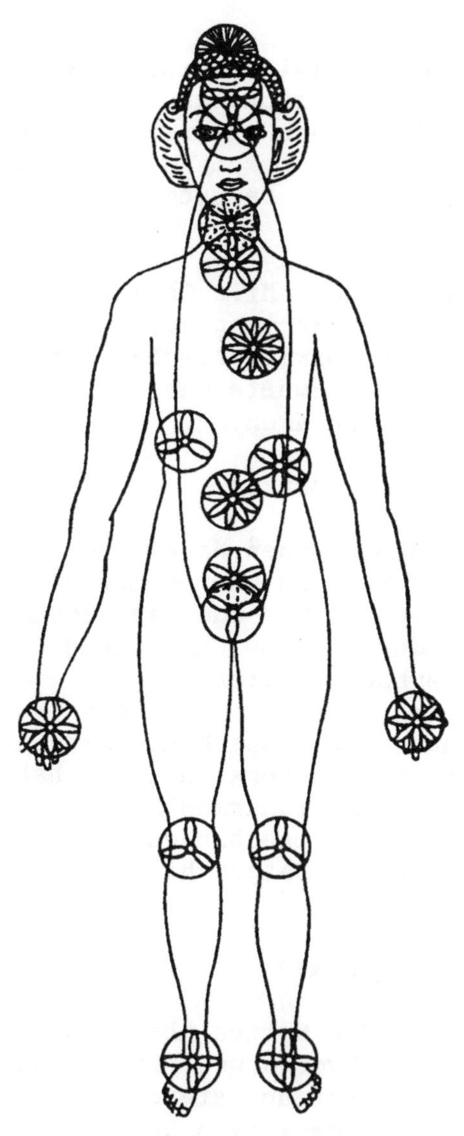

DIE CHAKRA NACH GREGORIUS

Nach der magischen Geheimlehre ist das Milz-Chakra der Sitz des Reperkussionsbandes oder der sogen. Astralmatritze, welche den physischen Körper mit dem Astralkörper verbindet. Durch die Einwirkung auf dieses Chakra ist eine bewußte Abspaltung des Astralkörpers möglich.

Durch Odentnahme aus dem Milz-Chakra ist es auch möglich Gedankenphantome magisch zu bilden. Viele Spukerscheinungen in spiritistischen Sitzungen lassen sich durch eine bewußte oder unbewußte Betätigung dieses Chakras erklären.

Das Nabel-Chakra (Manipuraka)

Dieses Chakra liegt zwischen Nabel und Magengegend, über dem Solarplexus. Es korrespondiert mit diesem hochwichtigen Nervenzentrum und den Nebennieren. Manipuraka bewirkt durch seine Erweckung oder Überfunktion eine erhöhte Feinfühligkeit und Sensitivität. Bei vielen Menschen ist das Nabel-Chakra durch Überspannung der Sympathikus-Nerven oft überempfindlich. Nervöse Magenerkrankungen haben so ihre Ursache meist in einem disharmonisch gelagerten Sonnengeflecht und dem entsprechenden Chakra. Oddrosselung oder Od-Entzug zeigen hier meistens raschen Erfolg.

Das Herz-Chakra (Anahata)

Das Herz-Chakra ist dem Herzen übergelagert und korrespondiert mit der Thymusdrüse. Durch seine Belebung und Infunktionssetzung steigert sich das reine Gefühlsleben und alle negativen Leidenschaften werden abgetötet. Nervöse Herzbeschwerden sind fast immer eine Folge von Überspannungen dieses Chakras.

Das Hals-Chakra (Vischudha)

Das Hals- oder Kehlkopfchakra befindet sich über der Kehlkopfgegend und verleiht im erweckten Zustand ein tiefes Innenleben und ermöglicht die Gabe des Hellhörens.

Das Nacken-Chakra

Dieses Chakra gilt in der Geheimlehre als Todeschakra, wobei noch unerforschte, geheime Verbindungen zwischen Steiß- und Nackenchakra (Kleinhirn) bestehen.

Das Stirn-Chakra (Adjna)

Der Sitz dieses Chakra, das auch als Willens- oder Frontalchakra bezeichnet wird, liegt über den Augen, zwischen den Augenbrauen und steht in enger Beziehung zum Schleimkörper, zur Hypophyse und zum Halsschlagadergeflecht.

Das Stirn-Chakra stellt die ätherische Zentralisation der Willensimpulse des Menschen dar. Visionen im Wachzustand sowie Hellsehen werden durch dieses Chakra begünstigt. Ein erwecktes Willenschakra läßt die Magie der Sprache wirksam werden und Praktiken der Spiegel- und Kristalmagie werden durch dieses Chakra erst möglich.

Das Scheitel-Chakra (Sahasrara)

Das Intuitionschakra, auch als Scheitel oder Corontalchakra bekannt, ist das wichtigste der oberen Chakra und wird bisweilen auch als tausendblättriger Lotus bezeichnet.

Der Sitz von Sahasrara ist um die Zirbeldrüse gelagert und nimmt im voll entwickelten Zustand die gesamte Fläche des oberen Schädeldaches ein.

Durch dieses Chakra steht der Mensch in Kontakt mit den höheren feinstofflichen Sphären und unbewußte Eingebungen, sowie plötzlich auftauchende geniale Ideen finden hier ihren Ursprung. Das Scheitelchakra steht in Verbindung mit der Hirnrinde und erlaubt bei voller Funktion, das Bewußtsein beliebig aus dem Körper zu verlegen (Astralwandern).

Auch die Fähigkeiten; Hellsehen, Hellfühlen und Hellriechen können durch eine gezielte Infunktionssetzung insbesondere der Kopfchakren zur Entfaltung gebracht werden.

Nach der indischen Geheimlehre findet innerhalb des Ätherkörpers ein ständiger Stromaustausch zwischen sämtlichen Chakren statt, der als Kundalini (die heilige Schlangenkraft) bezeichnet wird. Dabei erfolgt die Drehung der Chakra in der Regel von links nach rechts. Die Drehgeschwindigkeit ist jedoch individuell und richtet sich nach der jeweiligen Funktionstätigkeit der einzelnen Chakren.

Es gibt Fälle, in denen einzelne Chakra eine anormale, also entgegengesetzte Drehrichtung aufweisen. Diese falsche Drehrichtung erzeugt im Ätherkörper disharmonische Wirbel und bedingt somit alle nur möglichen Arten nervlicher, seelischer und physischer Erkrankungen.

Fünf besondere Wege zur Infunktionssetzung der Chakren sollen im folgenden dargestellt werden. Natürlich führen letztlich alle geistigen Exerzitien und Übungen zu einer gewissen Belebung der Ätherzentren im Körper des Menschen. Die folgenden Praktiken wirken in ihrer Dynamik jedoch direkt auf ein bestimmtes Chakra und ermöglichen somit eine raschere und tiefgreifendere Erweckung, als beispielsweise reine Atem- oder Konzentrationsübungen.

Die **erste Methode** besteht darin, sein Bewußtsein in die entsprechenden Chakren zu verlegen (die Praxis der Bewußtseinsversetzung wurde bereits in dem Kapitel: "Schulung der Vorstellungskraft" erklärt), gleichsam gedanklich mit ihnen zu verschmelzen. Gelingt die Einstellung auf ein bestimmtes Chakra, so lasse man durch gedankliche Vorstellung (Imagination) einen bestimmten Buchstaben in dem betreffenden Chakra schwingen. Man fühle innerlich wie der imaginierte Vokal das Chakra belebt und in seiner Funktion anregt.

Nun ist es aber nicht gleich welchen Buchstaben man in das Chakra hineindenkt und hier unterscheidet sich der geschilderte Übungspfad vom reinen Buchstabendenken. Der nach magischer Lehre zugehörige Vokal ist zu verwenden. Folgende Vokalentsprechungen besitzen hierfür Gültigkeit:

Nr	Chakra	Vokal	Planet
1 + 2	Sohlenchakra	U	Jupiter
3 + 4	Kniechakra	U	Saturn
5	Wurzelchakra	U	Mars
6	Steißchakra	U	Saturn
7	Magenchakra	O	Mond
8	Solar Plexus	O	Sonne
9	Milzchakra	E	Erde
10	Gallenchakra	E	Saturn
11+12	Handchakra	E	Merkur

Nr	Chakra	Vokal	Planet
13	Herzchakra	A	Sonne
14	Halschakra	I	Venus
15	Gaumenchakra	I	Neptun
16	Nackenchakra	I	Saturn/Pluto
17	Stirnchakra	I	Saturn
18	Scheitelchakra	I	Uranus

Bei etwas Übung wird man bemerken, daß die Belebung mit den in der Tabelle angeführten Vokalen wesentlich leichter erfolgt, als mit anderen Buchstaben. Dies bestätigt die Richtigkeit der obigen Tabelle.

Selbstverständlich übe man die Infunktionssetzung der Chakren aber auch mit allen anderen Buchstaben des Alphabets, insbesondere den Vokalen. Auch Einreibungen mit Salben und ätherischen Ölen dienen einer direkten Chakraaufladung und sind als unterstützende Maßnahmen unbedingt anzuwenden.

In dem zu belebenden Chakra verspürt man bisweilen einen stechenden Schmerz oder ein kaltes Ziehen, dies sind Anzeichen für eine raschere Drehung des betreffenden Chakra und völlig normal. Dieses Gefühl vergeht jedoch rasch wieder und drängt gleichsam zu einer Fortsetzung der vorgenommenen Praktiken.

Die **zweite Methode** zur Belebung, ist die schon angesprochene Vokal-Atem-Technik. Hierbei wird davon ausgegangen, daß Töne in ihrer Schwingung gewisse magische Klangkräfte bergen und eine wahrnehmbare Resonanzschwingung im Ätherkörper des Menschen hervorrufen.

Der Schüler stelle sich wiederum auf das zu belebende Chakra ein, mit der geistigen Vorstellung diesem durch die Übung Kraft zuzuführen. Die Vokale sollen im vorderen Mundraum gebildet werden und nicht in der Kehle, denn im Mund- und Rachenraum ist die Resonanzwirkung am größten. Jede unnötige Mimik beim Intonieren der Vokale hat zu unterbleiben. Die Übungen sind stets in der Anzahl der dem Vokal zugehörigen Zahl vorzunehmen:

Der Vokal "I"

Aufrechter Stand, die Beine sind geschlossen. Die Arme werden gleichmäßig nach oben geführt, wobei die Handflächen schalenförmig geöffnet und die Finger geschlossen sind.

Der Vokal "I" ist nach magischer Lehre siebenmal zu singen.

Der Vokal "A"

Breitbeinig. Die Arme sind in Brusthöhe, seitwärts am Körper liegend, die Handflächen weisen nach oben. Anschließend nach oben führen der Arme und schalenförmiges öffnen der Hände.

Übung zwölfmal wiederholen.

Der Vokal "E"

Breitbeinig. Beide Arme waagrecht seitwärs ausstrecken. Die Finger sind geschlossen, die Handflächen weisen nach oben. Bei Beginn und Ende der Übung die Arme im Seitwärtsbogen heben, beziehungsweise senken.

Zahl der Wiederholung acht oder sechzehnmal.

Der Vokal "O"

Beine geschlossen. Hände auf das Sonnengeflecht legen, die rechte Handfläche auf die Linke. Die Daumenspitzen berühren einander. Der Kopf ist leicht geneigt und der Blick ruht auf den Händen. Die Finger sind geschlossen.

Diese Übung neunmal ausführen.

Der Vokal "U"

Breitbeinig. Beide Handflächen ruhen auf der Sexualgegend. Dann Drehen der Hände und beide Arme mit schöpfender Bewegung im leichten Kreisbogen vom Körper fortführen. Die Finger sind geschlossen.

Den Vokal "U" fünfmal wiederholen.

Die Gesten beim Sprechen der Vokale sollen langsam und in harmonischer Form ausgeführt werden und auf keinen Fall gezwungen oder gewollt ausfallen. So ergibt sich ein harmonischer Zusammenhang zwischen Atem, Ton und Bewegung.

Alle magischen Anrufungen, Evokationen, Beschwörungen und Rituale werden nur in der Vokal-Atem-Technik ausgeführt, ebenso alle Zeremonien und magischen Kulthandlungen und selbstverständlich müssen auch alle Engel-, Dämonen- oder Gottesnamen auf diese Art und Weise intoniert werden. In der Unkenntnis dieses esoterischen Sachverhalts liegt die Ursache so vieler mißlungener magischer Experimente.

Der **dritte Weg** zur Belebung der Chakra ist die Methode der Odkraftentnahme von einem Chakra und die damit verbundene Aufladung eines anderen Chakra.

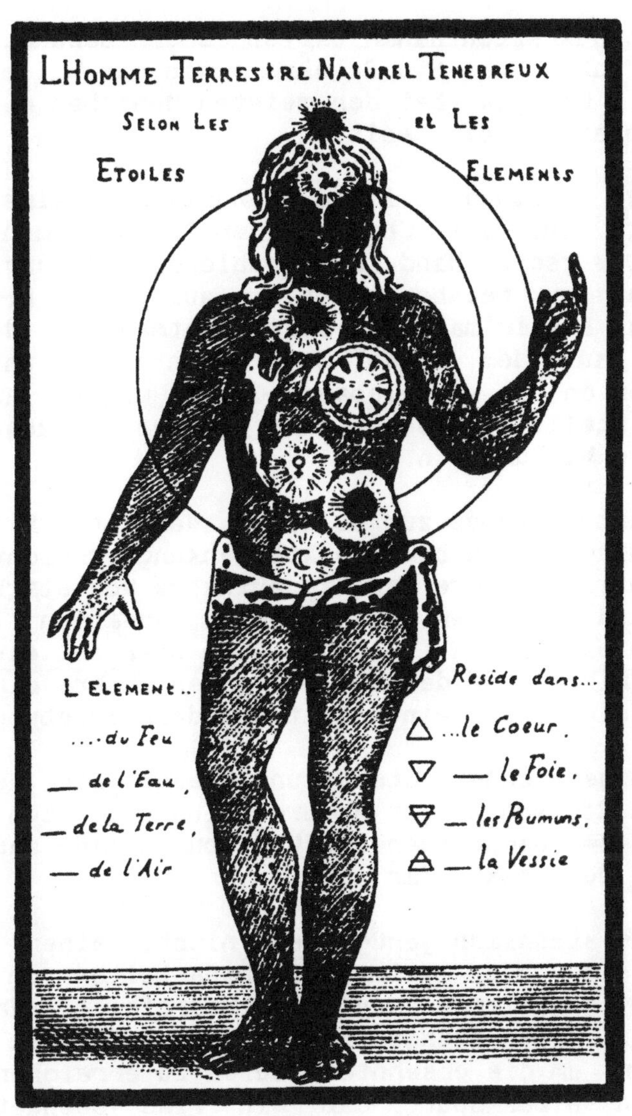

DIE CHAKRA NACH GICHTEL

Für die Odkraftentnahme bieten sich besonders das Wurzelchakra, das Steißchakra sowie das Willenschakra an, die ja bei den meisten Menschen eine gute Funktionstätigkeit besitzen.

Man legt hierzu die linke Handfläche (einsaugende Wirkung) auf das Chakra, dem Od entnommen werden soll. Die rechte Hand (ausstrahlende Wirkung) wird auf das zu belebende Chakra aufgelegt. Mit jedem Atemzug, stelle man sich beim Einatmen vor, daß man Kraft aus dem einen Chakra entnimmt und beim Ausatmen an das zu belebende Chakra wieder ausgibt. Meist stellt sich schon nach wenigen Atemzügen eine fühlbare Wirkung ein.

Die **vierte Methode** zur Belebung der Ätherkraftzentren wird durch **bewußte Atemlenkung** erreicht. Beim Einatmen imaginiere man die Aufnahme von starken Lebens- und Odkräften, die man beim Ausatmen in ein bestimmtes Chakra leitet. Auch hier ist ein fühlbares Kribbeln in dem entspechenden Chakra ein günstiges Zeichen für eine stattgefundene Belebung.

Eine ausgezeichnete Steigerung dieser vier Methoden stellen die von Gregor A. Gregorius gelehrten und im folgenden beschriebenen **fünf Übungspfade** zur Aktivierung der Chakra dar.

Selbstverständlich genügt es nicht, einen dieser Pfade ein- oder zweimal durchzuarbeiten, um die in Aussicht gestellten Resultate zu erzielen. Man muß vielmehr diese Übungen über Monate und Jahre hinweg anwenden, um die ersehnten Stufen zu erreichen. Erst wenn man selber spürt, daß ein Pfad beendet ist, soll man den nächsten beschreiten. Auch wenn der Weg lang erscheint, sind die in Aussicht gestellten Resultate, dies mehr als wert.

1. Pfad: Erweckung des geistigen Willenschakra

Linker Handteller auf die Stirn, Rechte Hand auf das Magenchakra.

7 mal den Vokal "I" singen,
9 mal den Vokal "O", danach
16 mal beide Vokale miteinander verbunden "IO".

Vorstellung hierbei: Ich nehme die geistigen Kräfte meines Hirns und transformiere sie in das Chakra des Lunar-Plexus, in das Zentrum meiner Seele.

Anschließend folgt: Beide Handflächen auf die Stirn legen, linker Handteller unten.

7 mal "I" singen,
16 mal "E" singen und dann
23 mal beide Vokale miteinander verbunden "IE".

Vorstellung hierbei: Ich lade meine beiden Handchakra mit den geistigen Kräften meines Gehirns auf.

Linke Hand auf die Stirn, rechte Hand auf den Sexus.

7 mal den Vokal "I",
5 mal den Vokal "U" und
12 mal die Verbindung "UI" singen.

Vorstellung dabei: Ich transformiere meine geistigen Hirnkräfte in das Wurzelchakra, um es mit meinem Willen zu beherrschen.

Als Schlußübung:

Einnehmen der A-Stellung: Breitbeinig, die Arme sind in Brusthöhe, seitwärts am Körper anliegend, die

Handflächen weisen aufwärts. Die Arme werden nach oben geführt und die Handflächen dabei schalenförmig geöffnet.

12 maliger Intonieren der Tonfolge "I O E U".

Resultat:

Das Resultat der Imaginationsübungen der ersten Übungsgruppe ist eine erreichte, sehr spürbare Harmonie des Geistes, der Seele und des Körpers. Man wird sich seines Wertes bewußt, ist innerlich gesammelt und bereit sich für den Lebenskampf einzusetzen. Man wird getragen von Harmoniegedanken und dem wunderbaren Bewußtsein einer Allverbundenheit.

12 Tage - je 3 mal hintereinander üben.

2. Pfad: Geistige Beherrschung der Sexualkraft

Linke Hand auf das Wurzelchakra, rechte Hand auf die Linke.

5 mal den Vokal "U" singen.

Während einer kurzen Pause ist die geistige Vorstellung auf das Einsaugen der Sexualkräfte zu richten.

5 mal den Vokal "U" singen.

Vorstellung: Ich beherrsche meine sexuellen Triebkräfte.

Linke Hand auf den Sexus, die Rechte auf das Stirnchakra.

7 mal den Vokal "I" singen.

Vorstellung: Ich lerne meine Triebkräfte durch meinen Willen und meine Erkenntnis zu beherrschen.

Anschließend 12 mal die Tonverbindung "UI" singen.

Nun die linke Hand auf das Stirnchakra und die rechte Hand auf die linke legen.

7 mal "I" und 8 mal "E" singen.

Vorstellung: Ich sammle die Erkenntnis meiner Sexualkräfte und bin bereit, sie im harmonischen Sinne zu expansieren.

Anschließend 15 mal die Tonfolge "IE" singen.

Zum Schluß dieser Übungsgruppe A-Stellung:

Breitbeinig, beide Arme waagrecht seitwärts ausstrecken. Finger geschlossen, die Handflächen weisen nach oben. Bei Beginn und Ende der Übung die Arme im Seitwärtsbogen heben bzw. senken.

16 mal die Tonfolge "U U I E" intonieren.

Resultat:

Nach 12 tägiger Übung, täglich dreimal hintereinander ausgeführt, wird man eine merkbare Minderung der sexuellen Triebkraft spüren und zwar im wohltuenden, harmonischen Sinn. Man ist in der Lage die eigenen Triebkräfte leichter zu beherrschen, ohne sie etwa zu negieren. Astrale, triebhafte Wunschbilder werden fortan nicht mehr auftreten. Die geistigen Kräfte werden ungemein gesteigert, man wird leistungsfähiger und heilmagnetische Kräfte, falls eine Anlage dazu vorhanden ist, werden gefördert.

3. Pfad: Vervollkommnung

Linke Hand auf das Herz-Chakra. Die Rechte auf die Linke. Die Arme sind stark gewinkelt.

2 mal den Vokal "E" singen. Pause.
12 mal den Vokal "A" singen. Pause.
8 mal den Vokal "E" singen.

Vorstellung: Ich nehme alle harmonischen Kräfte aus dem Zentrum meines Ich um mich in Harmonie mit dem Unendlichen zum Wohle aller guten Ziele einzusetzen.

12 mal die Vokalfolge "E A E" intonieren.

Linke Hand auf das Herz-Chakra. Rechte Hand auf das Magen-Chakra.

12 mal den Vokal "A" singen, anschließend
9 mal den Vokal "O" singen.

Vorstellung: Ich bringe die bisher errungenen Kräfte und Erkenntnisse zur inneren Sammlung, um mit den seelischen Ahnen den rechten Pfad gehen zu können.

12 mal die Tonfolge "A O" singen.

Linke Hand auf das Magen-Chakra. Rechte Hand auf die Linke.

9 mal den Vokal "O" und
8 mal den Vokal "E" intonieren.

Vorstellung: Ich bin nun bereit, die Kräfte meiner inneren Sammlung als Lehrer und Wegweiser einzusetzen.

Zum Schluß in E-Stellung:

Breitbeinig. Arme waagrecht seitwärs ausgestreckt. Finger geschlossen, Handflächen nach oben. Bei Beginn und Ende der Übung, Arme im Seitwärtsbogen heben beziehungsweise senken.

8 mal die Vokalfolge "E A O E" singen.

Resultat:

Man erreicht eine fast vollständige Harmonie und geistige Bereitschaft. Man unterliegt keinerlei Suggestivkräften der Umwelt mehr und wird mehr und mehr gegen die Angriffe dämonischer wie menschlicher Art gefeit.

12 Tage - je 3 mal hintereinander üben.

4. Übungspfad: Der Weg des Adepten

Rechte Hand auf das Sexual-Chakra. Die linke Hand auf die rechte.

16 mal den Vokal "E" singen,
5 mal den Vokal "U" intonieren. Pause.

Vorstellung hierbei: Ich durchdringe die untere Sphäre als Wissender und schalte sie nach meinem Willen bewußt aus. Ich beherrsche sie in der Welt der Sinne und Leidenschaften sowie im astralen Lichte. Die Dämonien und die Kräfte des Erdgeistes stehen mir zur Verfügung, damit ich der Menschheit als Magus und Eingeweihter zu helfen vermag. Ich will jede disharmonische Wirkung dieser Kräfte bewußt verhindern. Ich arbeite als Baumeister an dem Werke des großen Tempels einer erleuchteten Menschheit.

Zum Schluß dieser Übungsgruppe in E-Stellung:

Breitbeinig. Arme waagrecht seitwärs ausgestreckt. Finger geschlossen, Handflächen nach oben. Bei Beginn und Ende der Übung, Arme im Seitwärtsbogen heben beziehungsweise senken.

16 mal die Tonfolge "E E U U" intonieren.

Resultat:

Der Neophyt wird von einer ungeheuer starken Positivität durchdrungen. Er erkennt nicht nur die unteren Spähren, sondern beherrscht sie auch. Hohe Magie, Alchemie und Symbolik erschließen sich ihm.

12 Tage - je 3 mal hintereinander üben.

5. Pfad: Der Weg des Buddha

Linke Hand auf das Wurzel-Chakra. Rechte Hand auf das Stirn- Chakra.

5 mal den Vokal "U" singen. Pause.
7 mal den Vokal "I" singen.

Vorstellung hierbei: Ich nehme die Summe meiner Erfahrungen des unteren Lichtes und des Unterbewußtseins aus allen Inkarnationen meines Egos und transformiere sie zur kristallklaren Erkenntnis.

Linke Hand auf das Stirn-Chakra. Rechte Hand auf das Herz-Chakra.

7 mal den Vokal "I" singen.
12 mal den Vokal "A" singen.

Vorstellung: Alle meine Erkenntnisse bringe ich in harmonischen Einklang mit dem inneren Wesen meines Egos, um zur Reife zu gelangen.

19 mal die Tonfolge "I A" singen.

Abschließend in I-Stellung:

Aufrechter Stand, die Beine sind zusammen. Die Arme werden gleichmäßig nach oben geführt, wobei die Handflächen schalenförmig geöffnet und die Finger geschlossen sind.

7 mal die Vokalfolge "U I A I" intonieren.

Resultat:

Der Neophyt wird immer mehr erkennen, daß er absolut innerlich und geistig geläutert wurde. Er spürt, daß seine Aufgaben mit den führenden Brüdern der weißen Bruderschaft dieses Planeten in engem Kontakt stehen. Sein Denken wird stark intuitiv und inspirativ. Er hat die fünf äußeren Pfade durchschritten. Nun öffnet sich ihm die letzte Wegstrecke. Drei innere Pfade liegen noch vor ihm. Dann hat er den achtfachen Pfad, von dem der Mahatma Buddha sprach absolviert.

Auch diese Übung 12 Tage - je 3 mal üben.

Bis hierher gehen die detailierten Anweisungen des Magiers Gregorius zu den 5 Übungspfaden. Die letzten drei Übungsgruppen sind Mysterium schreibt Gregorius, die nicht lehrbar sind, und die sich dem dafür gereiften Schüler in diesem fortgeschrittenen Stadium von selbst erschließen.

Dennoch ist eine kurze Aufstellung der Pfade sechs bis acht von Gregorius gegeben, die der Vollständigkeit halber dem interessierten Praktiker nicht vorenthalten werden sollen:

Der 6. Pfad:

Buddha-Sitz. Haltung wie bei der O-Übung.
41 mal die Vokaltonfolge "O E U I A" singen.

Der 7. Pfad:

Haltung wie bei der A-Übung.
41 mal die Tonfolge "A I U E O" singen.

Der 8. Pfad:

Haltung wie bei der I-Übung.
49 mal die Tonfolge "I O E U U I E" und
"A O E E U U I A I" intonieren.

Runenmagie

Geheimnisumwittert ist die Herkunft der Runen und nur ein Zeuge vergangener Jahrtausende weiß von ihrem Urweistum zu berichten; die altnordische Edda.

Uraltes Weistum symbolischer Magie liegt in den Runen verschlüsselt und ihr Ursprung wird von führenden Okkultisten gar bis auf den untergegangenen Erdteil Atlantis zurückgeführt.

Schändlich entweiht und mißbraucht wurde dieses heilige Kulturgut der Menschheit von den dämonischen Machthabern des dritten Reiches. Aus dem Symbol der Sonnensvastika machten sie das teuflische Hakenkreuz, doch die Urkräfte des Kosmos erlauben keine Entweihung ihrer heiligen Symbole und so ist auch diese schreckliche Periode im geschichtlichen Dunkel versunken.

Den unermüdlichen Forschungen und Publikationen von Schriftstellern und Esoterikern wie: Karl Spiesberger, Guido v. List, Rudolf J. Gorsleben, Friedrich Marby, Siegfried A. Kummer, Peryt Shou und einigen anderen ist es zu verdanken, daß dieses mythische Gebiet seinen Weg wieder in breite okkulte Kreise gefunden hat.

Was in der Edda nur dunkel hervorklingt, wird durch die Runenpraxis dieser Forscher bestätigt. Runen symbolisieren Urkräfte der Natur und jeder einzelne Buchstabe ist Ausdruck einer speziefischen kosmischen Schwingung. Runenübungen aktivieren die innersekretorischen Drüsen, die sogenannten Chakra im Ätherleib des Menschen. Durch das Zusammenwirken von Runenlaut, Runenstellung (oder Griff) verbunden mit einer richtigen gedanklichen Vorstellung, kann man den ganzen Körper buchstabenempfindlich machen und so eine allmähliche Erweckung unserer magischen Zentren bewirken.

Hermanius der Verfasser eines interessanten Erlebnisberichtes praktischer Runenmagie schreibt über seine Erfahrungen zu diesem Thema:

"... Nach gründlicher Vertiefung in den Inhalt des Buches (Runenmagie von Karl Spiesberger) und Beachtung der gegebenen Anweisungen, konnte ich bald feststellen, daß die Ätherströme viel stärker zu kreisen begannen, mir förmlich durch Mark und Bein drangen und (nach einem Ausdruck der Adepten) das Blut anfing in den Adern zu kochen.

Jetzt erst erlebte ich die ungeahnte Kraft und Wirkung der Wortmagie. Nun erkannte ich, was Ätherleib und Ätherströme bedeuteten und hatte erkannt, worin praktisch das Geheimnis der Wiedergeburt begründet lag. Wenn sich auch beim Üben des öftern lästige Stiche bemerkbar machten und sich auch hin und wieder ein leichtes Übelwerden einstellte, so konnte mich das in keiner Weise beunruhigen oder davon abhalten, meine Übungen ganz einzustellen.

Ich wußte was in meinem Körper vor sich ging und milderte in solchen Fällen kurz das Tempo. Trotz dieser unangenehmen Begleiterscheinungen stellte ich nach jeder Übung fest, daß es mir körperlich und geistig immer besser ging und das Verlangen nach weiteren Übungen unvermindert anhielt.

Schon bald war eine offensichtliche Gewichtsabnahme zu verzeichnen. Gute Bekannte und Verwandte äußerten sich besorgt über mein schlechtes Aussehen und sprachen hinter meinem Rücken von einem Krebsleiden.

Der Verfasser, der wußte, was er wollte und sich in keiner Weise krank fühlte, übte unverdrossen weiter. Für ihn waren diese Begleiterscheinungen nichts weiter als Wegzeichen, die jedem begegnen, der auf dem Wege zur Wiedergeburt voranschreitet.

Die erste Sensation trat ein, als der Verfasser in seiner rechten großen Zehe heftige Schmerzen bekam. Infolge eines Unfalls war diese Zehe fast steif geworden, so daß ich an manchen Tagen fast humpeln mußte und lästige Schmerzen empfand. Die Schmerzen, die jetzt empfunden wurden, waren ganz anderer Art. Beim Üben der "Is-Rune" hatte ich das Gefühl, als ob eine spitze Nadel mit brutaler Gewalt durch die ganze Zehe gestoßen würde. Das tat sehr weh.

Aber nach dem Abklingen des Schmerzes fühlte ich, wie ein angenehmes Gefühl der Bewegung und Leichtigkeit die Zehe durchzuckte. Diese Entwicklung dauerte fast fünf Monate und klang dann mit einer fast völligen Genesung des Leidens ab.

Wenn es auch nicht restlos behoben werden konnte, so ist doch der Vergleich gegen früher wie Tag und Nacht. Die verschriebenen ärztlichen Mittel hatten alle versagt, aber die Runenkräfte dagegen, hatten ein Wunder bewirkt.

... Zum anderen wurde auch das Traumleben fühlbar gesteigert. Aus den sich zeigenden Symbolen und geträumten Erlebnissen konnte der Verfasser anhand der "Mystischen Fibel" von Weinfurter unzweifelhaft erkennen, daß er tatsächlich den richtigen Weg gefunden hatte, was ihm zuvor nie ganz gewiß geworden war. Etwas Näheres über die Träume und deren symbolische Bedeutung zu sagen, muß sich der Verfasser versagen, da es sich hierbei um seine ureigensten

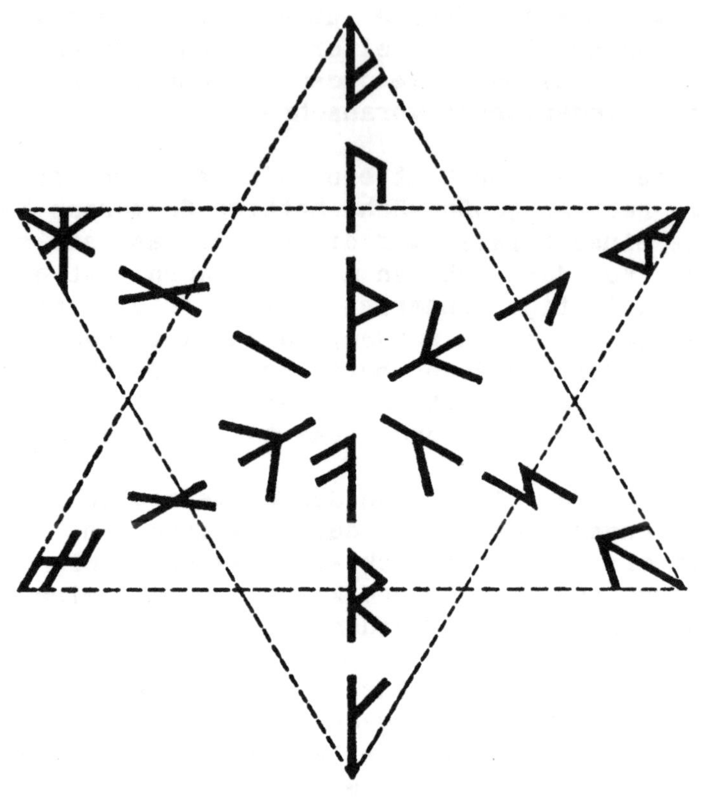

FUTHARK IN HAGALFORM

Angelegenheiten handelt, die durch eine Profanierung gefährdet werden könnten."

Den Träumen sowie deren mystische Bedeutung für den einzelnen, ist ein seperates Kapitel mit dem Titel: "Das Mysterium des Traumes" am Ende dieses Buches gewidmet. Doch lassen wir Hermanius wieder zu Wort kommen, der sich im folgenden weiter zu dem positiven Einfluß der Runenmagie äußert:

"Wir wissen, daß Gedanken Kräfte sind. Sie aktivieren nicht nur unser Unterbewußtsein, sondern dringen tief in das Reich der Ursachen ein und gestalten dadurch unser Wünschen und Wollen zu realen Werten. Wer will diese Tatsache noch bezweifeln. Ist nicht unser tägliches Bemühen, nicht ein mehr oder weniger Sinnen und Trachten, die positiven Gedanken verwirklicht zu sehen?

Auch in dieser Hinsicht wirken die Runen Wunder. Da jede Rune nicht nur eine Idee symbolisiert, sondern auch ihre geistige Kraft in bestimmter Richtung zum Ausdruck bringt... kann man Runenmagie auch zu einer praktischen Erfolgsmagie umgestalten. Der Verfasser hat sich auch in dieser Hinsicht versucht und seine Lebenslage in mancher Weise verbessern können. Er stellte wiederholt fest, wie die autosuggestive Beeinflussung des Unterbewußtseins durch die magische Erfolgsformel der Sig-Rune mittels des Runengriffes eine derartige Verwirklichungskraft der Gedanken und Wünsche brachte, daß nicht mehr der geringste Zweifel an dem guten Ausgang der Sache aufkommen konnte.

Dieser Gebrauch der Runen zum Zwecke einer erfolgreichen Lebensgestaltung ist noch heute so gut wie unbekannt. Wer aber bedenkt, daß Runen Ideen-Träger sind, der kann an ihnen nicht achtlos vorübergehen. Er weiß, daß in ihnen eine geheimnisvolle Macht verborgen liegt, unsere Gedanken und Wünsche sichtbar werden zu lassen... Wer Runenübungen regelmäßig betreibt, der steigert fühlbar das körperliche Wohlbefinden, gewinnt neue Lebenskräfte, regt die innersekretorischen Drüsenfunktionen an, scheidet in erhöhtem Maße Unreinheiten aus und kann sogar chronische Leiden bannen...

Es verzage jedoch keiner, der beim Beginn seiner Übungen nichts gleich von alledem spürt. Der Anfang ist das Schwerste. Jeder Mensch hat seine besondere Eigenart, seine Achillesferse, die erst getroffen werden muß. Ist diese aber getroffen und die Runenströme beginnen zu raunen, dann wird er schon bald erleben, wie Runenkräfte zu wirken vermögen."

Soweit die hochinteressante und instruktive Schilderung des Runenpraktikers Hermanius. Dem Leser und Schüler der Magie wird sehr ans Herz gelegt, diese Übungen praktisch durchzuführen. Mit jeder einzelnen Rune muß der Schüler innerlich verschmelzen, ihren Ideengehalt erfühlen und magisch erleben.

Besonders in der angegebenen Reihenfolge sollen die Runenstellungen geübt und praktisch durchgearbeitet werden, zu einem besseren, gesünderen und vergeistigteren Leben und Erleben.

Nachstehend ist eine kurze, prägnante Zusammenfassung der Grundbedeutung der 18 Runen der nordischen Edda, wiedergegeben. Auf den nächsten Seiten folgt dann eine genaue Beschreibung der einzelnen Runen mit: Runen-Stellung, Runen-Griff, Lautformel, Meditation und Auswirkung jeder einzelnen Rune.

Übersicht über die 18 Runen des Futhark

Symbol	Rune	Bedeutung
ᚠ	Fa	Symbol für Besitz, Fülle und Reichtum.
ᚢ	Ur	Symbol des Urgrundes aller Dinge.
ᚦ	Thorn	Sinnbild der Gegensätze, Leben und Tod.
ᛟ	Othil	Rune des Schicksals und der geistigen Führung.
ᚱ	Rit	Rune der Gerechtigkeit und des Rituals.
ᚴ	Ka	Sexual-, Zeugungs- und Geschlechtsrune.
ᛡ	Hagal	Rune des Schutzes und des umhegenden Prinzips.
ᚾ	Not	Sinnbild der ausgleichenden Gerechtigkeit.
ᛁ	Is	Symbol der Selbst- und Fremdbeherrschung.
ᛅ	Ar	Rune der Weisheit, der Ehre und der Schönheit.
ᛋ	Sig	Rune des Sieges, des Gelingens u. d. Erfolges.
ᛏ	Tyr	Symbol der Macht und des Kampfes.
ᛒ	Bar	Rune des Lebens, Wachsens und Gedeihens.
ᛚ	Laf	Rune des Karmas und der Erfahrung.
ᛘ	Man	Sinnbild der zeugenden Manneskraft.
ᛦ	Yr	Rune des weiblichen, empfangenden Prinzips.
ᛂ	Eh	Rune der Ehe und Symbol der Ewigkeit.
[illegible]	Gibor	Schutz und Gottesrune.

Die Rune Fa

Die Fa-Rune gilt als Rune des Urfeuers und des Kosmos. Sie symbolisiert die Vergänglichkeit alles bestehenden und steht für Besitz, Reichtum, Zeugungs- und Wachstumskraft.

Runenstellung:

Aufrechter Stand, die Beine sind geschlossen. Beide Arme weisen schräg nach oben, der Linke etwas höher als der Rechte. Die Handflächen weisen krafteinsaugend nach vorne.

Runengriff:

Linker Arm senkrecht erhoben.Zeige-, Mittel- und kleiner Finger werden senkrecht emporgestreckt. Daumen und Ringfinger sind parallel schräg nach vorne gestreckt.

Lautformel: f f f , fa , fe , fi , fo , fu , fyr.

Meditation:

1. Die urzeugende Kraft der Natur durchströmt mich.
2. Ich wachse und gedeihe durch die Macht des Fa.
3. Die alles schaffende, feuergezeugte Fa-Runen-Kraft wirkt magisch zeugend durch mich.

Auswirkung:

Als Sonnenübung stärkt die Fa-Rune den persönlichen Magnetismus und schützt vor dämonischen Einflüssen. Als Mondübung stärkt sie die magisch-medialen Fähigkeiten und als Fixsternübung, verstärkt sie die spirituellen und okkulten Kräfte.

Die Rune Ur

Die Ur-Rune gilt als Symbol des Urgrundes aller irdischen und kosmischen Dinge darüberhinaus gilt sie als Glücksrune und verheißt Beständigkeit, Geld und Reichtum.

Runenstellung:

In Rumpfbeuge, der Rücken ist waagrecht, die Arme und Fingerspitzen weisen zur Erde. Der Kopf ist nach Osten gerichtet.

Runengriff:

Daumen und Zeigefinger bilden ein umgekehrtes "U". Die anderen Finger liegen am Zeigefinger an.

Lautformel: u u u , ur , uuurrr , urus , uras.

Meditation:

1. Die Kräfte des Erdgeistes strömen mir zu.
2. Ich erkenne mich selbst - ich erkenne die Welt.
3. Vereint mit der Urrunenkraft wächst mein magischer Influxus.
4. Durch die Macht des Ur, erkenne ich die Ursache meines Geschicks.

Auswirkung:

Die Ur-Rune verhilft zu der Erkenntnis der Ursache jeden Geschehens. Sie fördert die Aufnahme erdmagnetischer Ströme und regt die Nervenzentren von Kopf und Gehör an. Darüberhinaus stärkt sie die odischen Strahl- und Heilkräfte.

Die Rune Thorn

Die Rune Thorn ist Sinnbild der Gegenpole: Leben und Tod. Sie gilt als Rune der Tat, des Willens und der Zeugung. Sie ist die Rune der od-magnetischen Kraftübertragung, insbesondere im gegenseitigen Austausch zwischen Mann und Frau.

Runenstellung:

Aufrechter Stand, die Beine sind geschlossen. Linker Arm im Ellbogen gewinkelt, Hand an der Hüfte. Der linke Handteller umfasst den Hüftknochen.

Runengriff:

Die Spitzen von Zeigefinger und Daumen der linken Hand sind zu einem Dreieck geschlossen, die übrigen Finger weisen nach oben.

Lautformel: ta , te , ti , to , tu , thor , thorn.

Meditation:

1. Thornrunenkraft wecke meinen Willen zu zeugender Tat.
2. Geburt und Tod, Tod und Geburt, heilige Thornrunenkraft löse mich vom Rad ewiger Wiederkehr.
3. Meine od-magnetischen Ströme beginnen zu kreisen und magisch zu strahlen wohin ich sie lenke.

Auswirkung:

Die Thorn-Rune erweckt den magischen Willen zur Tat, stärkt die od-magnetischen Strahlungskräfte und sensibilisiert zum Erfühlen des ewigen Wandels von Leben und Tod, von Werden und Vergehen.

Die Rune Othil

Die Othil-Rune, ist die Rune des Schicksals und der Veranlagung und gilt ferner als Rune der odischen Strahlkraft und des Atems.

Runenstellung:

Hände über den Kopf. Innenhandflächen aneinandergelegt. Die Handwurzeln berühren leicht den Kopf. Die Fingerspitzen weisen nach oben und die Beine werden breit gegrätscht.

Runengriff:

Der Daumen und Zeigefinger der linken Hand werden kreisförmig geschlossen, der Arm emporgereckt.

Lautformel: O o o , Os , Oso , Othil.

Meditation: Ich bin Empfänger hoher geistiger Ströme

Auswirkung:

Die Othil-Rune birgt große magische, kraftgewinnende, fesselsprengende Gewalten. Sie fördert das Wachstum der geistigen Kräfte und soll die Gabe der überzeugenden Rede verleihen. Die Othil-Rune ist eine kosmische Empfangsrune und befähigt zur Aufnahme hoher astraler und mentaler Wellen.

Die Rune Rit

Rit, gilt als Rune der Gerechtigkeit, der Religion, des Rates und der Stärke. Die Ritrune versinnbildlicht den kosmischen Weltrhythmus, die Bewegung und die in Spiralen verlaufenden Entwicklung. Sie wird als Rune des Rituals, des Richters und des Henkers bezeichnet.

Runenstellung:

Aufrechte Haltung; linker Arm im Ellenbogen gewinkelt. Der Handteller liegt an den Hüftknochen. Das linke Bein wird schräg seitwärts gehoben. Die Fußspitze weist in einer geraden Linie abwärts, berührt jedoch nicht den Boden. Der rechte Arm hängt zwanglos herab.

Runengriff:

Bei erhobenem linkem Arm, werden Zeigefinger- und Daumenspitze aneinander gelegt. Die übrigen Finger sind abwärts gerichtet, parallel zum Handteller.

Lautformel: r r r , ra , re , ri , ro , rad , rid.

Meditation:

1. Ich bin mein Rod (Recht) und dieses Rod ist unverletzlich.
2. Dem Ur-Recht und dem Urgesetz verbunden, stehe ich über Menschensatzung und irdischem Recht.

Auswirkung:

Die Rit-Rune stärkt die kosmische Harmonie und erweckt die höheren magischen Fähigkeiten.

Die Rune Ka

Diese Rune gilt als Abstammungs-, Zeugungs- und Geschlechtsrune. Die Ka-Rune, ist als sechste Rune des Futharks eine Sexualrune und symbolisiert den männlichen Willen zur Zeugung. Sie gilt als die Rune des Gurus, des Magiers und des Geheimwissenschaftlers.

Runenstellung:

Aufrechter Stand, die Beine sind geschlossen. Füße im rechten Winkel. Die Arme weisen parallel schräg nach oben. Die Handflächen sind zum Körper eingeknickt und weisen nach unten.

Runengriff:

Die geschlossenen Finger der linken Hand weisen mit den Fingerspitzen nach oben. Der Daumen weist im 45 Grad Winkel nach rechts außen.

Lautformel: k k k , ka , ke , ki , ko , ku , kuna.

Meditation:

1. Ich kann, will und werde ein Runenkundiger.
2. Ich kann, was ich will und ich will was ich kann.
3. Kosmisches Wissen, kosmische Macht kündet sich mir durch der Ka-Rune Kraft.

Auswirkung:

Die Ka-Rune stärkt die Inspiration, steigert das Können, verleiht Mut und Kühnheit und bewirkt eine körperliche und geistige Höherpolung. Zusätzlich fördert die Ka-Rune bei Sonnen und Mondlicht die Aufnahme von K- und Erdwellen.

Die Rune Hagal

Rune des allumhegenden Prinzips und des Schutzes. Die Hagal-Rune gilt als Offenbarerin eines persönlichen geistigen Führers und Lehrers.

Runenstellung:

Aufrechter Stand, Beine geschlossen. Arme seitwärts nach oben gestreckt. Intonation der Silbe "Hag". Stand wie oben. Die Oberame sind seitlich an den Körper angelegt. Die Unterarme werden im Ellbogen gewinkelt und weisen in Form der Yr-Gabel nach unten. Intonation der Silbe "All".

Runengriff:

Die Arme werden parallel nach oben gestreckt. Die Innenhandflächen weisen zueinander. Die Daumen sind rechtwinkelig abgebogen und berühren einander.

Lautformel: ha , he , hi , ho , Hag-All , All-Hag.

Meditation:

1. Hegende Kräfte des Alls strömen mir zu,
   hegende Kräfte des Alls wirken in mir,
   hegende Kräfte des Alls wirken durch mich.
   Heilige Runenmuter, aller Runen Macht bergend,
   schütze mich! All-Hag, Allumhegende Schöpfungskraft erlöse vom Kreuz der Materie mich.

Auswirkung:

Die Hagal-Rune gibt Schutz, Harmonie, verleiht Weisheit und spirituelle Kräfte und bewirkt ein Gefühl der Verbundenheit mit den hegenden Kräften des Alls.

Die Rune Not

Rune des Schicksalszwanges und der kosmischen Notwendigkeit. Die Not-Rune symbolisiert das Unabwendbare, die Not und die ausgleichende Gerechtigkeit. Sie gilt als Rune des Opfers, der Opferhandlung und der Hingabe. Not ist Sinnbild für den Kreislauf der Wiedergeburt sowie der karmischen Belastung und Gerechtigkeit.

Runenstellung:

Körper aufrecht, Beine geschlossen. Der rechte Arm weist seitlich schräg nach oben, der linke schräg nach unten. Auf diese Weise bilden beide Arme den schrägen Balken der Not-Rune.

Runengriff:

Die Finger der rechten Hand weisen nach oben. Der Daumen steht im Winkel von etwa 60 Grad ab.

Lautformel: n n n , not , nut , norn , nam.

Meditation:

1. Ich nütze mein Schicksal und widerstrebe ihm nicht.
2. Ich werde zum wahren Helfer und wachse über Not und Tod

Auswirkung:

Die Notrune schlichtet Neid, Haß und Streit, lindert Leid und Not, offenbart die karmische Schuld und hilft sie zu überwinden.

Die Rune Is

Rune des Ichs, der Selbst- und Fremdbeherrschung, der Persönlichkeit, sowie der magischen Kraft des Selbstbewußtseins.

Runenstellung:

Aufrechter Stand, Beine geschlossen. Füße im rechten Winkel. Arme über den Kopf senkrecht erhoben. Die Innenhandflächen weisen zueinander.

Runengriff:

Die linke Hand ist gefaustet, der Zeigefinger hochgestreckt. Dieser Griff ist auch mit der rechten Hand zu üben.

Lautformel: i i i , is , iis , isa, ich.

In allen Tonlagen und Lautstärken; anschwellend, verebbend, sirenenartig. Beim Runengriff ist besonders vom tiefen zum hohen Ton überzugehen.

Meditation:

1. Der göttliche Urwillenstrom durchpulst mich.
2. Eins mit dem Allwillen beherrsche ich mich und meine Umwelt.
3. Mein Wille dominiert.

Auswirkung:

Der Is-Rune entwickelt die magischen Kräfte des Ich, verleiht Bannkräfte und gibt die Macht sich und andere zu beherrschen. Sie macht körperlich und geistig widerstandsfähiger und fördert die Willenskraft.

Die Rune Ar

Sonnen- und Lichtrune, der Weisheit, Schönheit, Tugend, Vertrauen, Ehre und Ruhm unterstehen. Die Ar-Rune gilt zusätzlich als Rune des Eingeweihten. Durch ihre heilenden Sonnenkräfte gilt sie auch als Symbol des Schutzes und der Genesung.

Runenstellung:

Aufrechter Stand, das rechte Bein ist schräg nach außen zu richten und die Arme werden parallel über den Kopf erhoben, so daß die Handflächen zueinander weisen.

Runengriff:

Die Finger der erhobenen rechten Hand weisen mit den Spitzen nach oben, der Daumen weist im Winkel von 90 Grad nach links außen.

Lautformel: aar , aaa , ae , au , jar , ra , asa.

Meditation:

1. Der magischen Lichtgewalt des Ar weicht jeder Spuk.
2. Das Ar-Urfeuer, der Sonne Lichtgewalt durchströmt mich.

Auswirkung:

Die Ar-Rune verleiht Zuversicht, regt die Kräfte des Körpers zur Genesung an und beseitigt durch ihre Lichtgewalt jeden negativen astralen Einfluß.

Die Rune Sig

Die Sig-Rune gilt ebenso wie die Ar-Rune, als Rune der Sonnenkraft und des Lichtes. Sie verkörpert die Kräfte des Sieges und des Erfolges. Sie ist die Rune der ausgesandten Kraft und symbolisiert die Inspiration und den göttlichen Geistesstrahl.

Runenstellung:

Im Hocksitz, berühren sich Ober- und Unterschenkel in ganzer Länge. Das Gesäß ruht auf den Fersen, der Oberkörper ist aufrecht. Beine geschlossen.

Runengriff:

Die linke Hand ist erhoben, der Daumen im Winkel von 45 Grad abgespreitzt. Der Zeigefinger der rechten Hand berührt leicht den Daumen der Linken, die übrigen Finger sind ausgestreckt und bilden eine Fläche.

Lautformel: siig , sa , se , si , so , su , sal.

Meditation:

1. Sieghaft bestehe ich jeden Kampf!
2. Der Sig-Rune Macht führt meine Unternehmungen zum Erfolg!
3. Sigil, göttlicher Kraftstrahl, inspiriere mich!

Auswirkung:

Die Sig-Rune hilft das Materielle zu überwinden und steigert die Macht des Geistes. Durch ihre Kraft stellen sich Erfolg und Gelingen bei allen ehrlichen Unternehmungen ein. Sie verleiht Wissen und Erkenntnis und hilft zum Sieg über das niedere Ich.

Die Rune Tyr

Die Tyr-Rune ist bekannt als Rune der Entstehung und des ewigen Wechsels. Sie gilt auf dem irdischen Plan als Zeugungsrune und verkörpert das männliche Prinzip der Bejahung und der energischen Tat.

Runenstellung:

Aufrechte Haltung, Beine geschlossen. Die Arme sind seitlich schräg nach unten gerichtet und bilden die Glyphe des Tyr.

Runengriff:

Ringfinger und kleinen Finger der rechten Hand fausten, die anderen Finger werden gespreitzt und weisen mit dem Zeigefinger zum Boden. Daumen, Ring- und Mittelfinger bilden so das Tyr-Symbol.

Lautformel: ta , te , ti , tat , tur , tyr , tiu.

Meditation:

1. Von Wiedergeburt zu Wiedergeburt bin ich gegangen, nun strebe ich nach höherem Leben.
2. Tyr-Tyr, Tyr-Tyr, Tyr-Tyr. Macht wächst - Wohlstand gedeiht - Glück sich mehrt - des Kampfes Frucht - Sieg. Sig-Tyr, Sig-Tyr, Sig-Tyr.

Auswirkung:

Die Tyr-Rune führt zu Erinnerungen an frühere Erdenleben, fördert astrale Schauungen und stellt den Kontakt zu jenseitigen Wesenheiten her. Tyr und Sig-Tyr-Rituale verhelfen zu Glück, Ehre, Macht, Einfluß, Reichtum und Durchsetzungsvermögen.

Die Rune Bar

Rune der Geburt und des Werdens. Sinnbild des Geborgenseins, des schützenden, umschließenden, hegenden und bergenden.

Runenstellung:

Aufrechter Stand, linker Arm im Ellbogen winkeln, Handteller auf den Hüftknochen. Linkes Bein im Knie winkeln, Ferse an Ferse. Ellbogen und Knie bilden so die beiden Winkel der Bar-Rune.

Runengriff:

Arme über den Kopf. Daumen und Zeigefinger der Rechten bilden einen Kreis. Der Zeigefinger der linken Hand berührt mit der Spitze das untere Glied des rechten Daumens, der Daumen der linken Hand ruht mit der Spitze auf dem Knöchel der Handwurzel. Die übrigen Finger werden gefaustet.

Lautformel: b b b , ba , be , bar , bor .

Meditation:

1. Der Bar-Rune Weihesegen wehre dem Zufall und verhindere übelwollende Gewalten.
2. Geborgen im Bar genieße ich die Früchte meiner Wünsche.

Auswirkung:

Die Bar-Rune führt zu fortschreitender Verinnerlichung und Unabhängigkeit sowie zur Lösung und Überwindung des Karma. Die Runenkraft des Bar erfüllt Wünsche und Hoffnungen aus der menschlichen Erwartung.

Die Rune Laf

Rune des Lebens, des Gesetzes und der Einweihung, die das irdische Leben bewußt als einen Initiationsvorgang erleben läßt. Der Laf-Rune unterstehen folglich die feinstofflichen Körper des Menschen.

Runenstellung:

Körper aufrecht, Beine geschlossen. Arme parallel schräg nach unten. Handflächen zur Erde.

Runengriff:

Der linke Arm ist erhoben, die Finger sind aneinandergelegt. Die oberen Fingerglieder sind gewinkelt und bilden die Lafrunenform.

Lautformel: lll , la , laf , lef , lif , lof , luf.

Meditation:

1. Erkennend des Lebens Urgesetz, füg ich mich jeder Prüfung, lern ich aus jedem Schicksalszwang.
2. Laf, Rune der Initiation, gib mir die Weihe innerer Erleuchtung; eine ich und Gott.

Auswirkung:

Die Laf-Rune verleiht eine höhere Lebenseinsicht durch Lebenserfahrung, durch Versuchungen und harte Prüfungen. Die Laf-Rune dient der Vervollkommnung der feinstofflichen Körper durch das Erleben einer inneren Weihe. Sie ermöglicht die Erlangung der Rückverbindung zu den Kräften des Kosmos; der "Religio".

Die Rune Man

Die Man-Rune ist die Rune des Mannes und symbolisiert den auferstehenden, aufsteigenden Gottessohn. Ihr untersteht die positive, zeugende männliche Kraft und sie gilt als Geistrune, die den Menschen mit Gott verbindet, durch die Runenströme des Alls.

Runenstellung:

Aufrechter Stand. Beine geschlossen. Füße im rechten Winkel. Arme seitwärts nach oben gestreckt.

Runengriff:

Bei hochgereecktem rechtem Arm, weist der Zeigefinger nach oben, Daumen und Mittelfinger sind seitlich gespreizt. Ring- und Kleinfinger sind gefaustet.

Lautformel: mmm , ma , me , mi , mo , mamm , memm.

Meditation:

1. Rune des Man entfeßle in mir die Macht göttlicher Magie.
2. Rune des Man mehre mein Od.
3. Heiliges Man inspiriere mich,
   heiliges Man vergeistige mich,
   heiliges Man wecke Allwissen und Alliebe in mir.

Auswirkung:

Die Man-Rune wirkt magnetisch bannend, schützt vor schädlichen Einflüssen und verstärkt die ätherische Schutzhülle. Sie fördert die körperliche und geistige Entwicklung, verhilft zu Kraft und Gesundheit und erweckt das All-Wissen und die All-Liebe.

Die Rune Yr

Die Yr-Rune weist auf den irrenden Menschen hin. Als Rune des weiblichen Prinzips steht sie für das Erhaltende und Bewahrende. In der Magie ist sie die Liebes- und Triebgierrune, die karmische Prüfungen durch den niederen Trieb des Menschen bewirkt. Sie führt durch Aufpeitschung der körperlichen Erregung zu starker Sinneslust und ihr untersteht damit die Welt der Maja und Täuschung.

Runenstellung:

Aufrechter Stand, Oberarme seitlich am Körper angelegt, Unterarme im Ellbogen gewinkelt und weisen in der Form der Yr-Gabel abwärts.

Runengriff:

Daumen, Zeige- und Mittelfinger weisen nach unten, sind abgespreitzt und ahmen so die Yr- Gabel nach.

Lautformel: y y y , yr , yb , wybe , eibe .

Meditation:

1. Des Stoffes Wahn zerstiebt vor dem Erwachenden.
   Beherrschung triumphiert über der Sinne Gier.
2. Ich vergeistige mich, ich heilige mich,
   ich überwinde der Sinne schnellvergänglichen
   Rausch, so reife ich zur gnostischen Ehe.

Auswirkung:

Die Yr-Rune befreit von den Zwängen der Triebe durch bewußte Selbstbeherrschung und überwindet dadurch die Täuschungen der Welt.

Die Rune Eh

Rune der Ehe und der idealen Liebe. Sinnbild der Ewigkeit, des Lebens und des Gesetzes im Sinne der Vereinigung von Gott und Mensch, beziehungsweise von Mann und Frau zum Zwecke höherer Vergeistigung.

Runenstellung:

Beine geschlossen, Arme schräg. Der linke weist nach oben, der rechte nach unten.

Runengriff:

Die Finger der linken Hand weisen geschlossen nach oben. Der Daumen steht im Winkel von 45 Grad ab.

Lautformel: eee , eh , ehe , ehu , eys , ehwas.

Meditation:

1. Die heilige Eh-Runenkraft eint mein Ich
   mit meinem Du.
2. Ich grüße dich, Schwester meiner Seele,
   wo immer du weilst, du findest zu mir.
3. Die Alliebeskraft führt mich geistig, seelisch
   und körperlich zu einem höheren Leben.

Auswirkung:

Die Eh-Rune hilft die Zwillingsseele zu finden und zu erkennen. Sie tilgt die niederen triebsinnlichen Leidenschaften und führt zu einem reineren, vergeistigteren Liebeserleben. Die Kraft des Eh schützt vor gegenseitiger Untreue und Verrat und führt den Übenden von der getrennten Zwei zur seelisch-geistigen Einheit.

Die Rune Gibor

Symbol des Gottes Gibor, der die dualen Kräfte Zeugung und Empfängnis vereint. Die Gibor-Rune ist die Rune Gottes und des Alls.

Runenstellung:

Die Beine sind seitlich stark gekrätscht und die Arme seitlich schräg erhoben.

Runengriff:

Die Arme werden über den Kopf gestreckt und dabei die Hände gefaltet. Die Finger werden gekreuzt und bilden das Malkreuz.

Lautformel: gabor , gebor , gibor , gobor , gubor.

Meditation:

1. Gibor, Allvater, laß mich eins sein mit Dir!
2. Gibor und Gea, zwei Kräfte, zwei Seelen vermählen sich zeugend-empfangend in kosmisch-ekstatischer Lust.

Auswirkung:

Die Gibor-Rune vermählt die Kräfte des ich und du in sakraler Ehe. Sie führt zum "kosmischen Bewußtsein", zur "Erkenntnis Gottes", zur "unio mystica" und zur Einswerdung mit dem kosmischen Urgrund. Die Gibor-Stellung erweckt das Sonnengeflecht, die Zirbeldrüse und die oberen Körperpartien.

Nach Karl Spiesberger enthalten diese 18 Runen gewaltige Kräfte, sind Runenyoga und Runenexerzitien mystisches Erleben und angewandte Runenpraxis magisches Gestalten. Zur Veranschaulichung, daß die alten germanischen Völker um die geheimen magischen Kräfte der Runen und ihre Anwendung wußten, soll aus der Edda "Odins Runenlied" zitiert werden, daß einen Einweihungsvorgang durch Runenmysterien beschreibt.

Odins Runenlied

"Ich weiß, wie ich hing am windkalten Baum
Neun eisige Nächte,
Vom Gere verwundet, dem Wodan geweiht;
Ich selber geweiht mir selber.
Am mächtigen Baum, der den Menschen verbirgt,
Wo er den Wurzeln entwachsen.

Sie boten mir weder Brot noch Wein,
Da neigt ich mich suchend hernieder,
Erkannte die Runen, nahm klagend sie auf,
Bis daß ich vom Baume herabsank.

Begann nun zu werden und weise zu sein,
Zu wachsen und wohl mich zu fühlen.
Am Worte entwickelte Wort sich um Wort.

Und Werk sich am Werke zu Werken;
Nun weiß ich Sprüche, wie kein fürstliches Weib.
Und keines der Menschenkinder.

Und sind diese Sprüche dir, Menschensohn
Auch auf lange hinaus unerlernbar:
Faß sie, erfährst du sie!
Nutz sie, vernimmst du sie!
Heil dir, behielst du sie!"

Welch eine herrliche und tiefgründige Mystik klingt aus diesen bedeutungsschweren uralten Zeilen. Dunkel nur läßt sich das tiefe Geheimnis einer mystischen Einweihung durch die Macht der Runen in diesem Lied erahnen und verweist eindringlich auf die in den Runensymbolen enthaltene Machtfülle. Eine Machtfülle, die jedem zur Verfügung steht, der sich mit dem Runenweistum auseinandersetzt.

Im "Sigrdrifumal" offenbahrt die Walküre Sigrdrifa die mystische Zauberkraft der Runen mit folgenden Worten:

"Siegrunen lerne,
willst Sieg du erlangen.
Ritze sie auf des Hiebers Heft,
in die Blutrinne auch und die blanke Spitz
und wenn du's tust, sprich zweimal: Tyr.

Bierrunen lerne,
daß dein blindes Vertrauen
nicht täusche des Fremden Frau,
ritz sie ins Horn und den Rücken der Hand
und bezeichne den Nagel mit Not.

Schutzrunen lerne, wenn du schwangere Frauen
von der Leibesfrucht lösen willst:
auf Hände und Gliedbinden male die Heilszeichen
und den Beistand dieser erbitt'!

Lern' Brandungsrunen, wenn bergen willst du,
die Segelrosse auf See:
schneid sie in Steven und Steu'r;
mag schäumen die Brandung
und schwarz dräuen die Woge,
so kommst du gesund von der See.

Astrunen lerne, willst Arzt werden du
und wissen, wie Wunden man heilt,
in die Borke des Waldbaumes sie schneid,
der die Äste nach Osten neigt."

Eindeutig wird hier von der Macht der Siegrunen, Tyr-, Abwehr-, Schutz-, Brandungs- und Astrunen erzählt und gezeigt wie sie angewandt werden sollen und Karl Spiesberger schreibt zu recht, daß die heutigen Runenpraktiker nur verschütteten Quellen nachspüren, wenn sie die Zauberkräfte der Runen neu zu erwecken suchen. Allerdings ist dies eine höchst lohnende Arbeit und wer tiefer in das Gebiet der Runenkunde eindringen will, dem seien die hervoragenden Bücher Spiesberger "Runenmagie" und "Runenexerzitien für jedermann" sehr empfohlen, die Fundgruben hohen Wissens sind und denen auch die meisten Bedeutungen der einzelnen Runen entnommen sind.

Levitation

Die Macht die Schwerkraft aufzuheben und zu überwinden, ist ein interessantes Rätsel in der Welt der okkulten Phänomene und beschäftigt schon seit jahrtausenden die Gedanken der Menschheit. Bereits Ikarus versuchte nach der griechischen Sage, mit Hilfe künstlicher Flügel den Himmel zu erkunden und die Gesetze der Anziehungskraft aufzuheben. Der Traum vom Fliegen wurde zwar mittlerweile durch modernste Großraumjets realisiert, doch die Rätsel der Schwerkraft und ihre Aufhebung durch die Kraft der Levitation sind geblieben.

Tiahuanaco 4000m über dem Meeresgrund gelegen gibt der heutigen Wissenschaft Rätsel auf. In dieser altperuanischen Ruinenstätte am Titicacasee befindet sich das berühmte Sonnentor. Große 100 Tonnen schwere Sandsteinkolosse wurden hier zu einem steinernen Kalender zusammengefügt. Und das alles, wurde in einer Epoche geleistet, von der man nicht weiß, ob man sie um Tausende oder um Jahrzehntausende zurückdatieren soll. Wie haben die Handwerker und Steinmetzen der Vergangenheit wohl diese Arbeiten ausgeführt?

Die berühmte Baalbekterasse nördlich von Damaskus ist aus Steinblöcken erbaut, von denen einige über 20 Meter Seitenlänge besitzen und fast 2000 Tonnen wiegen und die meisten der anderen Platten haben immerhin noch ein Gewicht von 1000 Tonnen. Jede dieser Platten, mußte sieben Meter hochgehoben werden. Heutzutage sind selbst die modernsten Hebevorrichtungen nicht dazu imstande, Objekte von tausend Tonnen Gewicht auf diese Höhe anzuheben. Wie gelang es nur Menschen vor vielen Jahrtausenden diese gewaltigen Massen zu bewältigen?

Die Pyramide von Gizeh (knapp 150 Meter hoch und 31 Millionen Tonnen schwer), eines der sieben Weltwunder und vielbestauntes Menschheitsdokument, könnte kein heutiger Architekt - und stünden ihm die technischen Hilfsmittel aller Kontinente zur Verfügung - neu erbauen! Womit lösten aber die Arbeiter der Vergangenheit ihre statischen Probleme?

Und wie lassen sich die imposanten vielen hundert, völlig glattpolierten Steinmonumente der Osterinsel (die bekannten eierförmigen Köpfe), die zum Teil zwischen 10 und 20 Meter hoch sind, bis zu 50 Tonnen wiegen und aus stahlhartem Vulkangestein bestehen, erklären?

Auf dem Peleponnes in der Nähe der Stadt Mykene befindet sich das Schatzhaus des Atreus, das zu den ältesten Kuppelgräbern zählt. Beim ersten Hinsehen wirkt das von einem Erdhügel überdachte Schatzhaus nicht sonderlich überwältigend, erblickt man jedoch den Kolossalquader in der einen Mauerfront, oder gar die Deckenplatte über dem Eingang des Gewölbes, die einige Meter weit ins Innere vorstößt und ein Gewicht von 120 Tonnen besitzt, läßt sich die ungeheure und unmöglich erscheinende Arbeitsleistung der Erbauer erahnen. Bei einer Restaurierung des Komplexes war es der heutigen Wissenschaft nicht möglich, die Platte wieder auf ihre ursprüngliche Höhe zu bringen. Sie mußte in zwei Teile gespalten werden.

Für den Geheimwissenschaftler sind diese Rätsel erklärbar. Für ihn waren die Menschen der Vergangenheit in Naturkräfte eingeweiht, von denen die moderne Wissenschaft nichts weiß und die in der Lage waren, das Gewicht eines Objektes zu reduzieren oder gar völlig aufzuheben.

Diese Behauptung, die so ganz und gar unglaublich für den aufgeklärten Menschen des zwanzigsten Jahrhunderts klingt, läßt sich dennoch auch heutzutage nachvollziehen. Der emsige Erforscher der Levitationsphänomene Karl Spiesberger berichtet in seinem empfehlenswerten Buch: "Levitation" von durchgeführten Hebeversuchen mittels Runenyoga, die nachweislich, das Gewicht verschiedener Objekte zu reduzieren vermögen.

Durch das Zusammenwirken von Ton und Gebärde (vgl. das Kapitel über Runenmagie) ist es auch heute noch möglich Gegenständen und Objekten teilweise ihre Schwere zu nehmen. Bevor jedoch diese überraschenden Praktiken näher geschildert werden, sollen einige rätselhafte Vorkommnisse aus dem Werk "Levitation" wiedergegeben werden:

"Das Ziel vieler Gläubiger Inder ist das Mausoleum des hl. Kamardin Darwesch nahe der Industriestadt Poona", schreibt Spiesberger "vor dem zwei große Steine liegen, 50 und 80 Kilo schwer und von zwei Wächtern Tag und Nacht bewacht."

"Nun das kaum Glaubliche: Auf Anordnung der Wächter stellen sich elf Wallfahrer im Kreis um den 80 Kilo schweren Stein. Den rechten Finger darauf gelegt rufen sie im Chor den Namen des Heiligen. Worauf sich der Stein über einen Meter hoch erhebt und in der Luft schwebend verbleibt, solange "Karmardin Darwesch" erklingt. Schweigt einer der Rufer oder nennt einen anderen Namen, sinkt augenblicks der Stein zu Boden. Um den zweiten nur 50 Kilo schweren Stein zum Schweben zu bringen, genügen schon neun Personen. Die Wissenschaft steht vor einem Rätsel."

Von einem noch weitaus fantastischeren Phänomen als

das von Poona, berichtet der schwedische Zivilingenieur und Flugdirektor Henry Kjellson, dessen Augenzeuge sein Freund, der schwedische Arzt Dr. Jarl war.

1939 nach Tibet berufen, um einem hohen Lama ärztlichen Beistand zu leisten, wurde Dr. Jarl Zeuge des tibetischen Steinewerfens. Seine zwei Filme beweisen, daß er nicht Opfer einer Massenpsychose geworden war.

Der Schauplatz: Eine Wiese in Klosternähe und von hohen abschüssigen Felswänden begrenzt. In einer dieser Wände, 250 Meter hochaufragend, befindet sich eine Höhle. Vor dieser, auf einem Absatz errichteten die Mönche eine Mauer. Unten, vor dieser Felswand etwa 250 Meter entfernt, mitten auf einer Wiese befand sich eine glattgeschliffene Felsplatte, darin eine Mulde, eine Schale von etwa einem Meter Querschnitt und 15 cm Tiefe. Dahin schleiften vier Jakochsen einen Steinblock von 1m mal 1,50m.

"Was soll dieser schwere Klotz in der Felsmulde?" mag Dr. Jarl gefragt haben. Und noch mehr wohl mochte er gestaunt haben, als in 63 Meter Entfernung 19 Musikinstrumente in einem Viertelkreis im Radius von genau 63 Metern aufgestellt wurden: 13 Trommeln und sechs Trompeten, deren Länge und Querschnitte der Arzt ausführlich beschreibt.

Alle Instrumente hingen sämtlich in Ständern und konnten mittels Stöcken in Richtung des Steinblocks gedreht werden.

Daraufhin stellten sich die Priester in ganz bestimmter Reihenfolge hinter die Instrumente. Ein einmaliges Konzert begann, eröffnet von einem Priester mit dem "scharfen zerreißenden Laut" einer kleinen Trommel, die durch den Lärm der anderen Instrumente hindurch gehört wurde und begleitet von den unaufhörlich ein Gebet oder Mantra singenden Mönchen.

Immer rasanter wurde das Tempo der Musik. So vergingen vier Minuten. Noch war nichts geschehen. Jetzt aber begann der Block sich hin und her zu wiegen, und dann schoß er plötzlich mit immer größerer Geschwindigkeit hinauf in die Höhe, in Richtung der Bergwand!

Auf diese fantastische Weise befördern die Mönche fünf bis sechs Blöcke 250 Meter hoch in einer 500 Meter weiten Bahn Hin und wieder nur zersplitterte einer der Blöcke."Unverständlich bleibt", so Spiesberger, "daß ein so sensationelles Geschehen der Allgemeinheit verschwiegen wird. Die englische Gesellschaft, bei der Dr. Jarl angestellt war, jedoch hat beide Filme für 50 Jahre beschlagnahmt!

Diese kaum zu glaubenden Tatsachenberichte lassen sich noch um eine Vielzahl weiterer unerklärlicher Ereignisse ergänzen, die alle beweisen, daß es unter bestimmten Situationen möglich ist, die Schwere von Objekten oder Gegenständen zu verringern. Oder führen bestimmte geheimnisvolle Praktiken gar zu einer außergewöhnlichen Kraftsteigerung der Akteure?

So berichtet die bekannte Tibetforscherin Alexandra David-Neel in ihrem Buch "Liebeszauber und schwarze Magie" von dem Lung-gom-Lauf der Tibeter, bei dem die in Trance befindlichen Akteure mit großer Schnelligkeit weite Strecken zurücklegen, die jeden Marathonläufer in Erstaunen versetzen würde.

Ja es scheint sogar so zu sein, schreibt Frau David-Neel, als würden die Läufer, die durch eine jahrelange geheimwissenschaftliche Schulung gegangen sind, für kürzere oder längere Zeit leicht über dem Boden schweben!

John Symonds der Verfasser einer außergewöhnlich instruktiven Bibliographie über das Leben Aleister Crowleys berichtet in seinem Werk "Aleister Crowley - Das Tier 666" ebenfalls von einem bemerkenswerten Vorfall, einer kurzzeitigen Aufhebung der Schwerkraft.

Am 13. Februar 1902 besuchte Aleister Crowley in Akyab seinen Freund und Lehrer Allan Bennett. Ananda Metteya (der Klostername Allan Bennetts) meditierte indes in einer kleinen, kaum eine halbe Meile entfernten Hütte. Wenn schon Crowley gewisse Fertigkeiten im Yoga erlangt hatte, so hatte sich Ananda Metteya selbst übertroffen. Denn eines Tages kam ein aufgeregter Klosterbruder zu Crowley und berichtete ihm, daß Ananda Metteya sein Essen schon drei Tage lang unberührt stehen lasse. Auf sein Klopfen habe sich nichts gerührt.

Crowley eilte zur Hütte. Er stieß die Tür auf, und zu seinem Erstaunen sah er Ananda Metteya waagrecht in der Luft schweben. "Sein Körper wirbelte im Luftzug wie ein trockenes Blatt im Wind", so zumindest die Aussagen Crowleys.

Ob dieses Erlebnis, sich tatsächlich so zugetragen hat, oder nur in der Phantasie Aleister Crowleys existierte, bleibt der Entscheidung des Lesers überlassen. Es wird jedoch in der Geheimwissenschaft von einer Reihe von mystischen Übungen berichtet, die nachweislich zu einer deutlichen Verminderung der

Schwerkraft führen und diese sollen im folgenden kurz dargestellt werden.

Experimente zur Verminderung der Schwerkraft

Um das Gewicht einer Person zu vermindern, beginne man mit folgendem Experiment:

Die Versuchsperson setzt sich bequem auf einen Stuhl. Vier Personen gruppieren sich um sie und zwar zwei im Rücken und die beiden anderen seitlich, links und rechts davon. Nun strecken die vier Personen ihre Zeigefinger vor und mit diesen unterfassen die Vordermänner die Kniekehlen der Versuchsperson, die Hintermänner, deren Achselhöhlen.

Auf das Kommando hebt, wird bei gleichmäßigem Anheben versucht, die Person hochzustemmen, wobei nur die Zeigefinger in Aktion treten dürfen. Natürlich wird das Ganze ein vergebliches Bemühen bleiben, solange die Versuchsperson nur einigermaßen über Gewicht verfügt!

Nach diesem Vorversuch schichten die Heber ihre Hände (mit den Innenhandflächen nach unten) übereinander auf den Kopf der zu hebenden Person, ohne jedoch auch nur den geringsten Druck auszuüben. Die Reihenfolge wie die Hände übereinander liegen spielt hierbei keine Rolle.

Liegen sämtliche Hände aufeinander, wird langsam eingeatmet, der Atem einen kurzen Moment angehalten und sodann zieht man die Hände rasch weg und atmet aus, verbunden mit einigen kräftigen Schleuderbewegungen der Hände. Dieses Händeauflegen, Wegziehen und Abschleudern ist insgesamt fünfmal zu wiederholen. Hierauf folgt sofortiges unterfassen und heben der Versuchsperson. In den allermeisten Fällen, ist man nun wunderbarerweise in der Lage die Versuchsperson spielend leicht anheben zu können.

Eine Verstärkung des vorherigen Experiments, läßt sich durch die Einbeziehung der Runen IS, MAN, UR und FA erreichen.

Vorbereitungsakt mit der Rune IS

Die Heber stehen um das Versuchsobjekt gruppiert und stellen die IS-Rune (aufrechter Stand, die Arme sind über den Kopf erhoben, die Innenhandflächen weisen zueinander).

Nun singen oder summen die Heber in möglichst gleicher Tonlage und Höhe den Runenlaut "I" oder das Runenwort "IS". Dies ist fünfmal zu wiederholen, jedesmal begleitet durch gleichzeitiges rhythmisches Einatmen gefolgt von "I" oder "IS". Nach Verklingen des letzten Runentones Hände verschränken und ohne vorheriges Abschütteln, unterfassen der Versuchsperson und hochheben.

Vorbereitungsakt mit der Rune MAN

Die Heber intonieren in Man-Runenhaltung (Beine geschlossen, Arme seitwärts nach oben gestreckt) das Runenwort "MAN" oder summen eine lange M-Kette "Mmmmm". Nach fünfmaligem Wiederholen unterfassen des Versuchsobjekts und gleichzeitiges anheben.

Vorbereitungsakt mit der Rune UR

Die Akteure singen oder summen in der UR-Beuge (Rumpfbeuge; Rücken waagrecht, die Arme und Fingerspitzen weisen zur Erde) fünfmal "U" oder "UR". Die

Arme der Vordermänner sind zu Boden gerichtet und weisen zu den Knien der Versuchsperson, die der Hintermänner zu den hinteren Stuhlbeinen.

Vorbereitungsakt mit der Rune FA

Beide Arme weisen schräg nach oben, der linke Arm ist etwas höher. Die Handflächen weisen kraftsaugend nach vorne. Fünfmaliges intonieren von "FA" und anschließendes Heben der Versuchsperson.

Wie man nach Überprüfung der angegebenen Ratschläge bemerken wird, läßt sich nach Stellung der Runen Is, Man, Ur und Fa eine Person in den meisten Fällen leicht anheben.

Bei weiteren Versuchen kann man nun erproben, ob nicht schon ein dreimaliges Wiederholen der Runenstellungen genügt oder ob ein siebenmaliges oder gar neunmaliges Wiederholen, das Hebeergebnis verbessert oder nachhaltig beeinflußt. Zunächst aber belasse man es bei einer fünfmaligen Wiederholung.

Aber nicht nur bei Runenyoga verlieren Objekte und Gegenstände an Gewicht. Den erfolgreichen Kraftsportlern sind schon seit Jahren Praktiken bekannt, mit denen sie in der Lage sind schwerste Gewichte angeblich leichter zu bewältigen. So berichtet Karl Spiesberger von dem Perser Gewichtheber Parvis Jalayer, daß dieser bei jedem Wettkampf in der Arena hastig auf und ab schreitend, die Hände intensiv mit Kalk bearbeitet, danach den Blick auf seinen Standort richtet und die Arme beschwörend ausbreitet. Das Gesicht nach oben gewandt, murmelt er anschließend beschwörende Formeln. Allah soll mit ihm sein. Jetzt erst ergreift er das Gewicht.

Der spitzbärtige Takao Kimura beantwortet gar imaginäre Fragen die er verständnisvoll mit dem Kopf nickend beantwortet, bevor er abschließend die Hantel mit hypnotischen Blicken mustert.

Ähnliche seltsame und merkwürdig anmutende Rituale können bei jedem Wettkampf der starken Männer beobachtet werden. "Denkt man hier nicht unwillkürlich an Hebeversuche und Runenmantra" fragt da Karl Spiesberger?

Und wie ist der ebenfalls in dem Buche "Levitation" enthaltene Fall eines berühmten Solotänzers der Wiener Staatsoper zu verstehen, dem es gelang die phantastischsten Sprünge auf der Bühne zu vollführen die bis fast unter die Decke reichten.

Als tanzender Magier, wurde er von seinem Publikum begeistert gefeiert und auf die Frage wie er sein einmaliges Können erkläre, gab dieser zur Antwort: "Meinem Schutzgeist habe bisher alle meine künstlerischen Erfolge zu verdanken, der mich auch lehrte, die Schwerkraft in mir abzuschalten, respektive sie zu überwinden".

Doch auch dieses "Wunder" ging vorüber. Mit dem gesamten Balett bei Baldur v. Schirach zu Gast, wurde der Tänzer aufgefordert auf das Wohl des Führers Adolf Hitler zu trinken und aus Angst vor den Folgen einer Weigerung, leerte dieser in dem gewünschten Sinne sein Glas. Von der Stunde an, war es vorbei mit den allen Schwerkraft höhnenden Sprüngen des Solotänzers.

"Es war mir klar" gestand dieser einige Zeit später, "daß mein Schutzgeist mich verlassen hatte und all mein Können dahin war".

Pentagramm-Magie

Das Pentagramm, volkstümlich auch Drudenfuß genannt, ist ein überaus mächtiges Symbol und sicherlich das bekannteste Zeichen der praktischen Magie.

Das Pentagramm repräsentiert die Kraft der vier Elemente einschließlich des übergeordneten Akashaprinzips. Nach der esoterischen Lehre von den kosmischen Strahlenwirkungen geht von jedem rückführenden Winkel des Pentagramms eine Kraftballung aus, die eine Bündelung kosmisch-göttlicher Kräfte darstellt.

Je nachdem, welche Symbole man nun in ein Pentagramm hineinzeichnet oder imaginativ hineindenkt, entfalten sich die verschiedensten Kräfte, etwa der Elemente, der Planeten, der Chakren usw. Aus diesem Grund spricht man auch von einem flammenden Pentagramm, das bewußt Strahlungen und Kräfte aussendet.

Ungemein magisch wirken die an das Pentagramm gebundenen Kräfte, wenn man sie zur Anziehung oder Abwehr feinstofflicher Wesen benutzt.

Mit der Spitze nach oben und in magischer Linksrichtung gezogen, besitzt das Pentagramm starke Abwehr- und Bannkräfte.

Das mit der Spitze nach unten weisende Pentagramm, ebenfalls in Linksrichtung gezogen, zieht astrale Kräfte herbei und ist ein bekanntes Rufzeichen der zeremoniellen Magie.

Meist wird das Pentagramm mit Kreide auf den Boden gezeichnet, oder mit Tusche auf Siegel oder Glyphen (siehe das Kapitel über die Magie der Glyphen) aufgetragen. Aber auch ein Ziehen des Pentagramms mit den Schwurfingern (Zeige- und Mittelfinger) in der Luft und unter stärkster Konzentration ist denkbar und hat sich in der Praxis vorzüglich bewährt.

Je nach erreichbarem Zweck, ist nun eines der beiden Pentagramme zu verwenden, man achte jedoch streng darauf, das Pentagramm immer in magischer Linksrichtung zu ziehen und zwar stets ohne abzusetzen und in einem Zuge!

Für den Magier ist das Pentagramm ein notwendiges Utensil zum Lösen und Binden feinstofflicher Kräfte. Vor größeren Experimenten, kleineren Evokationen oder, um einen Raum von astralen Einflüssen zu reinigen, empfiehlt es sich das in der Literatur allseits bekannte kleine bannende Pentagramm-Ritual auszuführen. Dieses Ritual setzt starke Abwehrkräfte frei und schützt vor widrigen astralen Beeinflussungen aus der Transzendenz.

Dem Esoteriker Dr. Birven zufolge, fördert dieses Ritual, das magische Tatdenken und trägt zur Höherentwicklung der menschlichen Persönlichkeit bei.

Die Praxis des kleinen bannenden Pentagrammrituals

Berühre die Stirn und sprich: ATHE
Berühre die Brust und sprich: MALKUTH
Berühre die rechte Schulter und sprich: VA GEBURAH
Berühre die linke Schulter und sprich: VA GEDULAH
Falte die Hände auf der Brust und sprich:
LE OLAM - AMEN

Wende dich gegen Osten, mache ein Pentagramm
und sprich: JEHOVAH
Wende dich gegen Süden, mache ein Pentagramm
und sprich: ADONAI
Wende dich gegen Westen, mache ein Pentagramm
und sprich: EHIEH
Wende dich gegen Norden, mache ein Pentagramm
und sprich: AGLA

Breite die Arme in Kreuzform aus und sprich:
VOR MIR RAFFAEL! HINTER MIR GABRIEL!
ZU MEINER RECHTEN MICHAEL! ZU MEINER LINKEN AURIEL!
DENN UM MICH FLAMMT DAS PENTAGRAMM
UND IN DER SÄULE STEHT DER SECHSSTRAHLIGE STERN !

Zum Abschluß wiederhole man das kabbalistische Kreuz in den Schritten von 1 - 5 (Ateh, Malkuth..).

Bei der Intonation der heiligen Namen, Raffael, Gabriel, Michael und Auriel, müssen diese deutlich innerlich vibriert werden, so daß ein Gefühl des bebens im ganzen Körper verspürt wird und eine Aura des Schutzes gebildet werden kann.

Die Magie der Edelsteine

Edelsteine sind wie Symbole, Runen und Glyphen kosmisch gebundene Kräfte. Edel- und Halbedelsteine sind geballte Zentralisationen ätherischer Schwingungskomplexe, die in ihrer Entsprechung mit den Eigenstrahlungen der Planeten und Fixsterne in direktem Kontakt stehen.

Der oft mystische Einfluß, dem der Mensch angesichts von echten Diamanten, Rubinen und Smaragden unterliegt, ist altbekannt und entspringt nicht nur einem im Menschen verankerten Schönheitssinn.

Uralt ist der Glaube an die geheimnisvollen Kräfte der Edelsteine, denen schon seit Jahrtausenden glücks- oder unglücksbringende Eigenschaften zugeschrieben werden. Jeder Edelstein, steht nach okkulter Lehre, gleichsam wie ein jedes Metall, mit den Kraftfeldern der Planeten und Fixsterne in direkter Verbindung.

Weltberühmt sind die Geschichten der wichtigsten Edelsteine; so wurde der berühmte Hope-Diamant, benannt nach dem englischen Bankier Lord Henry Hope als der Unglücksstein schlechthin bekannt. Dieser geradezu dämonisch wirkende Stein brachte allen seinen zahlreichen Besitzern auf mysteriöse Weise den Tod, bis er sein unrühmliches Ende beim Untergang der Titanic fand.

Von Peter dem Großen wird berichtet, daß er einen herrlichen Rubinring besessen habe, der seinen magnetischen Kräfte ungemein förderlich war und ihn außerdem in Augenblicken der Gefahr vor Unheil schützte.

Ein weiterer berühmter Diamant ist der als Berg des Lichtes bekannt gewordene Kohinoor, der sich heute im Besitz der englischen Krone befindet.

Die bekannten und unerklärlichen Todesfälle bei der öffnung des Grabes des ägyptischen Königs Tutenchamon, haben nach okkulter Meinung ihre Ursache in einer bewußt angewandten Edelsteinmagie. Einer Magie die erreicht wurde, durch die systematische Einwicklung von zahlreichen Edelsteinen in die Mumienbinden des Tutenchamun nach einer bestimmten geheimen Anordnung.

Außer den verwandten Edelsteinen fanden sich zusätzlich zwischen den Binden der Mumie eine große Anzahl von Halbedelsteinen. Die Wirkung dieser Edelsteinmagie überdauerte die Jahrtausende und brachte 27 **Menschen** den Tod auf sonst nicht zu erklärende Art und Weise!

Die unheilvolle Wirkung einiger anderer bekannter Unglückssteine, beruht auf der gleichen Ursache. Meist stammten diese großen und überaus kostbaren Edelsteine aus Heiligtümern und Götterstatuen. Die diesen Steinen innewohnenden Kräfte wurden durch eine besondere magische Weihung und dem Zufließen der Gedankenkräfte von Tausenden von Gläubigen, oft über mehrere Jahrhunderte hinweg, erzielt. Solche magisch aufgepolten Edelsteine, absorbieren nicht nur die kosmisch-ätherische Strahlen, sondern ziehen auch die ihnen von Menschen zugeführten magnetischen Odstrahlen und Gedankenkräfte an.

Gedanken sind nach magischer Lehre Kräfte und die bewußte, Odaufladung von Gegenständen, unter stärkster Konzentration und Imagination kann in dieser okkulten Disziplin unglaubliches vollbringen.

Um die Wirkung eines Edelsteins weiter zu erhöhen ist dieser nach vorheriger gründlicher Entodung des öfteren dem Vollmondlicht auszusetzen.

Aber nicht nur zur Anziehung von kosmischen Kräften wird die Edelsteinmagie angewandt, auch zur Belebung der Chakren im Ätherkörper des Menschen, werden sie in eingeweihten Kreisen benutzt. Der Stirn- und Halsschmuck, ja sogar das Tragen von Schmuck an Füßen und Knien in vergangener Zeit war beabsichtigt, um die entsprechenden Chakra in ihrer Funktion anzuregen und zu beleben.

Nach magischer Entsprechung werden folgende Edel- und Halbedelsteine den Chakra zugeordnet:

Chakra	**Planet**	**Edel- und Halbedelstein**
Sohlenchakra	Jupiter	Amethyst, blauer Saphir.
Kniechakra	Saturn	Onyx, Sardonyx, Melanit.
Wurzelchakra	Mars	Rubin, Granat, Karfunkel, Magnetstein und Turmalin.
Steißchakra	Saturn	Onyx, Sardonyx, Melanit.
Magenchakra	Mond	Smaragd, Opal, Aquamarin.
Gallenchakra	Saturn	Onyx, Sardonyx, Melanit.
Handchakra	Merkur	Goldtopas und Carneol.
Herzchakra	Sonne	Diamant und Chrysolith.
Halschakra	Venus	Sahir, Lapis-Lazuli.
Gaumenchakra	Neptun	Opal, Bernstein.
Nackenchakra	Pluto	Blutstein, Magnetstein, Lava, Granate.
Stirnchakra	Saturn	Onyx, Sardonyx, Melanit.
Scheitelchakra	Uranus	Bernstein, Aquamarin und Rauchtopase.

So kann man durch das Tragen von Schmuck auf den entsprechenden Chakren eine bewußte Belebung der

Schwingungszentren im Ätherkörper des Menschen erreichen. Durch den Gebrauch der richtigen Edelsteine ist es möglich, die diesen Steinen entsprechenden feinstofflichen Kräfte anzuziehen und sie mit dem eigenen Manakraftfeld zu verschmelzen.

Je ehrfürchtiger und ritueller man mit einem Edelstein umgeht, umso besser gelingt die Verbindung mit den dahinter stehenden kosmischen Kraftballungen. Ja sogar der Kontakt zu der jedem Edelstein zugeschriebenen Gruppenseele soll möglich sein. Stets achte man besonders darauf, nur echte Edelsteine zu verwenden, künstliche, oder aus Staub zusammengefügte Steine sind magisch unwirksam, da ihnen die belebende Einzelseele, die Verbindung mit der Gruppenseele der Edelsteingattung fehlt.

Auch steht nicht jeder Stein mit seinem Träger in harmonischer Beziehung. Im Zweifelsfalle entscheide das Pendel über Sympathie oder Antipathie. Neben die linke Hand lege man den zu untersuchenden Edelstein, die geistige Einstellung richte man auf Anziehung oder Ablehnung. Einkreisende Bewegungen zeigen Sympathie, Querstriche Neutralität und Trennungsstriche Ablehnung (näheres wird hirzu in dem Kapitel über Pendelmagie gesagt werden).

Nach uralter überlieferung werden nun folgende Eigenschaften und Wirkungen den Edelsteinen und Halbedelsteinen zugeschrieben:

Diamant

Ein Diamant stärkt die Gesundheit und Lebenskraft, bewirkt Glück in der Liebe, verleiht Erfolg, Macht und Ehre und fördert den Mut, die Kraft, den Fleiß und die Konzentrationsfähigkeit.

Saphir

Saphire stärken die Gesundheit, bewahren vor Herzleiden, mildern Magenkrämpfe und wirken beruhigend auf das Nervensystem. Der Saphir gilt als Stein der Treue, Reinheit und Keuschheit, hilft Freunde zu gewinnen und schenkt Liebesglück. Saphire stillen den Zorn, verscheuchen Haßgefühle, stärken das Imaginationsvermögen, fördern die Medialität und schützen vor dämonischen Einflüssen.

Smaragd

Ein Smaragd bringt Reichtum und Liebe und gilt als Heilmittel für Augen und Sehnerven. Smaragde steigern die Gedächtniskraft, beseitigen Schlaflosigkeit und schützen vor schweren Träumen. Weiterhin fördern Smaragde die Gabe des Hellsehens und erleichtern die Beschwörung von Naturgeistern.

Rubin

Rubine fördern die sexuellen Kräfte, machen beliebt und begehrt, bringen Glück und Spielgewinn, stärken die Gesundheit, gewähren einen guten Schlaf, schützen vor bösen Träumen und sind günstig für magische und spiritistische Experimente.

Opal

Der Opal gilt im allgemeinen als Unglücksstein und soll nur bei spirituell Hochstehenden günstige Wirkungen zeigen. Opale sind nur angeraten, wenn Mond und Neptun im Geburtshoroskop günstig aspektiert sind, dann stärken sie die Augen und machen sie hell und scharfsichtig.

Opale erzeugen übersteigerte Sinnlichkeit, bringen Mißgeschick, Enttäuschung, Liebesleid und Unfrieden. Ein Opal verwandelt Zuneigung in Haß, stärkt den etwa vorhandenen dämonischen Einfluß, fördert den Kontakt mit der Astralebene und unterstützt die Neigung zu Mystik und Hellsehen. Opale gelten als Steine der schwarzen Magie, zumal wenn sie gemeinsam mit einem Onyx getragen werden.

Amethyst

Der Amethyst gilt als Stein der Würde, des Priesters und Arztes. Er fördert ideeles, höheres Denken, Güte und Wohlwollen, mildert Aufregungen, Jähzorn und Leidenschaften. Ein Amethyst fördert bei guter Aspektierung des Jupiter Wohlstand. Amethyste verleihen angenehme Träume, bewirken Gebetserhörung, fördern religiöses und mystisches Denken und schützen vor schwarzer Magie.

Topas

Ein Topas steigert die geistige Energie, verleiht die Gabe der Konzentrationsfähigkeit und befähigt zum klaren Ausdruck in Wort und Sprache. Der Topas macht zu okkulten Problemen geneigt, schützt vor Beeinflussungen, stärkt die eigenen magnetischen Kräfte, reinigt und mehrt das eigene Od und fördert mediale Fähigkeiten und spiritistische und magische Phänomene. Starke okkulte Kräfte werden dem dunklen spanischen Topas zugeschrieben.

Nephrit

Ein Nephrit bringt Glück, Erfolg, Ehre und Ansehen. Der Nephrit gilt darum als Amulettstein der Spieler. Er stärkt die Sehkraft, hilft gegen Magenleiden, fördert hypnotische Zustände und ist günstig für Gedanken- und Wunschmagie.

Türkis

Ein Türkis zeigt Erkrankungen durch farbliche Veränderungen an, bringt inneren Frieden und Glückseligkeit, schützt vor gewaltsamem Tod und fördert hellseherische Fähigkeiten. Türkise begünstigen bei spiritistischen Sitzungen Klopfphänomene. Der Türkis gilt als sensitivster der magisch wirkenden Steine und ist äußerst empfindlich gegen schlechte Behandlung. Türkise sollen mitunter bei unabwendbarem Unglück ihres Trägers (auch bei dessen Tod) zerspringen. Orientalische, persische oder ägyptische Türkise sind meist wertvoller als Steine aus Mexiko.

Jaspis

Der Jaspis wirkt blutstillend, mildert Kopfschmerz und hilft gegen Melancholie. Er soll Magenleiden und Verwundungen heilen und gegen Nieren- und Gallensteine helfen. Der Jaspis verleiht starke mediale Kräfte und bewirkt insbesondere Hellsehen und Wahrträume. Stark magisch und schützend wirkt der weißgeäderte Jaspis.

Malachit

Ein Malachit darf aufgrund seiner giftigen Eigenschaften nur getragen werden, wenn der Saturn im Horoskop gut bestrahlt ist, dann hilft er gegen Gischt, Gallenleiden, Rheuma und Asthma und ist für schwarzmagische Zwecke hervorragend geeignet.

Beryll

Der Beryll gilt vor allem als Stein der Liebe, der

beliebt, froh und reich macht. Er zieht hilfsbereite Menschen herbei, bewahrt vor Hader und Streit und hilft bei Blasen- und Nierenleiden, sowie bei Entzündungen der Geschlechtsorgane. Er fördert alle magischen Phänomene, schützt den Experimentator, fördert das Hellsehen und gibt warnende Traumgesichte. Ein Beryll begüntigt den Kontakt mit Wesen des Zwischenreichs und ist ein sehr sensitiver Stein, der eine kultische Behandlung verlangt, wenn er seine wohltätige Kraft beibehalten soll. Berylle müssen Tag und Nacht getragen werden und dürfen auf gar keinen Fall verschenkt werden. Nach dem Tod ihres Besitzers, sind sie mit ins Grab zu nehmen.

Lapis-Lazuli

Ein Lapis-Lazuli gibt erfrischenden Schlaf, hilft gegen Fieber, Epilepsie und Krämpfe und vertreibt die Schüchternheit. Er verleiht ein reines Gefühls- und Gedankenleben, hilft gegen Melancholie und beseitigt seelische Disharmonien. Er heilt Zwangsvorstellungen und Wahnideen und gilt als Stein der Mystik und weißen Magie. Der Lapis-Lazuli stärkt die od-magnetische Strahlkraft und fördert die Spaltung des Astralkörpers. Bei magischen Experimenten ist es sehr vorteilhaft einem Medium mit einem Lapis-Lazulistein mehrmals über Augen und Schläfen zu streichen und anschließend den Stein auf die Herzgrube der Sensitiven zu legen.

Granat

Granate sind in ihren Wirkungen recht negativ und schädlich, denn sie machen empfänglich für hypnotische Einflüsse und sibirische Granate hemmen gar die Denk- und Handlungsfähigkeit.

Karfunkel

Ein Karfunkel erleichtert den Lebensunterhalt seines Trägers, stärkt Willen und Selbstvertrauen und verleiht die Gabe seine Feinde zu überwinden. Der indische Karfunkel beseitigt Halsschmerzen, sowie seelische und nervöse Unruhen.

Topazolith

Der Tpazolith ist sehr empfindlich gegen Sonnenbestrahlung und ist ein stark magisch wirkender Stein, der sich besonders für okkulte Experimente eignet. Allerdings steigert er die Habgier und die niedrigen Instinkte und begünstigt die Wirkung von Giften.

Hyazinth

Der Hyazinth stimmt fröhlich und optimistisch und ist durch seine Zugehörigkeit zur Sonne, unbedingt vor Mondlicht zu schützen.

Zircon

Der arabische Zircon verleiht Intuition, eine leichte Auffassungsgabe und wirkt schmerzlindernd.

Melanit

Der Melanit steigert die hellseherischen Fähigkeiten seines Trägers, falls sich dieser überhaupt dazu eignet.

Almandin

Ein Almandin verleiht okkulte Kräfte aller Art.

Achate

Achate gelten als Liebessteine und fördern die Fruchtbarkeit. Besonders rosenfarbige Achate sollen den Besitzer dem anderen Geschlecht gegenüber unwiderstehlich machen und veredeln und harmonisieren das Gemüt seines Trägers. Alle Achate gelten als friedensfördernd und segensspendend, sind mächtige Glücksbringer und schützen vor schwarzmagischen und dämonischen Einflüssen.

Carneol

Carneole erleichtern den Austritt des Astralkörpers und sind für Spaltungsmagische Experimente besonders zu empfehlen.

Selenith oder Mondstein

Der Selenith oder Mondstein zieht Günstiges an und stößt Widriges ab. Der Selenith ist der Sonne feindlich und macht sehr medial und feinfühlend. Unter regelmäßigem Vollmondeinfluß entfaltet er große magische Kräfte, weckt aber auch die dämonische Natur der Frauen.

Bernstein

Von Bernstein wird behautet, daß es Magenbeschwerden und Unterleibsschmerzen lindert und Geisteskrankheit verhindert. Bernstein ist günstig für Liebeszauber.

Hämatit oder Blutstein

Der Hämatit stärkt Tatkraft und Unternehmungsgeist, macht ausdauernd und beharrlich und warnt durch Traumgesichte vor Unglücksfällen.

Magnetstein

Der Magnetstein fördert die Konzentrationsfähigkeit, gibt gesunden, traumlosen Schlaf und beruhigt erregte und überreizte Nerven. Bei schlechter Saturn- und Merkurstellung schädigt er Gehirn und Nerven.

Perlen

Perlen vertreiben Beklemmungen und Angstzustände, und verleihen starke magnetische Kräfte. In Silber oder Platin gefaßt, gelten sie als unheilvoll und bringen Tränen, Trauer und Schmerz.

Onyx

Der Onyx ist astrologisch und magisch dem Saturn zugeordnet und darf nur bei unverletztem Saturn im Geburtshoroskop getragen werden, ansonst bringt er Unheil und Leid. Bei guten Aspekten fördert er die Konzentration, verleiht Macht über andere Menschen, und gibt starke körperliche Kräfte. Er hilft große magische Fähigkeiten zu entwickeln und zwingt in berufener Hand alle Astralwesen unter den Willen seines Trägers. Der Onyx birgt die Gefahr der Entfesselung schwarzmagischer, dämonischer Gewalten und bewirkt bei schlechter Saturn Aspektierung Kummer, Leid, Trauer, Streitigkeiten und unruhigen Schlaf mit qualvollen Träumen.

Der weiße Sardonix ist günstiger in seiner Wirkung, fördert die Harmonie einer gewollten Einsamkeit und gilt als Stein der Priester und Mönche.

Noch eine Reihe weiterer magisch bedeutsamer Steine und Halbedelsteine ließen sich aufzählen und in ihrer Wirkung beschreiben, doch sollten die hier genannten für eine magische Anwendung genügen.

Jeder Edel- und Halbedelstein besteht nach okkulter Ansicht wie überhaut alles, aus einem positiven und einem negativen Einfluß. Je nach Aspektierung der Planeten im Geburtshoroskop (Quadraturen und Oppositionen gelten als Einfalltore negativer Wirkungen; Konjunktionen und Trigone als günstige Einstrahlungen) kann die Kunst der Edelsteinmagie zu einer deutlichen Verbesserung der körperlichen-, seelischen und geistigen Eigenschaften ihres Trägers beitragen.

Durch Edelsteinmagie, lassen sich latent vorhandene magische Kräfte wecken, kann man die Gesundheit fördern und harmonisierend auf Astral- und Mentalkörper des Menschen einwirken. Je nach erreichbarem Ziel wende man den einen oder anderen Stein an, um eine Eigenschaft oder einen Einfluß zu unterstützen oder im umgekehrten Fall, eine Wirkung zu schwächen. Im Zweifelsfalle, wenn man sich über die Wirkung eines Steines im unklaren ist, befrage man stets ein Pendel über die vorhandene glücks- oder unglücksbringende Wirkung eines Edelsteines.

Das Wissen um die Verwendung besonderer Edelsteine auf bestimmten Körperstellen, respektive auf den Chakra ist uralt und heutzutage leider nur noch rudimentar vorhanden. Die alten wissenden Völker trugen ihren "Schmuck" noch ganz bewußt nach den esoterischen Lehren, und das Tragen von Broschen, Brustschmuck und Halsketten, basiert ja eigentlich nur auf diesem alten Weistum, auch wenn es heutzutage mehr modischen und Prestigegründen entspringt.

Die Weihung magischer Gegenstände

Magische Geräte sind Heiligtümer für den Eingeweihten und dienen dazu, im Magier einen besonderen Bewußtseinszustand herzustellen, den dieser zur erfolgreichen Ausführung seiner Operationen benötigt.

Um einen magischen Gegenstand, etwa ein Amulett, einen Stab, einen Talar usw. seiner späteren Verwendung zuführen zu können, muß er vor seinem Gebrauch mit dem Fluidum des Magiers und dessen geschultem Willen geladen werden.

Das Laden von Ritualobjekten

Zum "Laden" praktiziere man etwa zehn Minuten den Vollatem, räuchere etwas Weihrauch oder Sandelholz, zünde eine Kerze an und entspanne sich soweit als möglich. Vorteilhaft ist es auch, sein Bewußtsein kurz in jeden einzelnen Körperteil zu versetzen, und sich dadurch in einen entrückten und feierlichen Zustand zu bringen. Besitzt man rituelle Kleidungsstücke (Seidenmantel, Hut, Stab, Schwert usw.) ziehe man sie an, bzw. lege sie neben sich und begebe sich zu einem vorbereiteten Tisch, Altar oder ähnlichem.

Nun beginnt die eigentliche Arbeit, die zweckmäßigerweise durch das kleine bannende Ritual des Pentagramms (siehe hierzu das entsprechende Kapitel an einer anderen Stelle dieses Buches) eingeleitet werden kann, um den Raum von unerwünschten Kräften zu reinigen. Ist dies geschehen, stelle man den gewünschten Gegenstand, sorgfältig her, unter ständiger und intensiver Konzentration einer geeigneten Wunschformel (z.B. "Diese magische Glyphe verleiht mir Schutz in allen Bereichen").

Nun imaginiere man, daß mit jedem Atemzug, Od aus Stirn und Solarplexus (eventuell auch aus der Nase) in Form eines leuchtend-weißen Strahles in den Gegenstand überfließen. Während man sich auf die Odabgabe konzentriert, denke man weiterhin intensiv an die Wunschformel. Nach und nach wird man bemerken, wie sich der Gegenstand mit der magischen Formel und dem Od des Experimentators auflädt. Besonders sensitive Personen werden feststellen, wie der zu ladende Ritualgegenstand nach und nach anfängt zu leuchten.

Nach einiger Zeit, stelle man sich vor, daß sich ein weißer Ring um das Objekt bildet und dieses vollständig einhüllt. Der magische Gegenstand (Quadrat, Siegel, Talisman usw.) ist nun einsatzfähig und mit der Willenskraft des Magiers aufgeladen. Je stärker man die Lichtkraft aktivierte und je vollkommener sie in das Objekt übertragen wurde, umso stärkere Wirkung besitzt nun der magische Gegenstand.

Das Entladen magischer Gegenstände

Magische Siegel, Glyphen, Talismane, Amulette und andere Ritualgegenstände, müssen auf besondere Art und Weise entladen werden, damit nach Beendigung ihres Verwendungszwecks keine Reperkussion (Verbindung) mehr zwischen Objekt und Hersteller bestehen bleibt, was ziemlich negative Folgen haben könnte.

Die Vorgehensweise zur Entladung eines magischen Gegenstandes ist folgende: Imaginieren sie einen Lichtkreis um das Objekt, dessen Wirkung sie aufheben wollen. Dieser Lichtkreis ist Kraft der Vorstellung in immer schnellerer Bewegung um das Objekt rotieren zu lassen, wobei man sich darauf konzentriert, daß der Lichtkreis langsam an Helligkeit und

Intensität verliert und immer dunkler wird. Dies vollzieht man nun so lange, bis das Objekt vollständig von einem schwarzen Fleck bedeckt ist. In Gedanken wiederhole man dabei unter stärkster Konzentration: "Die Wirkung des Gegenstandes ist vollständig aufgehoben".

Danach nehme man das Siegel oder die Glyphe, verbrenne sie und begieße die Asche mit Wasser. Das Gefäß mit Asche und Wasser, halte man symbolisch in die Luft und vergrabe anschließend beides in der Erde. Das Objekt ist auf diese Weise den Elementen Feuer, Wasser, Luft und Erde ausgesetzt worden und seine Wirkung ist dadurch vollständig aufgehoben und erloschen.

Da alle magischen Hilfsmittel in jedem Magier ein besonderes Ehrfurchtsgefühl hervorrufen sollen und müssen, ist es angebracht, sie vor den Augen uneingeweihter Personen verborgen zu halten. Es wird damit ebenfalls vermieden, daß die Odkräfte fremder Menschen diese Ritualgegenstände profanieren und dadurch entweihen.

Der Magier sei sich jederzeit dessen bewußt, daß alle magischen Geräte kosmische Reliquien symbolisieren mit denen ehrfurchtsvoll umzugehen ist. Je sorgfältiger und aufmerksamer man mit magischen Werkzeugen umgeht, um so wirkungsvoller sind diese.

Nach den Gesetzen der Ritualmagie wird durch den häufigen Gebrauch eines magisch geweihten Gegenstandes, eine Dynamide (Kraftballung) erzeugt, die imstande ist, automatisch die gewünschten Resultate hervorzubringen, Hierin liegt das Geheimnis der oft Jahrhunderte überdauernden Wirkung mancher magischer Gegenstände.

Bei den Edelsteinen die beim Öffnen des Grabes des Tutenchamun gefunden wurden und die für den Tod zahlloser Menschen verantwortlich waren, handelte es sich um besonders geweihte Ritualmagische Objekte, die darüberhinaus noch mit einem starken Fluch ausgestattet waren.

Das magische Lichtritual

Eine magische Lampe oder Kerze ist für den praktisch arbeitenden Okkultisten nicht nur ein banaler Gegenstand, sondern vielmehr ein Symbol der eigenen Erleuchtung, Erkenntnis und Intuition. Das Anzünden einer Kerze innerhalb eines okkulten Experiments oder einer magischen Operation soll nicht nur den Raum erleuchten, sondern vielmehr die inneren, verborgenen Kräfte und Fähigkeiten des Operateurs freisetzen und zur Entfaltung bringen.

Vor dem Anzünden von Kerzen oder Fackeln, die für rituelle, magische oder meditative Zwecke verwandt werden sollen, empfiehlt es sich deshalb ein besonderes Lichtritual zu zelebrieren. Durch dieses Ritual sollen helfende Kräfte evoziert und der Erfolg der nachfolgenden Operation gesichert werden. Auch übt die Ausführung sich ständig wiederholender kultischer Rituale frappierende Wirkungen auf das Unterbewußtsein aus.

Die Kerzen entzünde man ritualmäßig immer mit einem Fidibus (Papierstreifen) oder einer Hilfskerze. Zum Löschen der Flamme verwende man stets einen besonderen Kerzenlöscher, denn das Ausblasen einer Flamme zerstört den astralen Kraftaufbau- und Kraftzuwachs.

Zur sakralen Entzündung der Lichter spreche man die folgenden Worte:

"Heiliger Geist, der du göttlich bist,
Der du Anfang der Welt warst,
Der du noch heute in mir bist,
Der du in allen Geschöpfen der Erde wohnst,
Der du überall im Kosmos schwebst,
Ich rufe dich! Gib mir Licht!"

Nun entzünde man in tiefem Ernst und unter voller Konzentration die bereitgestellten Kerzen oder Fackeln und spreche:

"Im Namen derjenigen Kraft
die der Erde das Licht brachte, rufe ich:
Es werde Licht! Es werde Licht! Es werde Licht!"

Nach jedem Aufleuchten einer Flamme verneige man sich dreimal. Sind alle Kerzen entzündet, spreche man vernehmlich:

"Es wurde Licht! Ich bin erleuchtet!
Ich bin in der Helle! Um mich ist Finsternis"

Arbeitet man mit planetarischen Kräften ist es selbstverständlich die den Planeten analoge Zahl von Kerzen zu verwenden, so zum Beispiel für:

Saturn	-	3 Kerzen	Merkur	-	8 Kerzen
Jupiter	-	4 Kerzen	Mond	-	9 Kerzen
Mars	-	5 Kerzen	Uranus	-	10 Kerzen
Erde	-	6 Kerzen	Neptun	-	11 Kerzen
Venus	-	7 Kerzen	Sonne	-	12 Kerzen

Mit einem Gong kann man zusätzlich die magische Zahl der zu evozierenden Planetenkräfte intonieren, um leichter in Kontakt mit den gewünschten Kräften zu gelangen und um eine bessere seelische Empfangsbereitschaft in sich aufzubauen.

Pendelmagie

Seit alters her, ist die Praxis der Pendelforschung geschichtlich bekannt. Bereits bei den Kulturvölkern des Altertums gehörte der Pendel zur Magie der Orakel. Der römische Schriftsteller, Ammianus Marcellinus beispielsweise beschreibt ein Pendelorakel schon zur Zeit des Kaisers Flavius Valens (364 - 378).

In neuerer Zeit befaßten sich unter anderem Freiherr von Reichenbach, Prof. Karl Bähr, Dr. H. Langbein, Friedrich Kallenberg, F. Feerhow, Dr. H. Voll, A. F. Glahn, Prof. Dr. M. Benedikt, Dr. Karl Erhard Weiß, Ing. Ludwig Straniak, Ing. Johannes Zacharias, Dr. E. Clasen, Dr. Ferd. Maack und viele andere mit der Erforschung des siderischen Pendels.

Als Auslöser der Pendelschwingungen wird in der okkulten Wissenschaft die radioaktive Ausstrahlung des menschlichen Körpers angenommen. Durch das Zusammentreffen von Odstrahlen der menschlichen Hand mit denen des siderischen Pendels entstehen nach Meinung vieler Pendelforscher dynamische Wirbelbewegungen, die den Pendel mitreißen und zu einer Bewegung veranlassen.

Was verursacht jedoch die Bewegungen des Pendels bei rein mentalen Versuchen (bekannt als geistiges Pendeln) bei denen kein strahlendes Objekt vorhanden ist? Wirken hier Dynamiken der Psyche, die Gedankenkräfte allein durch den menschlichen Willen auslösen, oder spielen hier gar, sogenannte jenseitige Kräfte eine Rolle?

Für den bekannten Schriftsteller zahlreicher wertvoller esoterischer Werke, Karl Spiesberger werden diese Pendelbewegungen durch ein, einer unbekannten

Dimension entstammendes Agens verursacht. Für ihn ist, wie für viele andere auch, das Pendel ein magisches Instrument in der Hand des Berufenen.

Pendeln kann man im Gegensatz zur landläufigen Meinung nicht einfach von selbst, die Kunst des Pendelns muß vielmehr wie alle Fertigkeiten und Fähigkeiten erlernt und trainiert werden. Für die Erlernung der Kunst des Geigespielens braucht man viele Jahre, wenn man sich überhaupt dafür eignet, genau so verhält es sich mit der Kunst des Pendelns. Nur durch Ausdauer, Fleiß und eine gewisse Begabung ist es möglich, brauchbare Resultate zu erhalten.

Sehr wichtig bei Pendelversuchen ist nun, alle Gegenstände mit denen man experimentieren will vorher gründlich zu entoden, um sie von fremden Einflüssen zu reinigen. Eine Überprüfung kann man durch das Pendel mit geistiger Einstellung auf fremde Kraftstrahlungen vornehmen. Pendelstillstand zeigt an, daß der Gegenstand von fremden Strahlungen rein ist.

Aus diesen Gründen gebe man seinen Pendel auch niemals aus der Hand und verwahre ihn in ein schwarzes Seidentuch eingeschlagen, gut auf.

Vor Beginn aller Versuche ode man den Pendel immer ein, um leichtere Ausschläge zu erhalten. Hierzu nimmt man ihn in die geschlossene rechte Hand und behaucht ihn dreimal unter stärkster Konzentration. Zur Verstärkung des Pendelausschlages ist es ebenfalls günstig, den Pendel ab und zu in Vollmondnächten den Einstrahlungen des Mondlichtes auszusetzen.

Wesentlich für ein erfolgreiches Experimentieren ist auch die Wahl des richtigen Pendels. Niemals arbeite man mit einem Pendel, gegen das man eine Abneigung verspürt. In der Praxis haben sich sogenannte Spiralpendel durch ihren 6-fach verstärkten Ausschlag als ganz besonders wirksam erwiesen.

Auch die Entscheidung für eine bestimmte Hand- und Fingerhaltung beeinflußt das Pendelergebnis. Aus diesem Grund und um Fehlerquellen so gut wie möglich auszuschließen empfehlen okkulte Forscher folgende Pendelhaltung:

Schließen sie die Faust der rechten Hand, strecken sie den Zeigefinger aus und befestigen sie die Schlinge des Pendels am ersten Glied (Nagelmond) dieses Fingers. Stützen sie den Ellenbogen fest auf den Tisch und halten sie das Pendel etwa 1-2 cm über den auszupendelnden Gegenstand. Die Körperhaltung besonders des Armes ist dabei völlig entspannt und passiv.

Im geistigen konzentriere man sich auf die erwarteten Pendelausschläge, ohne jedoch und dies ist von ganz besonderer Wichtigkeit; irgend eine bestimmte Einstellung oder Erwartung zu hegen.

Die linke Hand wird während des Pendelns zweckmäßigerweise hinter den Rücken gehalten, wobei sich Daumen und Zeigefinger nicht berühren dürfen. Der Blick auf die Spitze des Pendels gerichtet, was die innere geistige Einstellung und Erwartung sehr unterstützt. Man darf jedoch auf gar keinen Fall, eine imaginäre Pendelbahn in Gedanken vorzeichnen, dies wäre eine gewaltige Störung des Pendelresultats.

Auspendelung von Metallen

Zu Anfang übe man sich im Erpendeln von Metallen und

lege für den ersten Versuch ein Stück Gold (Ring, Kette, Armband...) unter das Pendel. Ruhigen Gedankens und in entspannter Haltung warte man nun einige Zeit.

Die erste Pendelbewegung wird in den meisten Fällen nicht lange auf sich warten lassen und ein inneres Erlebnis auslösen. Bewußt fühlt man, daß nicht der eigene Arm die Pendelbewegung hervorruft, sondern ein Spannungsverhältnis zwischen Pendel und Pendelobjekt.

Das Pendel wird über dem Edelmetall ruhige, weite Rechtskreise vollführen, je nach dem Reinheitsgrad des verwandten Goldes. Nun gehe man zur systematischen Erforschung des okkulten Gebietes der Pendelmagie über und widme sich der Auspendelung aller verfügbaren Metalle. Man wird hierbei feststellen, daß Silber kreisartige Linksdrehungen, mit Neigung zur Ellipse aufweist. Eisen schwingt in der Diagonalen von links oben nach rechts unten. Blei führt zu Linkskreisen und Kupfer zu Rechtskreisen. Jedoch können die Ergebnisse je nach verwandtem Material aus dem der Pendel hergestellt ist, variieren.

Gradpendeln

Hat man in der Auspendelung von Metallen eine gewisse Fertigkeit erlangt und fühlt man sich sicher, gehe man vom Schwingungspendeln zum Gradpendeln über. Hierzu nehme man eine Papierscheibe die mit einer Gradeinteilung von 360 Grad versehen ist und die in der Pendelliteratur als Dynamischer Kreis bekannt ist.

Jeder Körper hat seinen bestimmten Grad, in dem er pendelt und den man durch eine richtige geistige

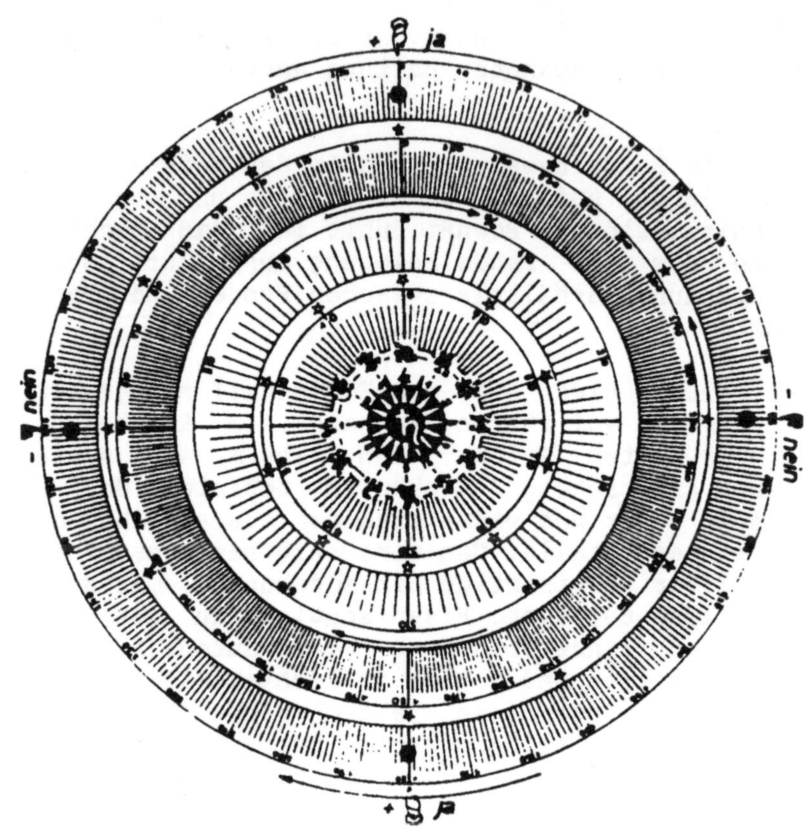

PENDELSCHABLONE MIT 360 GRAD-EINTEILUNG

Einstellung erfühlen kann. Hier berührt das Gebiet der Pendelmagie bereits die Magie der Zahlen, wie ja jede magische Disziplin mit allen anderen verbunden und verknüpft ist.

Den dynamischen Kreis (siehe Abbildung) lege man nun so vor sich, das der Nullpunkt (0 Grad = 360 Grad) nach oben weist. Der auszupendelnde Gegenstand wird in die Kreismitte gelegt und gedanklich versuche man, den diesem Gegenstand eigenen Schwingungsgrad intuitiv zu erfühlen und auszupendeln.

Nach Prof. Karl Bähr pendeln die nachfolgend aufgeführten Stoffe in folgenden Graden:

Metalle, Stoffe, Lebensmittel

Stoff	Grad	Stoff	Grad
Gold............	0	Wasser..........	202,5
Diamanten.......	5	Kochsalz........	260
Silber..........	45	Coffein.........	265
Reis............	100	Urin............	270
Kandis..........	100	Topas...........	290
Uran	100	Lapis Lazuli....	290
Kupfer..........	112,5	Smaragde........	302,5
Zinn............	125	Jod.............	310
Bohnen..........	132	Rubine..........	312
Honig...........	135	Saphire.........	322,5
Eisen...........	157,5	Schwefelsäure...	330
Schwefel........	180	Sauerstoff......	360

Verschiedenes

Lebensmittel..	90-180	Erde..........	260-310
Reizstoffe....	181-270	reine Gifte...	271-360

Farben

Farbe	Grad	Farbe	Grad
Weiß............	↕	Schwarz.........	↔
Anilinrot.......	215	Anilinblau......	217,5
Anilinorange....	222,5	Anilinviolett...	230
Anilinbraun.....	240	Indigblau.......	255
Grün............	300	Kobaltblau......	315

Interessant ist in diesem Zusammenhang, daß Gold und Wasserstoff in 0 Grad (Süden), Silber und Sauerstoff in 360 Grad (Norden), Schwefel in 90 Grad (Osten) und Stickstoff in 270 Grad (Westen) pendeln.

Die beiden Farben, die die Dualität des Kosmos symbolisieren weiß und schwarz pendeln ebenfalls genau entgegengesetzt: weiß ↕ und schwarz ↔ .

Hat man mit dem Gradpendeln nach einigen Versuchen gute Erfolge erzielt, wende man sich der Auspendelung des menschlichen Körpers zu.

Das Pendeln über dem menschlichen Körper

Pendelt man über einem Menschen, erhält man verschiedene, unterschiedliche Pendelbahnen, die in einem ganz bestimmten Verhältnis zueinander stehen.

Je nach Beschaffenheit der Organe pendeln; Kopf, Herz, Magen, Knie und Füße in kleinen oder weiten Kreisen, der Unterleib pendelt von Ost nach West und die Oberschenkel, sowie das Steißbein von Süd nach Nord. Gesunde Organe pendeln in normalen gleichmäßigen, ruhigen und kräftigen Bahnen und jede Abweichung, verweist hier auf gesundheitliche Störungen.

Ermittlung des Geschlechts

Am stärksten pendelt beim Menschen das Geschlecht, das man zweckmäßigerweise über der Sexualgegend erpendelt. Nach den Erfahrungen der meisten Pendler schlägt der Pendel über männlichen Versuchsobjekten Kreise und über weiblichen Versuchsobjekten Ellipsen. Findet man bei einem Mann mehr Ellipsen als Kreise, so ist dessen Veranlagung eben weiblich und umgekehrt.

Schwingt der Pendel über der weiblichen Brust und über der Vagina lebhafte Kreise, so ist gesundes, sexuelles Empfinden vorhanden. Zu große oder gar gefährliche Triebhaftigkeit wird sich durch einen entsprechend übertriebenen Pendelschwung äußern. Bei impotenten Männern und frigiden Frauen wird der Pendel nur sehr dürftig anschlagen oder ganz im Stillstand verharren.

Ermittlung der Polarität

Um näheres über die Polarität (Psyche) eines Menschen zu erfahren, pendele man über den Daumen. Normaliter zeigen Pendelschwingungen immer zur Körpermitte, also:

- linker Daumen in Uhrzeigerrichtung und
- rechter Daumen entgegengesetzt des Uhrzeigers.

So kann man bei einem Menschen feststellen, ob eine verkehrte seelische Einstellung vorliegt. Zeigen sich umgekehrte Pendelausschläge (also z.B. linker Daumen entgegengesetzt zum Uhrzeiger) sind in der Psyche des Mannes oder der Frau große Teile andersgeschlechtlicher Verhaltensweisen, Einstellungen und Wünsche vorhanden.

Aber es muß nicht unbedingt ein anwesender Mensch zur Verfügung stehen. Eine Fotografie, ein Kleidungsstück, die Handschrift, Haare, Nägel, oder von der betreffenden Person benützte (und daher odgeladene) Gegenstände genügen vollkommen.

Charakterauspendelung

Um den Charakter eines Menschen zu erpendeln, halte man den Pendel über die Brustmitte der Person und richte die geistige Einstellung auf die Auspendelung des Charakters.

Zeigen sich kleine, enge Kreise oder Ellipsen, oder gar eine senkrechte Linie, so läßt dies auf Egoismus, Hartherzigkeit und Eigenwilligkeit schließen. Ist die Linie lang und die Pendelschwingung energisch, so ist der Mensch tatkräftig, aber kalt und rücksichtslos. Sind die Kreise und Ellipsen weit und ruhig, so herrscht bei der Person geistige, regsame Kraft vor.

Sind die Schwingungen eng und werden allmählich weiter, so hat der Mensch die Enge der Kleinlichkeit überwunden und ist in seinen Anschauungen geistiger geworden.

Treten zuerst weite und danach enge Kreise oder Ellipsen auf, deutet dies auf eine ursprünglich gute Veranlagung, die im Laufe der Zeit unter den Schicksalsschlägen immer enger, kleinlicher und beschränkter geworden ist.

Erweitern sich die Formen zu einer liegenden Ellipse, deutet dies auf allgemeine Liebe zu den Menschen. Gehen die Linien nach unten zu den Füßen, so bestehen starke materielle Interressen.

Pendelt man über guten, hohen und erhabenen Menschen, schwingt der Pendel in großen weiten, ruhigen Kreisen, der Faden reicht oft nicht aus. Pendelt man hingegen über niedrigen, bösartigen, schlechten Menschen, fühlt man in sich Ekel und Abscheu aufsteigen und der Arm fängt krampfhaft an zu zucken. Findet man hier ein Ziehen des Pendels nach unten, so hat dies ungünstige Bedeutung. Entsteht gar der berühmte Querstrich Ost-West, so deutet dies auf besonders bösartige Menschen. Auch ein- oder mehrmalige Änderung der Drehrichtung, sowie Linksdrehung sind ungünstig und bedenklich in der Charakterauspendelung.

Nützlichkeit und Schädlichkeit

Durch das Pendel lassen sich selbstverständlich auch Sympathie und Antipathie zwischen Menschen, Tieren, Pflanzen und Mineralien feststellen. Ein einschließender Kreis bedeutet immer Sympathie und Zuneigung und ein Trennungsstrich Nord-Süd, Abneigung und Antipathie.

Versuchsanordnung:

Neben die linke Hand lege man den Stoff, den man auf seine Nützlichkeit oder Schädlichkeit hin untersuchen will, das Pendel halte man dazwischen. Die geistige Einstellung richte man auf Annahme oder Ablehnung. Wird die Substanz im weiten Kreis bis zur Hand eingependelt, ist sie dienlich, im anderen Fall zeigt der Trennungsstrich zwischen Substanz und Hand, Ablehnung und Schädlichkeit.

Sympahtieauspendelung

Will man feststellen, ob zwei Menschen zueinander

passen, halte man das Pendel zwischen die rechten Hände der beiden Personen und verlange Ausschläge für Zu- oder Abneigung. Sympathie zeigt sich durch einschließende Kreise, Antipathie durch Trennungsstriche.

Je lebhafter, je stärker Kreise durch das Pendel angezeigt werden, in je größerem Bogen die Hände von dem Pendel umschlossen werden, desto stärker ist die gegenseitige Sympathie.

Zeigen sich statt Kreise, Ellipsen, so deuten diese auf nur mäßiges Verstehen. Hier ist vor allem auf die Ellipsenweite zu achten, langgezogene schmale Ellipsen sind ungünstiger als solche, die sich der Kreisform nähern.

Verbindungsstriche von Hand zu Hand weisen auf sehr lose Beziehungen. Es geht gerade noch.

Trennstriche zeigen unmißverständlich Abneigung und Antipathie an. Es bestehen keinerlei Verständigungsmöglichkeiten.

Mitunter zeigen sich Pendelschwingungen die im scheinbaren Widerspruch zueinander stehen. Die Größe der Kreise wechselt oder sie gehen in einen Verbindungsstrich oder gar einen Trennungsstrich über, dem möglicherweise wieder Einkreisungen folgen. Störung der Harmonie, wechselvolle Zuneigung mit vorübergehender Trennung müßte das zusammenfassende Urteil des Pendelexperten lauten.

Auspendlung von Symbolen

Ein weiteres wichtiges Gebiet ist die Auspendelung von Symbolen. So kann man astrologische Symbole, magische Worte, Glyphen, Runen und der gleichen mehr auspendeln, denn Symbole sind nach okkulter Lehre kosmisch gebundene Kräfte.

Man erfährt durch das Symbolpendeln, die einem Symbol innewohnende Kraft und kann feststellen, ob es sich um positive oder negativ gebundene Kräfte handelt. Man kann feststellen, ob es sich um astrale oder mentale, um sympathische oder antipathische Schwingungen handelt. Und weiter, ob dieses Symbol eine kosmische Glyphe oder eine menschliche Kraft darstellt.

Auf einem Blatt Papier zeichne man ein beliebiges Symbol (Kreis, Quadrat, Dreieck...) zunächst ohne jede Konzentration und innere Einstellung, also rein mechanisch. Danach fertige man das gleiche Symbol unter stärkster Imagination mit Vorstellung seiner magischen Ideenentsprechung und vergleiche, in wieweit die Ausschläge voneinander abweichen.

So untersuche man die wichtigsten Symbole; Kreis, Dreieck, Quadrat, Pentagramm usw. Zuerst frage man bei der Auspendelung eines Symbols;

- nach dessen Kraft, Stärke und Dynamik und später
- nach dessen Idee oder Entsprechung.

Indem man ein Symbol auf den Kopf stellt, ändert man dessen kosmische Lagerung und verwandelt dadurch ein positives Symbol in ein negatives. Auch dies pendele man gewissenhaft aus. Man wird zum Beispiel bei einem mit der Spitze nach oben weisenden Dreieck, Pentagramm oder einem Kreis rechtskreisende Pendelbahnen feststellen können, wohingegen Dreieck und Pentagramm mit der Spitze nach unten gerichtet, genau wie ein Quadrat waagrechte Querstriche ergeben.

So sind die Zweiggebiete des Symbolpendelns und des Auspendelns über Edelsteinen und Metallen unerläßlich um zum Beispiel Talismane und Amulette auf ihre Wirksamkeit zu überprüfen. Das Pendel kann hier Aufschluß über die Art der gebundenen Kräfte geben, ob das Amulett Kräfte anzieht oder abstößt, ob es schützend oder rufend wirkt und welche Kraft es in sich birgt und besonders wichtig, ob es zu seinem Träger in harmonischer Beziehung steht oder nicht.

Runenpendeln

Die achtzehn Runen des Futhark symbolisieren als Urzeichen "kosmische Feinstromkräfte", die beim Pendeln charakteristische Diagramme aufweisen. Um tiefer mit ihrem Symbolgehalt und ihrer Bedeutung zu verschmelzen, empfiehlt es sich zumindest die wichtigsten Runen zu bependeln. Hierzu zeichnet man eine Rune auf ein Blatt Papier und singt bzw. denkt den Namen der Rune, bis das Pendel in Schwingungen gerät. Als sinnvoll hat es sich ergeben, zunächst mit den Runen "IS", "MAN" und "HAGAL" zu experimentieren, bevor man zu anderen Runen übergeht.

Auch die Auspendelung einer Runenstellung und eines Runengriffes, die eine zweite Person stellt ist nach Spiesberger möglich. Hier bietet sich dem interessierten Forscher ein weites und lohnendes Gebiet, die erzielten Ausschläge von Runensymbol-, Stellung- und Griff miteinander zu vergleichen.

Überprüfung auf Virginität

Durch das Pendel läßt sich auch die Jungfräulichkeit einer Frau feststellen. Hierzu halte man das Pendel über die Sexualgegend des Mädchens und verlange Pendelausschlag bezüglich der Jungfräulichkeit. Nachdem das Pendel in Schwingung ist, berühre man die Stirn der Frau mit dem Zeigefinger. Bei noch intakter Jungfräulichkeit bleibt das Pendel stehen. Bei bereits stattgefundenem Geschlechtsverkehr schwingt der Pendel unvermindert weiter. Berührt man aber mit dem Finger ein Bild des Deflorierers (des Mannes der als erster mit dieser Frau Geschlechtsverkehr hatte), wird das Pendel gehemmt und kommt nach kurzer Zeit zum völligen Stillstand. So unglaublich dieser Vorgang auch erscheint, so kann er doch von jedermann der Willens dazu ist, nachgeprüft werden.

Geistiges Pendeln

Das wohl interesanteste aber auch subtilste Gebiet der Pendelforschung ist die Auspendelung von Zukunftsereignissen und eine noch ungeklärte Frage ist, antwortet uns hier unser eigenes Unterbewußtsein oder handelt es sich gar um Kundgebungen jenseitiger Wesen aus der Transzendenz?

Die Praxis des geistigen Pendelns ist denkbar einfach: Im Geiste richtet man eine Frage an den Pendel, den dieser beantworten soll. Man vereinbart dabei, daß ein Ja, einen senkrechten Pendelstrich und ein Nein, einen waagrechten Strich ergeben soll. Steht der Pendel still, oder zeigt sich zitternde Pendelunruhe, so bedeutet dies, daß die Frage nicht beantwortet werden kann.

Bei derlei Versuchen, denke man jedoch immer daran, daß die eigenen Wünsche und Gedanken, stark dazu in der Lage sind die Pendelbahnen zu beeinflussen, denn Gedanken sind nach magischer Lehre feinstoffliche Ätherkräfte!

Begibt man sich in dieses dunkle Gebiet, ist die

oberste Forderung eine strenge Kritikfähigkeit! Nur allzuoft beeinflussen unser eigenes Wunschdenken oder unsere unbewußten Regungen den Verlauf der Pendelbahnen.

Auch Mitteilungen aus dem Astralreich stehe man skeptisch gegenüber. Nach Spiesberger sind es in der Regel niedere, unwissende Spirits (Geister Verstorbener), die die Pendelbahnen beeinflussen und mit dem Pendelforscher ihr Unwesen treiben. Selbst wenn die erzielten Ergebnisse und Resultate stimmen, bleibe man weiter mißtrauisch und bewahre eine gesunde Skepsis. Zu oft nur, ist es in der Vergangenheit vorgekommen, daß anfänglich erhaltene Mitteilungen über zukünftiges sich als richtig erwiesen haben. Im Vertrauen auf die Korrektheit weiterer Mitteilungen aber ein großer Schaden entstand, als spätere Antworten sich als falsch herausstellten.

Unendlich viele andere Anwendungsmöglichkeiten für den Einsatz des Pendels sind noch denkbar und angeraten. Der Interessierte sei hierzu auf die beiden hervorragenden, Standardwerke "Pendelmagie" von Gregor A. Gregorius und "Der erfolgreiche Pendelpraktiker" von Karl Spiesberger verwiesen, die eine Fülle weiterer Forschungsmöglichkeiten gerade im magisch-okkulten Bereich bieten.

Spiegelmagie

Eines der rätselhaftesten, dunkelsten und gleichzeitig unerforschtesten Gebiete praktischer Magie ist die Spiegelmagie. Vergleichbar mit der Pendelmagie, zeigt sie bereits dem Neophyten der Geheimwissenschaft schon von Anfang an unerklärliche Resultate und Auswirkungen, sofern dieser auch nur im mindesten für dieses Gebiet prädestiniert ist.

Für die Wahl des magischen Spiegels empfiehlt Gregorius in seinem vorzüglichen Werk zur Spiegelmagie (Magischer Brief I; Spiegel und Kristallmagie) die Verwendung eines Hohlspiegels aus geschliffenem Glas, mit einem Belag aus Quecksilber oder Teer auf der Rückseite, der aber auf gar keinen Fall vergrößern darf.

Als erstes befreie man den Spiegel von allen fremdem Einflüssen und schädlichen Odstrahlen, indem man ihn eine Zeitlang unter fließendes Wasser hält und nachträglich zusätzlich entodet. Sehr günstig ist es auch, ein magisch wirksames Symbol auf der Rückseite des Spiegels, beispielsweise ein anziehendes Pentagramm, anzubringen. Um die Wirkung des Spiegels weiter zu erhöhen, setze man ihn zusätzlich in Vollmondnächten dem Mondlicht aus, verhülle ihn nach seinem Gebrauch in schwarzer Seide und achte darauf, daß er danach von keinen Sonnenstrahlen mehr getroffen wird. Selbstverständlich darf man auch keinen Fremden in den so präparierten Spiegel sehen lassen, um eine Vermischung mit fremdem Od zu vermeiden.

Je kultischer und ritueller man mit einem magischen Spiegel verfährt, um so bessere Resultate wird man erzielen.

Den Spiegel stelle man zu experimentellen Zwecken auf einen Tisch und richte ihn so aus, daß der Blick nach Süden weist. Den Tisch bedecke man mit einem schwarzen Seidentuch oder schwarzem Samt und gruppiere drei Kerzen rechts, links und hinter den Spiegel, so daß der Kerzenschein die Siegelfläche nicht trifft. Der Autor hat aber auch günstige Resultate erreicht indem er den Spiegel (rechteckige Form, auf der Rückseite mit einem fluidischen Kondensator bestrichen und mit der nachfolgenden Anziehungsglyphe versehen) in beiden Händen hielt.

Zur Sicherheit bei diesen etwas fortgeschritteneren Experimenten verwende man Schutzglyphen (siehe das Kapitel: "Die Magie der Glyphen") auf Brust und/oder Stirn. Günstig ist bei Kenntnis, die Beachtung der magisch evidenten astralen Einfallstore (Voll- oder Neumond, Quadraturen, oder Mondstand im Steinbock, Skorpion, Wassermann und Krebs).

Sind alle Vorbereitungen getroffen und hat man sich in die nötige Ruhe und Harmonie gebracht, atme man rhythmisch ein und aus. Der geschulte Blick (vgl. "Schulung des zentralen Blickes") ist unverwandt auf die Nasenwurzel gerichtet, ohne im mindesten mit den Augen abzuweichen oder zu blinzeln. Nach einiger Zeit wird sich die Spiegelfläche in eine weiße oder graue Scheibe verwandeln, in der sich nach und nach wolkige Gebilde zeigen. Von der Spiegelfläche geht zu diesem Zeitpunkt eine stark suggestiv wirkende, und einschläfernde Kraft aus, der man aber auf gar keinen Fall nachgeben darf.

Verharrt man weiter in diesem Trancezustand, zeigen sich nach einiger Zeit und regelmäßiger Praxis Gestalten, Orte, Astralwesen und dergleichen mehr.

GLYPHE FÜR SPIEGELMAGISCHE EXPERIMENTE

Kraft der geschulten magischen Konzentration ist es nun möglich, bestimmte Personen im Spiegelbild erscheinen zu lassen und diese wenn, es der Wunsch des Magiers sein sollte, durch Bildzauber mit einem Lichtbild oder mit einer vorher angefertigten Wachsfigur zu beeinflussen.

Stets spreche man nach Abbruch eines Spiegelexperiments eine magische Entlassungsformel um die evozierten Kräfte wieder zu bannen, auch wenn der Versuch zu keinem Resultat geführt haben sollte. Durch jegliche magische Praktik und insbesondere durch spiegelmagische Techniken strahlt der Experimentator gleich einem Sender Wellen in die Astralebene ab, die die verschiedensten Wesen dieser Ebene anlocken und herbeiziehen.

Beispiel für eine magische Entlassungsformel:

"Im Namen des allmächtigen Gottes,
im Namen des Vaters, des Sohnes
und des Heiligen Geistes,
im Namen von Jesus Christus,
im Namen von Adonai
entlasse ich alle herangeführten Wesen
und befehle ihnen sich zu entfernen -
Kraft meines allmächtigen göttlichen Willens!
Im Namen von Adonai: Entweichet!"

Im folgenden sind die Erlebnisberichte einiger Experimentatoren angeführt, die sich mit dem Phänomen der Spiegelmagie beschäftigt haben.

Erlebnisbericht des Autors zur Spiegelmagie:

"Am Montag dem 30.01.1978 nahm ich ein weiteres Spiegelexperiment bei Kerzenlicht vor. Nach kurzer

Konzentration schauten mich aus dem Spiegel zwei bösartige Augen an. Mein Antlitz verschwamm in vollkommener Schwärze, bis auf ein Paar grauenhafter, glühender, kohleartiger Augen. Ein schauderhaftes Empfinden machte sich in mir breit. Angstzustände stellten sich ein. Ich hatte das Gefühl, als befinde sich ein dämonisches Wesen in meinem Rücken, welches mich mit teuflischen Blicken fixiert. Dieses Gefühl berührte mich so stark, daß ich sogar jetzt nach Abbruch des Experiments, noch eine Gänsehaut habe und vor Grauen nicht mehr in der Lage bin, mich weiter im Experimentierzimmer aufzuhalten.

Dieser Versuch schockierte mich derart, daß ich die genannten Spiegelexperimente zeitweise völlig abbrach. Doch schon nach einigen Wochen zog es mich von neuem, zu weiteren Spiegelpraktiken, die ich allerdings bei Tageslicht und nicht mehr an einem Saturntag vornahm. Das beschriebene starke Angstgefühl stellte sich nun nicht mehr ein, aber nach Beendigung der Experimente fühlte ich mich sehr geschwächt und bemerkte sogar dunkle Ringe unter den Augen.

Darüber etwas beunruhigt, wandte ich bei meinen weiteren Versuchen auf Anraten von Karl Spiesberger eine Schutzglyphe an.

Diese Glyphe zeichnete ich unter starker Konzentration mit schwarzer Tinte auf ein Stück Pergament und trug sie bei allen Experimenten auf der Brust. Seither bemerkte ich keine Schwächezustände oder gar Schwindelgefühle mehr bei meinen spiegelmagischen Versuchen, allerdings, sind auch die erzielten Resultate und beginnenden Trancezustände lange nicht mehr so stark und interessant wie bei Experimenten ohne Verwendung einer Glyphe".

Der nächste Bericht über einen gelungenen spiegelmagischen Versuch ist dem Buch "Experimentalmagie" von Dr. Klingsor (Pseudonym für Prof. Dr. Adolf Hemberger, Gießen) entnommen und schildert die Erlebnisse eines Schülers dieses Autors:

Protokoll eines Spiegelerlebnisses, aufgeschrieben 30 Minuten später:

"Heute ist Samstag der 24. Juni, 17 Uhr. Seit heute morgen, 6 Uhr habe ich im Pressevertriebshaus gearbeitet, um 16 Uhr meine Arbeit beendigt und bin wie gewohnt ins Schwimmbad gegangen. Nachher beim Ankleiden, bzw. Abtrocknen in der Einzelkabine kam mir der Gedanke des Spiegelversuchs in den Sinn. Ich hatte ihn schon öfters durchgeführt, doch war nichts passiert. Ich stellte mich ganz nackt vor den Spiegel in stehender, geschlossener Haltung, die Hände vor der Brust gefaltet (wie bei der Übung des Sonnengebetes) schaute auf die Nasenwurzel und summte Mantrams: Ram - Rein - Rum, Hram - Hraim - Hrum usw.

Die Augen werden zu winzig kleinen, harten Knöpfen mit rasiermesserscharfem Lichtreflex. Die Augenhöhlen sind dagegen weit, tief und blaß. Das Gesicht scheint nur aus Obergesicht zu bestehen. Der summende Ton der Mantrams, die M-Wellen, zieht sich wie ein Faden durchs Gehirn. Das Gesicht läßt sich mühelos in dieser milchverschwommenen Schwere halten, nur die winzig kleinen Augen bereiten mir Unbehagen. Ich rücke mit dem Gesicht näher an den Spiegel, drücke fast die Stirn an das Glas.

Da überkommt mich ein Liebesgefühl, mein Gesicht zu lieben, zu küssen, den Kopf zu umarmen. So wäre wohl die echte narzistische Liebe, geht es mir durch den Kopf, und die Sache wird mir zu dumm.

Da das angebliche Tier, mein Ebenbild ohne Maske, doch nicht erscheint, breche ich das Spiel ab, trete zurück und schalte von der weitsichtigen Sehweise auf die scharfe Nahsicht um. Da steht das Tier oder der Urmensch. Ein Schlag, der mich fast umwirft, nur die dauernd gesummten Mantrams scheinen mich vor dem Wahnsinn zu bewahren. Das Tier, der Mensch, ist mir vollkommen fremd, belauert mich lautlos, scheint über mich herfallen zu wollen. Er hat den Kopf eines Neandertalers, wirre Haarbüschel um die Stirn. Diese ist stark fliehend mit großen Augenbrauenwülsten, breiter, kleiner, unförmiger Nase, schweren Augenbrauen, massivem, grobschlächtigem Unterkiefer, längliches Gesicht und breite Backenknochen, der nackte Oberkörper nach vorne gebeugt, die Arme pendeln lose nach vorn. In jedem Augenblick erwarte ich die unartikulierten Laute, dumpf und hohl, laut wie Löwengebrüll.

Ich breche den Versuch sofort ab, doch schien es mir wie eine Ewigkeit. Nur langsam wandeln sich im Spiegel die Gesichtszüge. Ich lächle hinein, doch erkenne ich noch immer die eben gesehene Schau, die zähflüssig dem mir bekannten Gesicht weicht. Ich fühle mich schwach und zittere am ganzen Körper. Beim Ankleiden habe ich folgende Gedanken: Bin ich, oder war dieser Urmensch in mir stärker... Er erschien mir noch als echtes Tier, doch kein Affe mehr. Ich werde ihn zeichnen. Er sieht brutaler und grobschlächtiger aus als die gezeichneten Figuren von Hans Müller, die ich fand und daneben elegant aussahen. Ich habe vor, dieses Tier in anderen Menschen zu beobachten und zu zeichnen. Mir schießen dabei Bilder von Kokoschka durch den Kopf z.B. "Ruth". Ich werde den Menschen etwa 10 Minuten unentwegt anstarren und ihm gut zureden, ihm eine Stütze dabei sein, uns beide dabei in Kontrolle haltend, objektiv

DIE BESCHWÖRUNG DER TIEFENKRÄFTE

betrachtet und die Schwelle überschreitend.

Werde ich in Zukunft ungestraft und ohne Mißtrauen in den Spiegel schauen können? Wird mein durch die Zivilisation und Kultur, durch die Generationen der Ahnen aufgebauter Staudamm (die fünfte Schicht) den vier anderen Schichten widerstehen können, oder fegt der Druck alles wie Firnis beiseite?... Ist diese, wenn auch negative Schau eine Folge der Verinnerlichung, aus dem Sonnengebet entstehend? Die Gefahr dieses Hineininterpretierens besteht nicht, da dieses Bild außerhalb meiner Kontrolle bestand mit ungeheurer Wucht und nie gesehener Elementargewalt. LSD habe ich nun nicht notwendig. Für eine Innenschau kann ich diesen Weg weiter beschreiten (mit Hilfe von Dr. H...)".

Hiermit endet dieser ungewöhnliche Bericht. Ein gänzlich anderes Erlebnis spieglmagischer Schau, beschreibt Karl Spiesberger in seinem Buch "Magische Praxis":

"Unvermutet, mehr durch Zufall, wurde ich auf die spiegelmagischen Phänomene aufmerksam. Während einer Anrufung, es war eine der planetarischen, blickten wir, mein Partner und ich, in den vor uns befindlichen großen Stehspiegel. Eine Anzahl im magischen Kreis aufgestellter Kerzen erhellten deutlich Gesicht und Gestalt. Nach kurzer Zeit jedoch trübte sich mein Spiegelbild. Mein Gesicht, nunmehr dunkel und verschwommen, nahm fratzenhafte Formen an; das meines Partners dagegen, wie ich mich durch einen kontrollierenden Seitenblick überzeugte, blieb unverändert.

Auf meine Frage, was er sehe, schilderte er mir zu meiner Überraschung alle die eben geschauten Details. Sein Spiegelbild blieb wie es war, obgleich wir probehalber verschiedentlich die Plätze innerhalb des Kreises wechselten, um die Licht- und Schattenwirkung zu erproben. Doch weiterhin schwand und veränderte sich nur mein Konterfei im Spiegel, nie das seine. Zuweilen war der Kopf gänzlich weg; ein dunkler Schatten war an seine Stelle getreten. Alsbald wiederum schob sich ein graues Etwas vors Gesicht, von solcher Dichte, daß mein absichtlich starkes Minenspiel darunter völlig verschwand. Mitunter verflüchtigten sich die Schatten und zutage kamen die verschiedenartigsten Gesichter.

Als erstes ein Mann mit dunklem Seemannsbart, sodann ein Kopf mit mächtiger Glatze und phantastischen Auswüchsen beiderseits des Schädels, anstatt der Augen kreisrunde Höhlen. Alles in allem kein erfreulicher Anblick. Letztgenannte Erscheinung schwand anderen weichend, kam aber zwischendurch wieder zum Vorschein.

Kaleidoskopartig wechselten die Bilder, viele verschwanden, noch ehe sie sich recht geformt hatten; eines floß ins andere über, fratzenhafte Teile eines unbekannten Wollens, mehr Schatten als Form, bloß die eine oder andere Partie des Gesichts beherrschend. Eine Fratze jedoch mit unförmig breiter Nase und übergroßen Nüstern zeigte sich des öfteren mit großer Deutlichkeit (sogar Wochen später bei Wiederholung des Versuchs, wobei sie sogar von einer dritten, nichtsahnenden Person wahrgenommen wurde). In diesem Wust wenig Menschliches an sich habender Grimassen erblickte ich für kurze Zeit ein harmloses schmales Antlitz, ein geradezu neckisches Gesicht mit zierlich kleinem Bärtchen. Ein echtes Geckengesicht, schoß es mir unwillkürlich durch den Sinn, schrieb aber die Erscheinung meiner Einbildung zu und schwieg. Mein Mitarbeiter jedoch fragte mich nach Beendigung des Experimentes, ob ich denn das merkwürdige Geckengesicht mit dem zierlichen Bärtchen auch gesehen hätte!"

Als letzte Schilderung sollen noch die Erlebnisse eines jungen Ingenieurs und Malers aus dem Jahre 1925 zitiert werden, der zur damaligen Zeit in der sehr aktiven Berliner Loge Fraternitas Saturni in einem besonderen Zirkel magisch geschult und in allen magischen Disziplinen ausgebildet worden war.

"Seine Spezialität", so führt Gregorius an, "war die astrale Magie und er versuchte immer wieder durch Willenshochpolung engen Kontakt mit den Dämonien dieser Sphäre zu bekommen und sie zu beherrschen. Der Weg der Spiegelmagie erschien ihm dazu besonders geeignet. Seine diesbezüglichen Experimente erstreckten sich über mehrere Monate, da er sorgfältig als Basis für seine Experimente die geeigneten kosmischen Konstellationen vorher berechnete und benutzte." Seine persönlichen Schilderungen lauteten:

"Ich benutzte zu meinen Experimenten stets die Nächte vom Montag zum Dienstag, bevorzugte astrologische Aspektverbindungen des Transit-Mondes zu dem Saturn in meinem Radix-Horoskop, zumal wenn diese beiden Gestirne auch am nächtlichen Himmel in Quadratur zueinander standen und begann die Beschwörungen der Saturndämonien in der Saturnstunde im Akasha-Tattwa. Eine besondere Hochpolung meiner energetischen Kräfte fand möglichst im Tejas-Tattwa und in der Marsstunde statt. Im Räucherfeuer verbrannte ich pflanzliches Rauchwerk, das dem Saturn, dem Mars und dem Monde zugeordnet war.

Ich setzte mich im sogenannten ägyptischen Sitz vor

meinen schwarzverhangenen Tisch, auf dem ich den magischen Spiegel aufgestellt hatte. Außer drei Bienenwachskerzen brannte in dem sonst sorgfältig abgedunkelten Zimmer nur eine dunkelrote elektrische Birne. Alle Bilder im Raume hatte ich verhangen oder entfernt. Bei Beginn des Experimentes verbrannte ich im Räucherfeuer einen Pergamentstreifen, auf den ich mit einem feinen Pinsel das Wort "Arratron" mit meinem Blute (aus dem Mittelfinger entnommen) geschrieben hatte.

Ich brachte mich dann in den Atemrhythmus und starrte ununterbrochen in den Spiegel. Schon nach kurzer Zeit begann sich dessen Oberfläche zu trüben, die brennenden Kerzen, so wie der ganze Raum schienen mir zu verschwimmen in einem mystischen Dunkel. Ohne Frage befand ich mich zu diesem Zeitpunkt bereits in einem leichten Trancezustand, ohne aber mein Denken und meine Empfindungen etwa verloren zu haben.

Plötzlich formte sich vor mir im Spiegel wie aus einem Nebel hervortauchend, ein längliches Gesicht. Ein stechendes schwarzes Augenpaar blickte mich an. Die Konturen dieses Gesichtes wurden immer schärfer. Schwarze, rote und gelbe Farblichter erschienen im Siegel und durchleuchteten oder umspielten das Antlitz. Dank meiner magischen Schulung verlor ich durchaus nun nicht mein Bewußtsein, hatte auch kein innerliches Angstgefühl, sondern es tauchte sogar sofort in mir der Wunsch auf, dieses dämonische Antlitz festhalten zu können in Bild oder Zeichnung. Nach einigen Minuten verschwand das Bild im Spiegel, ich versuchte noch eine kurze Zeit es wieder sichtbar werden zu lassen, aber vergebens. Dann brach ich das Experiment ab. Meine gesamten Glieder waren wie abgestorben, ich fröstelte und fühlte mich etwas ermattet.

Ich prüfte nun sofort die herrschenden Konstellationen nach, die Uhrzeit, und wiederholte dann in der kommenden Woche das Experiment noch einmal. Da ich absichtlich nicht die übliche Entlassungsformel ausgesprochen hatte, hoffte ich beim zweiten Experiment auf den gleichen Erfolg.

Auch das zweite Experiment gelang. Wieder erschien das Gesicht im Spiegel. Ich versuchte eine Beschwörungsformel zu sprechen, aber meine Zunge war gelähmt und so konnte ich nur mehrmals murmeln: Erscheine - erscheine - erscheine!

Aber die Wunschkraft und mein Wille waren diesmal noch stärker als beim ersten Experiment und ungeschwächter. In den Tagen vorher hatte ich eine farbige Zeichnung angefertigt, um die Erscheinung aus dem Gedächtnis festzuhalten. Das Gesicht erschien wieder im Spiegel mit der gleichen Klarheit. Nur war der Augenausdruck diesmal noch drohender.

Beim dritten, zur gleichen Zeit in der kommenden Woche vorgenommenen Experiment geschah etwas sonderbares. Das Bild im Spiegel erschien nur ganz flüchtig in blassen Konturen, verschwand schnell wieder, aber zwischen dem Spiegel und dem Tisch und mir auf meinem Stuhle begann sich etwas Undefinierbares zu formen, wie eine Art Nebel. Ich verspürte eine Eiseskälte um mich und eine starke körperliche Schwäche, die auch noch lange nach dem Experiment anhielt.

Wiederum sprach ich absichtlich nicht die Entlassungsformel, sondern war sogar innerlich erfreut und auch überzeugt, daß sich vor mir ein astrales Schemen gebildet hatte, welches offensichtlich versuchte, mir meine Odkräfte zu entziehen, um sich zu manifestieren.

Ich wiederholte das Experiment immer wieder. Das von mir herangezogene Wesen wurde immer sichtbarer, nicht im Spiegel, sondern es bildete sich vor mir. Allerdings mußte ich feststellen, daß meine nachfolgenden Erschöpfungszustände immer stärker wurden, so daß ich erwägen mußte, diese Versuche einzustellen. Außerdem erzielte ich ja keinerlei Vorteile, war nicht imstande meine eigene Aktivität zu steigern.

Oft, während der folgenden Wochen hatte ich das Gefühl nicht mehr allein im Zimmer zu sein, auch wenn ich nicht experimentierte. Wenn ich in einem Buche las, hatte ich oft das Empfinden, als stünde ein Wesen hinter mir, welches mir über die Schulter schaute.

Aber immer wieder bereitete es mir eine innere Freude, nachts beim Kerzenlicht vor meiner Staffelei zu sitzen und das dämonische Antlitz, welches ich gemalt hatte, immer wieder zu ergänzen, zu vertiefen, zu verschönern. Ich empfand für dieses Wesen sogar eine Art Zuneigung. Ich war mir natürlich bewußt, daß ich auf einen Besessenheitszustand hinsteuerte, der gefährlich war.

Als ich nun in den folgenden Nächten immer stärker unter einer Art unerklärlichem Alpdrücken zu leiden hatte, als mir eines Nachts eine dunkle Gestalt die Kehle zudrücken wollte, so daß ich mit großer Atemnot schreckerfüllt aufwachte, brach ich diese Experimente radikal ab. Ich berichtete über diese Erlebnisse dem Meister unserer Loge und er nahm von sich aus hilfsbereit mit einigen der älteren Brüder einen Exorzismus in meinem Zimmer vor. Dieser war von Erfolg und die astralen Belästigungen hörten auf".

Nachwort von Gregorius:

"Das von dem Maler gefertigte Orginalbild wurde verbrannt im Ritual des Exorzismus. Vorher wurde es aber kopiert und in der Zeitschrift "Saturn Gnosis" veröffentlicht. Sonderbar ist es aber, daß der Maler im Jahre 1930 spurlos aus Berlin verschwand und trotz logenmäßiger Bindung bis heute nie wieder aufgetaucht ist. Sein weiteres Schicksal liegt also im Dunkel!"

Eine Vielzahl weiterer interessanter Erlebnisberichte von unerklärlichen Vorkommnissen bei spiegelmagischen Praktiken ließen sich zitieren, doch genügen die vorherigen vollkommen.

Zwar handelt es sich bei den Berichten um große Ausnahmen (normale Experimente verlaufen in der Regel wesentlich harmloser) doch zeigen sie eine Fülle von Gefahren, die dem Erforscher dieses dunklen Gebietes drohen können. Bei spiegelmagischen Experimenten handelt es sich bereits um eine Form der magischen Beschwörungspraxis, deswegen vergesse man nie, nach Abbruch des Experimentes die Entlassungsformel zu sprechen und reinige den Versuchsraum durch Räucherungen mit Weihrauch, Sandelholz oder anderen Schutzräuchermitteln.

Unerklärlich und rätselhaft bleiben die Resultate und Ergebnisse spiegelmagischer Meditationen und Trancezuständen. Nicht leugnen läßt sich das Erleben und Emportauchen astraler, seelischer Kräfte und Archetypen aus dem subjektiven oder kollektiven Unterbewußten, bei den beschriebenen Praktiken und ein interessantes Gebiet menschlicher Seelenforschung oder okkulter astraler Experimente, bietet sich hier dem Geheimwissenschaftler.

Die Praxis der spiritistischen Sitzung

Eine der umstrittensten Methoden, sich von dem Vorhandensein jenseitiger Mächte zu überzeugen, ist das spiritistische Tischrücken. Viele namhafte Erforscher der okkulten Phänomene, haben sich in der Vergangenheit mit dieser Materie befasst. Den schlechten Ruf den sogenannte Seancen in der Öffentlichkeit und besonders bei der Naturwissenschaft genießen, ist auf die vielen Scharlatane und Schwindler zurückzuführen, die sich leider in diesem hochinteressanten Bereich tummelten und noch immer tummeln.

Im folgenden soll aufgrund einer präzisen Anweisung des Magiers Gregorius versucht werden, eine für jederman nachvollziehbare Praxis des spiritistischen Tischrückens aufzuzeigen.

Erforderlich und zweckmäßig für spiritistische Experimente ist ein Raum, der möglichst abgeschlossen von Störungen und Geräuschen der Außenwelt ist. Das Entfernen aller Bilder, Uhren und Schmuckgegenstände aus dem Versuchsraum ist angeraten, da diese Gegenstände das Experiment negativ beeinflussen können. Die Sitzungsteilnehmer sollen sich vor Beginn der Seance innerlich harmonisch auf das Experiment vorbereiten, zu diesem Zweck ist vorheriges mehrstündiges Fasten angeraten. Dunkle Kleidung und Ablegen aller Schmuckgegenstände der Teilnehmer ist ebenso erforderlich, um den Strahlungseinfluß der von Metallen oder Edelsteinen ausgeht völlig auszuschließen.

In manchen Zirkeln ist es auch üblich, sich durch ein gemeinsames Gebet oder einen entsprechenden Gesang in die nötige ernste Stimmung und seelische Empfangsbereitschaft zu versetzen.

Dies sind jedch zweckmäßige Äußerlichkeiten und keine Notwendigkeiten und richten sich nach dem geistigen und seelischen Niveau der Teilnehmer. Der experimentierende geschulte Spiritist benötigt diese Hilfsmittel nicht, seine Meditations- und Atemtechniken genügen ihm vollkommen, um ihn empfangsbereit zu stimmen. Inwieweit er die Teilnehmer seines Zirkels dazu erzieht, ist seine ureigene Sache. Es ist zunächst sowieso von einem großen Zirkel abzuraten, es genügen für den Anfang durchaus drei oder fünf Teilnehmer, möglichst immer in ungerader Zahl. Die Sitzungsteilnehmer sind in abwechselnder Reihenfolge: männlich - weiblich zu gruppieren.

Als Beleuchtung wähle man Kerzenlicht, wenn möglich reine Bienenwachskerzen. Pro Teilnehmer nehme man eine Kerze. Ist es durchführbar, verwende man Kerzenleuchter aus Silber, die aufgrund ihrer magischen Entsprechung dem Mond zugeordnet ist. Die Sitzungen sind regelmäßig nach Sonnenuntergang abzuhalten. Man experimentiere wenn möglichst zwischen 11 und 1 Uhr Nachts, nie jedoch in der Neumondphase. Als sehr förderlich haben sich Räucherungen nach dem Tagesgestirn; laut folgender Aufstellung erwiesen:

Wochentag	**Planet**	**Räuchermittel**
Montag	Mond	Aloe
Dienstag	Mars	Zwiebelsamen
Mittwoch	Merkur	Mastix
Donnerstag	Jupiter	Safran
Freitag	Venus	Zimt
Samstag	Saturn	Mohnsamen
Sonntag	Sonne	Sandelholz

Niemals verwende man jedoch Weihrauch oder Myrrhe, denn diese Substanzen sind sogenannte Schutzräucherdrogen und Manifestationen nicht zuträglich.

Die Nächte vom Sonntag nach 18 Uhr auf Montag bis Sonnenaufgang und vom Freitag zum Samstagabend sind besonders günstig. Dagegen wird das Experimentieren am Samstag oder Sonntag tagsüber strikt verboten.

Diese Angaben sind dem allgemeinen magischen Brauchtum entnommen, da sich die Magie nach alter Überlieferung den kosmischen Gesetzmäßigkeiten bedient. Ihre Anwendung in spiritistischen Sitzungen ist angeraten, um den magischen Charakter der Veranstaltung zu betonen und um zu leichteren Ergebnissen zu gelangen.

Im Laufe der Versuche und Sitzungen zeigt sich meist sehr schnell, ob einer der Teilnehmer über mediale Fähigkeiten verfügt. Derartige Veranlagungen sind meist angeboren und lassen sich im Geburtshoroskop durch bestimmte vorhandene Konstellationen erkennen.

Als besonders wichtige Vorbedingung muß in dem experimentierenden Zirkel eine gewiße Disziplin gefordert werden. Den Anordnungen des Zirkelleiters muß sich jeder Teilnehmer ohne Zwang aus eigenem freien Willen fügen.

Bei spiritistischen Versuchen beginnt man zunächst mit der Disziplin des Tischrückens, die am leichtesten Resultate erbringt. Man wähle hierzu einen leichten, möglichst dreibeinigen runden Holztisch. Dies ist nicht unbedingt erforderlich, denn echte spiritistische Phänomene zeigen sich auch bei schweren vierbeinigen Tischen. Nach Anordnung des Sitzungsleiters gruppieren sich die Teilnehmer in bequemer Sitzhaltung um den Tisch. Nun vereinigen sie ihre Hände zu einer Kette, indem sie die Hände mit gespreizten Fingern leicht und ohne Druck auszuüben auf den Tisch legen. Hierbei müssen sich die Fingerspitzen aller Hände berühren, also beide Daumen der eigenen Hände mit den kleinen Fingern der Tischnachbarn. Auch die Beine der Teilnehmer sollen gegenseitig übereinander verschränkt werden. Dazu stellt man den rechten Fuß über den linken Fuß des rechts sitzenden Partners. Man nennt dies das Schließen der magischen Kette.

Das Zimmer ist zu verdunkeln und Kerzen anzuzünden. Nach Weisung des Leiters bringen sich die Teilnehmer nun in einen gemeinsamen Atemrhythmus, indem sie gleichzeitig ein- und ausatmen. Der Leiter befiehlt nun die Augen zu schließen und den Kopf leicht nach vorn zu neigen. Alles muß zwanglos und in legerer Haltung geschehen, nichts darf gekrampft erfolgen. Nach etwa zehn Minuten gleichzeitigen und regelmäßigen Atmens spricht der Leiter mit ruhiger Stimme:

"Wir konzentrieren jetzt gemeinsam unsere Wunschkraft auf die gewollte Verbindung mit der jenseitigen Sphäre".

Ist der gebildete Kreis der Teilnehmer in sich harmonisch eingestellt, wird sich auf ein Resultat nicht lange warten lassen. Der Tisch beginnt zu zittern und zu schwanken und es können Klopflaute innerhalb der Tischplatte ertönen. Man behalte jetzt die positive Erwartungshaltung bei, bis sich die Resultate verstärken. Gelingt das Experiment, dann beginnt sich der Tisch so zu neigen, daß er durch Auf- und Niederfallen eines oder mehrerer Tischbeine regelmäßige Klopflaute hervorbringt. In diesem Falle spricht nun der Leiter:

"Wenn ein Wesen hier im Raume sich manifestieren will, so soll es meine Fragen durch dreimaliges Klopfen bejahen oder durch einen Klopflaut verneinen".

Jetzt kann der Sitzungsleiter Fragen stellen und die Antworten werden sich einstellen. Es liegt durchaus an der Intelligenz des Leiters durch einen systematischen Fragenaufbau zu gewissen Resultaten zu kommen. Die Handhabung dabei bleibt jedem Zirkelleiter selbst überlassen. Bei befriedigendem Auftreten der Klopflaute kann der Leiter nun sagen:

"Ich bitte das Wesen oder die jenseitige Intelligenz sich für uns verständlich zu machen, indem jeder Buchstabe des Alphabets durch eine entsprechende Anzahl von Klopfzeichen gekennzeichnet wird".

Bei einiger Übung und Aufmerksamkeit wird man die Wirksamkeit dieses Frage- und Antwortspiels rasch erkennen. Auf die Frage an die im Raum befindliche Intelligenz: Buchstabiere uns deinen Namen, wird sich der Tisch in rascher Folge heben und durch Klopfreihen die Antwort erteilen.

Unnütz ist es nun überflüssige Fragen zu stellen, wichtiger ist vielmehr zu versuchen, durch präzise Fragenstellung eine gewisse Klarheit zu erhalten und zu nachprüfbaren Ergebnissen zu gelangen.

Zum Beispiel können folgende Fragen an den Spirit gestellt werden:

- Bist du ein verstorbener Mensch?
- Gehörst du zu einem Teilnehmer hier im Kreis?
- Wann bis du verstorben?
- Wo liegt deine Grabstätte
- Wo war dein letzter Wohnort?

- Ist es dir möglich dich stärker zu manifestieren?
- Ist hier jemand durch den du dich stärker bemerkbar machen kannst?
- Soll einer der Teilnehmer medial schreiben?
- Welche Wünsche hast du?

Diese Art von Fragen sind zunächst richtungsweisend und können den Zirkel rasch weiterbringen. Der anwesende Geist oder Spirit wird entweder durch Klopfen antworten oder sich einem Sitzungsteilnehmer merklich zuneigen. Der Seancenleiter kann auch versuchen bestimmte Wünsche mit ruhiger und befehlender Stimme vorzutragen. Etwa:

- Versuche den Tisch stärker zu heben!
- Versuche einen Gegenstand im Zimmer zu bewegen!
- Versuche dich uns zu zeigen!

So kann bereits die erste Sitzung richtungsweisend für die weitere Ausgestaltung der Versuche sein. Der Leiter soll stets langsam und systematisch vorgehen und nicht zu viel am Anfang verlangen, denn der Spirit muß sich auch erst einfühlen und von sich aus Versuche anstellen. Ein abgeschiedener Mensch befindet sich nach seinem Tod auf dem gleichen geistigen Niveau, das er im Leben inne hatte. Der eingetretene Tod hat ihn nicht intelligenter gemacht. Erst nach und nach beginnt der Verstorbene, sich gewisse Erfahrungen in der anderen Sphäre anzueignen (vgl. hierzu das Kapitel: "Das Mysterium des Sterbens").

Es ist eine nachgewiesene Tatsache, das viele Verstorbene absichtlich Wissen vortäuschen, das sie im vorangegangenen Leben überhaupt nicht besessen haben. Manche scheinen sogar eine direkte Freude daran zu haben den spiritistischen Zirkel zu foppen. Diese Geister erzählen kompletten Unsinn, geben sich für wichtige abgeschiedene Persönlichkeiten aus und erzählen Phantastereien aus dem Jenseits.

Es ist nun Aufgabe des Zirkels hier Ordnung und Systematik zu schaffen. Anscheinend sind viele Wesen aus der jenseitigen Sphäre genauso eitel wie viele Menschen im Leben. Auf derartige Überspannungen darf sich der spiritistische Zirkel erst gar nicht einlassen, sondern muß immer versuchen, klare Antworten zu bekommen und den Spirit zu physikalischen Experimenten zu bewegen.

Wenn sich ein abgeschiedener Geist als Goethe, Napoleon, Ceasar oder sonst eine geschichtliche Person ausgibt, soll man versuchen, ihn ad absurdum zu führen durch Forderung einer geschichtlich bekannten Tatsache. Es ist erwiesen, wie leicht die meisten Spirits auf einen energischen Ton des Zirkelleiters schuldbewußt reagieren.

Ein geübter und bewußt vorgehender Zirkelleiter wird sich bald von selbst die nötigen Feinheiten anzueignen verstehen, um nicht in spiritistische Scharlatanerie und Hokuspokus zu verfallen.

Auch sollte man die ersten Sitzungen nicht zu lange ausdehnen, um die teilnehmenden Personen nicht zu ermüden, denn man muß sich darüber im klaren sein, das selbst durch diese ersten einfachen Versuche die Wesenheiten der anderen Sphären stets die magnetischen körperlichen Odausstrahlungen der Teilnehmer zu ihren Manifestationen und Bemerkbarmachungen benutzen, also durch ihre Tätigkeit schwächend auf den Organismus wirken, wenn dies auch nicht immer gleich ersichtlich ist.

Je nach den von dem Spirit erhaltenen Anweisungen,

kann man auch versuchen, auf einer anderen Basis zu arbeiten, beispielsweise durch das mediale Schreiben, durch das Verwenden einer Planchette oder dergleichen mehr. Ob diese Kundgebungen nun von einem Spirit aus der astralen oder mentalen Sphäre oder auch nur aus dem Unterbewußtsein des Mediums stammen, läßt sich durch objektive Nachprüfung meist sehr rasch feststellen.

Es ist auch sehr häufig der Fall, daß die erhaltenen Mitteilungen eine stark religiöse Tendenz aufweisen. Dies wird dadurch erklärt, daß der sterbende Mensch in der Stunde seines Todes durch die eintretende Todesfurcht als letztes Hilfsmittel seines noch arbeitenden Geistes zu den ihm bekannten religiösen Glaubenslehren greift. Der Verstorbene behält diese letzte Einstellung dann bei und erscheint als Spirit geläutert und gläubig, was er zu Lebzeiten oft gar nicht war.

Der okkult-wissenschaftlich arbeitende Zirkelleiter soll immer versuchen, sein Hauptaugenmerk darauf zu richten, die Spirits sichbar werden zu lassen. Immer wieder muß er nachdrücklich die diesbezügliche Aufforderung an den erschienenen Geist richten. Es entstehen in solchen Fällen oft neben oder hinter dem Medium eine Art grauer Nebel, der sich mit der Zeit verdichtet und Gestalt annimmt. Später kann man Gesichtszüge erkennen, manchmal auch nur einzelne Gliedmaßen. Diese Erscheinungen sind bereits hochwertige Resultate spiritistischer Praxis. Mitunter treten auch Leuchterscheinungen im Zimmer auf und es können Berührungen der Teilnehmer durch das erschienene Wesen stattfinden.

In diesem Stadium kann aus dem Körper des Mediums, besonders aus Mund, Nase und Ohren eine Art weiße

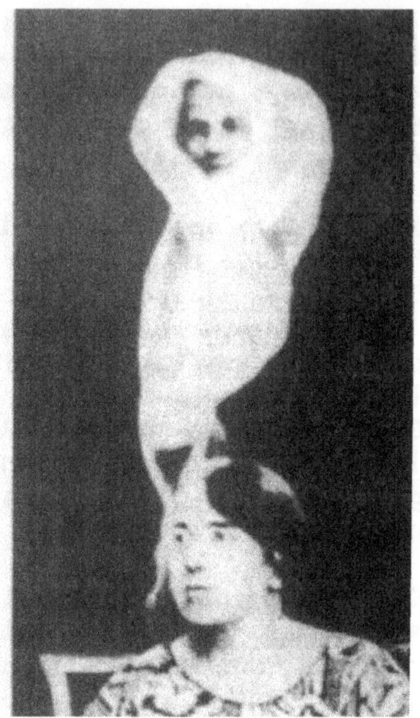

MATERIALISATIONSERSCHEINUNGEN JENSEITIGER WESEN BEI SPIRITISTISCHEN EXPERIMENTEN

Substanz heraustreten, die sich zu Formen von Gliedmaßen zu verdichten versucht. Man nennt diese Masse Teleplasma. Dieses Teleplasma ist äußerst empfindlich und zieht sich bei der geringsten Berührung sofort in den Körper des Mediums zurück.

Erscheinungen verstorbener Menschen, erkennt man an einer hellgrauen Färbung, außerdem sinkt die Temperatur im Raum merkbar ab und ein Kältegefühl bemächtigt sich der Teilnehmer. Es treten oft aber auch Phantome lebender Menschen, sogenannte Spaltungserscheinungen auf, die man an ihrem durchsichtigen grauen Aussehens erkennt. Phantome die sichtbar werden und im Kern der Erscheinung einen rötlichen Farbton aufweisen, sind ausnahmslos dämonenhafte Wesenheiten der astralen Sphäre und mit großer Vorsicht zu behandeln. Sind die Farbtöne blau oder grünlich, oder manifestieren sich sichtbare Symbole, so handelt es sich um höher stehende Wesen der mentalen Ebene, die aber äußerst selten bei spiritistischen Versuchen auftreten.

Der Erforscher spiritistischer Phänomene Karl Spiesberger hat eine Reihe von Einflüssen, die Tischbewegungen mindern oder gar ganz verhindern zusammengestellt, die auszugsweise wiedergegeben werden sollen:

Negative Einflußfaktoren

1. Kaffee und Teegenuß
2. Seelische Disharmonien
   - Ärger, Kummer, Depressionen
3. Körperliche Indispositionen
   - Übermüdungen, Erkrankungen
4. Stattgefundener Geschlechtsverkehr
5. Kritiker im Raum oder gar in der Kette

Durch die Verwendung von Symbolen (Pentagramm, Dreieck, Svastika o.ä.) kann man, je nach deren Lagerung (theonisch oder dämonisch) die Kraft im Tisch stärken, schwächen oder lähmen. Weitere Experimente kann man mit magisch wirkenden Namen, planetarischen Symbolen und Charakteren vornehmen oder man zitiert ein Planetenprinzip. Zum Beispiel: "Im Namen des Sonnenlogos, im Namen des Marsdemiurgen usw." Man findet hierbei rasch das dem Tische innewohnende Prinzip heraus und kann aus den daraus gewonnenen Erkenntnissen weitere Schlüsse ziehen.

Nach Beendigung eines erfolgreich verlaufenen spiritistischen Experiments empfiehlt es sich, dem erschienenen Spirit zu danken und ihm seine Freude über das Erreichte auszusprechen. Um ungewollten astralen Belästigungen vorzubeugen, kann man nach Abschluß der Sitzung das Sitzungszimmer oder das ganze Haus mit einem schützenden Weihrauch beräuchern und einige Gebete rezitieren. Sollten dennoch ungewünschte Phänomene besonders in der Nacht auftreten, schütze man sich durch die Verwendung bannender Pentagramme, oder greife zu den äußerst stark magisch wirkenden Glyphen. Näheres hierzu ist in den Kapiteln: "Pentagramm-Magie" und "Die Magie der Glyphen" nachzulesen.

Zum Abschluß sei ein spiritistisches Experiment von Karl Spiesberger angeführt, das dieser in dem Buch: "Magische Praxis" veröffentlichte und das nachhaltig die Kraft der Namen und Symbole beweist:

"Wir experimentierten zu zweit", schreibt Spiesberger "mit einem leichten Tischchen. Die Hände ruhten darauf, ohne daß wir im Moment etwas von unserem Möbel forderten. Da, inmitten unserer Unterhaltung, die sich nicht auf das "Wesen" bezog, rückte der

Tisch los. Wir ließen ihn gewähren. Er steuerte dem Schreibtisch zu, machte davor halt und verneigte sich langsam, tief, dreimal. Wir wußten uns sein Benehmen nicht zu erklären. Erst ein Blick auf die Schreibtischplatte sagte alles: darauf lagen Zettel mit Namen, die dem "Wesen" besonders zusagten".

Wen das Gebiet der theonischen und dämonischen Namen im Zusammenhang mit spiritistischen Versuchen besonders interessiert, findet im folgenden eine Reihe wirkkräftiger Namen aufgeführt. Diese oft seltsam anmutenden Lautverbindungen sind nach magischer Lehre, in der Lage, eine im Tisch manifestierte Kraft zu beeinflussen, zu binden oder zu bannen.

Gottesnamen:

JEHOVA, ADONAI, ELOAH, TETRAGRAMMATON, EL, ELOHIM GIBBOR, MELECH, SADDAI, JHOAH, JOD HEH VAU HEH.

Kabbalistische Gottesnamen:

KADOSCH = Der Heilige, HADOR = der Majestätische, GADOL = der Große, DAGOUL = der Erhabene, NORA = der Schreckliche, MEBORAK = der Segnende, PHODE = Heiland, EHEIEH = Fundament Gottes.

Dämonennamen:

Nach Abraham von Worms:
ASTAROTH, MAGOTH, ASMODI, BEELZEBUB, ORIENS, PAYMON.

Nach Dr. Faust (Höllenzwang):
AZIEL, ANIQUEL, MARBUEL, AZIABEL, MACHIEL, BARNEL.

Nach Andreas Lupius (Theosophia Pneumatica):
ARATRON, BETHOR, PHALEG, OCH, HAGITH, OPHIEL, PHUL.

Die Magie der Glyphen

Symbole und ganz besonders Glyphen, stellen eine Konzentration von kosmischen Energiekräften dar, gebunden innerhalb eines bewußt geschaffenen Raumkraftfeldes, eben der vorliegenden Glyphe. In der praktischen Magie werden Glyphen zur Energieaufladung, zur Evokation, zum Schutz oder zur Vernichtung von astralen Wesenheiten benutzt.

Die im folgenden dargestellten Glyphen sind mit schwarzer Tusche auf Pergament zu zeichnen. Möglich ist aber auch eine Ausführung in den Farben schwarz und rot, wobei die Spiralen in rot und alles andere in schwarz zu zeichnen ist. Verwendet man Glyphen auf dem Fußboden oder auf sonstigen Flächen sind sie mit gut entodeter Kreide aufzutragen.

Energie verstärkende Glyphen

Die beiden nachstehenden Glyphen stehen in dem Ruf, den Ätherkörper des Menschen sowie dessen Chakra durch Zuführung von Energiekräften zu stärken. Doch sollte insbesondere die erste nur mit Bedacht angewandt werden, um einer Überladung mit pranischer Energie vorzubeugen.

Diese beiden anziehenden Glyphen erleichtern die Verbindung zu den astralen und mentalen Sphären und lassen sich sehr gut für magisch evokatorische Praktiken einsetzen. Allerdings ist zu beachten, daß diese Glyphen keinerlei Schutzwirkung besitzen.

Schutzglyphen

Die folgenden zwei Glyphen wirken energieverstärkend durch die, in ihnen enthaltenen starken Strahlkräfte und schützen vor Beeinflussungen und Angriffen aus der Astralebene. Bei spiegelmagischen Experimenten sowie Evokationen aller Art sollte deshalb stets eine Schutzglyphe auf Brust und/oder Stirn getragen werden.

Schutzglyhen können aber auch innerhalb der Wohnung Verwendung finden und lassen sich an Türen, Fenstern oder im Schlafzimmer anbringen.

Auspolungsglyphe

Eine besondere Art stellt die nächste Glyphe dar. Hier handelt es sich um eine saturnische Auspolungsglyphe, die die planetaren Kräfte von Saturn, Mars und Mond in sich vereinigt. Sie soll wie Okkultisten versichern, ausgezeichnet vor astralen Angriffen schützen.

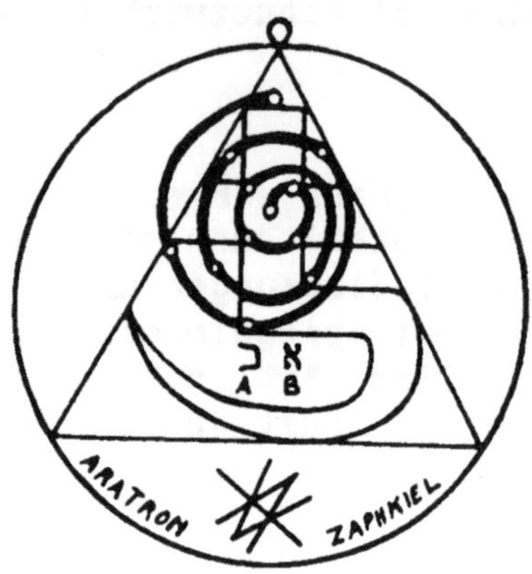

Sprengglyphen

Diese Glyphenform zerstört transzendente Wesenheiten und Gedankenformen, sofern diese in den eigenen Machtbereich eingebrochen sind. Die transzendenten Ballungen werden durch die Sprengglyphe aufgelöst und damit, die von ihnen getragenen Wesen zerstört.

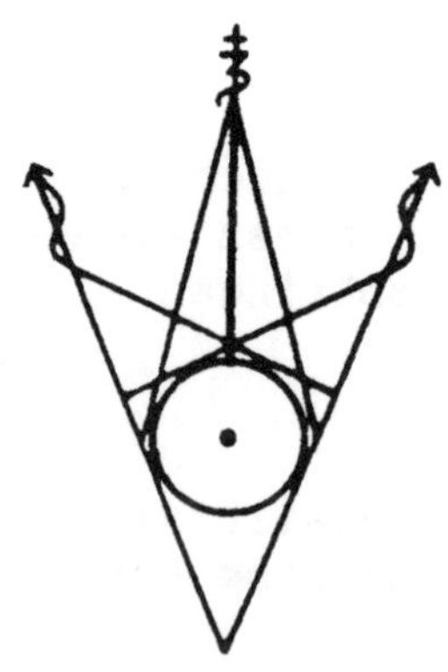

Sprengglyphen können Astralwanderern gefährlich werden und sollten nur in berechtigten Notfällen, beispielsweise bei massiven astralmagischen Angriffen verwandt werden.

Die erste Glyphe enthält eine saturnisch-uranische Kraftzentralisation, während die dritte Sprengglyphe rein uranisch schwingt. Allen drei Glyphenkonstruktionen liegt außerdem die Grundform eines bannenden Pentagramms zugrunde und die letzte Glyphe schließt darüberhinaus noch zusätzlich das Kreuz und den hebräischen Buchstaben Jod mit ein, der als mächtiger Gottesname gilt.

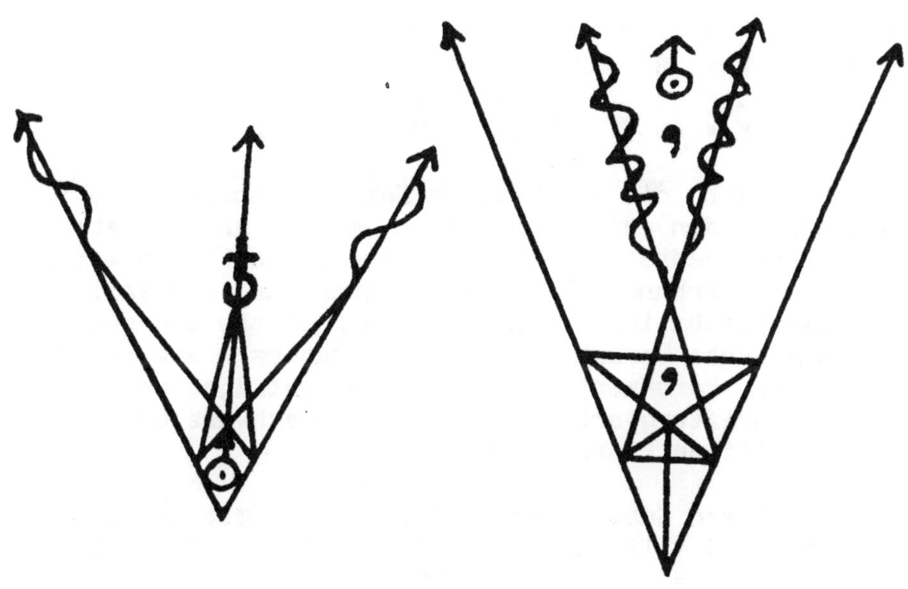

Die Konstruktion von Namensglyphen aus magischen Quadraten

Wie bereits im vorigen Kapitel dargelegt, sind Glyphen und Symbole kosmische Raumgitterstrukturen, die starke formgebundene Kräfte in sich bergen. Um sich dieses Wissen nutzbar zu machen und um persönliche magisch wirkende Namensglyhen anzufertigen löse man nach einer alten Anweisung, zunächst den eigenen Namen in seine Zahlenwerte auf.

Folgende Zahlen sind den Buchstaben des Alphabets zugeordnet:

A = 1	F = 6	L = 11	Q = 16	V = 21
B = 2	G = 7	M = 12	R = 17	W = 22
C = 3	H = 8	N = 13	S = 18	X = 23
D = 4	IJ = 9	O = 14	T = 19	Y = 24
E = 5	K = 10	P = 15	U = 20	Z = 25

Die Ziffern, die dem eigenen Namen entsprechen werden nun in den auf den nächsten Seiten abgebildeten magischen Quadraten aufgesucht und durch Linien miteinander verbunden. Das so entstandene Formgebilde ist die persönliche planetare Namensglyphe und zeigt die kosmische Verankerung ihres Trägers. Sie kann auf Leder, Pergament oder Metall aufgetragen werden. Die Beschriftung erfolge entweder in schwarz oder in der jeweiligen Planetenfarbe.

Für den Namen Sabine Vogt ergibt sich somit folgende Zuordnung: **S** = 18 **A** = 1 **B** = 2 **I** = 9 **N** = 13 **E** = 5;
V = 21 **O** = 14 **G** = 7 **T** = 19.

Im Beispiel wird der Name Sabine Vogt in das magische Quadrat des Uranus eingesetzt. Die entstandene Glyphe gibt analog der Astrologiegesetze Auskunft

56	117	46	107	36	97	26	87	16	77	6
7	57	118	47	108	37	98	27	88	17	67
68	8	58	119	48	109	38	99	28	78	18
19	69	9	59	120	49	110	39	89	29	79
80	20	70	10	60	121	50	100	40	90	30
31	81	21	71	11	61	111	51	101	41	91
92	32	82	22	72	1	62	112	52	102	42
43	93	33	83	12	73	2	63	113	52	103
104	44	94	23	84	13	74	3	64	114	54
55	105	34	95	24	85	14	75	4	65	115
116	45	106	35	96	25	86	15	76	5	66

URANUSGLYPHE DES NAMENS SABINE VOGT

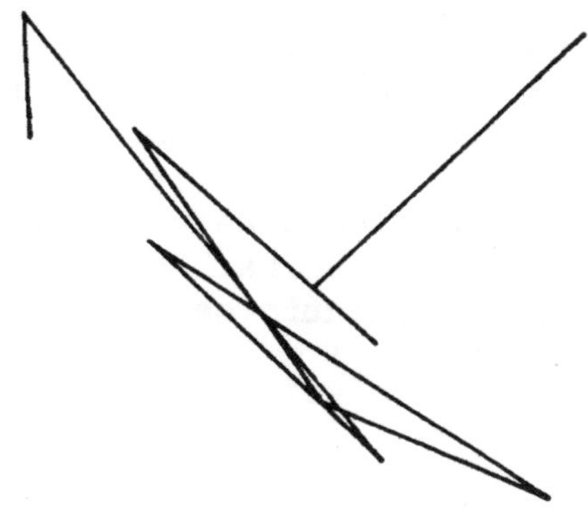

DIE GLEICHE GLYPHE AUS DEM
MAGISCHEN QUADRAT DES URANUS HERAUSGELÖST

über die uranische Lagerung der Namensträgerin. So steht Uranus bspw. für Intuition und esoterisches Schaffen. Wie man sieht, zeigt diese Namensglyphe eine Vielzahl nicht geschlossener Formfiguren und eine Reihe offener Winkel. Die Glyphe weist somit starke Deformationserscheinungen auf. Es läßt sich daraus die Schlußfolgerung ziehen, das bei dieser Person wenig oder gar keine Prädestinierung zur Arbeit auf dem esoterischen Gebiet vorliegt und in der Tat handelt es sich bei dieser Person auch um eine Dame, die dem übersinnlichen gegenüber eine ablehnende Haltung einnimmt und nur das verstandesmäßig erfaßbare gelten läßt.

Die Esoterik lehrt in der Glyphensymbolik; je mehr in sich geschlossene Symbolfiguren in einer Glyphe vorhanden sind, desto stärker wirkt sie, zumal wenn es sich um Harmoniefiguren handelt (Dreieick = Geist, Quadrat = Materie)

Zeigt eine Namensglyphe viele offene nicht geschlossene Winkelfiguren, so deutet dies deutlich auf vorhandene innerliche Disharmonien hin. Es gibt Glyphen mit starker harmonischer Geschlossenheit in der Konstruktion und solche mit starken Deformationserscheinungen. Da der Mars beim Mann und die Venus bei Frauen auch die sexuelle Sphäre beherrschen, lassen sich entsprechende Schlußfolgerungen aus diesen Glyphen ziehen.

Magische Quadrate

Im folgenden sind die magischen Quadrate von: Saturn, Jupiter, Mars, Erde, Venus, Merkur, Mond, Neptun, Uranus und Sonne mit ihren esoterischen Metall- und Farbenentsprechungen wiedergegeben:

Quadrat des Saturn

Metall: Blei, Farbe: Schwarz.
Fördert Konzentration sowie esoterische Sudien und steigert die magische Kraft.

4	9	2
3	5	7
8	1	6

Quadrat des Jupiter

Metall: Zinn, Farbe: Dunkelblau oder Dunkelviolett.
Verleiht Reichtum, Ruhm, Ehre und Einfluß.

4	14	15	1
9	7	6	12
5	11	10	8
16	2	3	13

Quadrat des Mars

Metall: Eisen, Farbe: Blutrot.
Zeigt die persönliche Willens- und Energieglyphe.

11	24	7	20	3
4	12	25	8	16
17	5	13	21	9
10	18	1	14	22
23	6	19	2	15

Quadrat der Erde

Metall: Blei, Farbe: Schwarz.
Konstruktion der Glyphe für Konstitution und Gesundheit. Im magischen Quadrat der Erde liegt das Geheimnis der Form und der Urschlüssel zur Symbolik verborgen.

6	32	3	34	35	1
7	11	27	28	8	30
19	14	16	15	23	24
18	20	22	21	17	13
25	29	10	9	26	12
36	5	33	4	2	31

Quadrat der Venus

Metall: Kupfer, Farbe: Hellgrün.
Konstruktion der Glyphe für Erotik, Sexualität und künstlerisches Schaffen. In diesem Quadrat liegt das Geheimnis des Tones verborgen.

22	47	16	41	10	35	4
5	23	48	17	42	11	29
30	6	24	49	18	36	12
13	31	7	25	43	19	37
38	14	32	1	26	44	20
21	39	8	33	2	27	45
46	15	40	9	34	3	28

Quadrat des Merkur

Metall: Zink, Titan, Farbe: Hellgrau, Hellgelb. Glyphe des Intellekts. Wirksam zur Hochpolung des Verstandes und der Intuition. Im magischen Quadrat des Merkur offenbahrt sich das Geheimnis der Sprache.

8	58	59	5	4	62	63	1
49	15	14	52	53	11	10	56
41	23	22	44	45	19	18	48
32	34	35	29	28	38	39	25
40	26	27	37	36	30	31	33
17	47	46	20	21	43	42	24
9	55	54	12	13	51	50	16
64	2	3	61	60	6	7	57

Quadrat des Mondes

Metall: Silber, Farbe: Weiß, Silber, Silbergrau. Glyphe zur Stärkung und Harmonisierung der seelischen Gestaltungskräfte.

37	78	29	70	21	62	13	54	5
6	38	79	30	71	22	63	14	46
47	7	39	80	31	72	23	55	15
16	48	8	40	81	32	64	24	56
57	17	49	9	41	73	33	65	25
26	58	18	50	1	42	74	34	66
67	27	59	10	51	2	43	75	35
36	68	19	60	11	52	3	44	76
77	28	69	20	61	12	53	4	45

Quadrat des Neptun

Metall: Olivin, Radium, Farbe: Blaugrau, Lila.
Glyphe für Inspiration und Einfühlung.

10	92	8	94	5	96	97	3	99	1
11	19	83	17	85	86	14	88	12	90
71	22	28	74	26	25	77	23	79	80
40	62	33	37	65	66	34	68	69	31
51	49	53	44	46	45	57	58	42	60
41	59	48	54	56	55	47	43	52	50
70	39	63	67	35	36	64	38	32	61
30	72	78	24	76	75	27	73	29	21
81	89	13	87	16	15	84	18	82	20
100	2	98	7	95	6	4	93	9	91

Quadrat des Uranus

Metall: Aluminium, Farbe: Hellblau.
Glyphe für esoterisches Schaffen.

56	117	46	107	36	97	26	87	16	77	6
7	57	118	47	108	37	98	27	88	17	67
68	8	58	119	48	109	38	99	28	78	18
19	69	9	59	120	49	110	39	89	29	79
80	20	70	10	60	121	50	100	40	90	30
31	81	21	71	11	61	111	51	101	41	91
92	32	82	22	72	1	62	112	52	102	42
43	93	33	83	12	73	2	63	113	52	103
104	44	94	23	84	13	74	3	64	114	54
55	105	34	95	24	85	14	75	4	65	115
116	45	106	35	96	25	86	15	76	5	66

Quadrat der Sonne

Metall: Gold, Farbe: Gold, Hellgelb.
Glyphe stärkster geistiger Hochpolung,
die mit hohen geistigen Kraftquellen verbindet.

12	134	135	9	8	138	139	5	4	142	143	1
121	23	22	124	125	19	18	128	129	15	14	132
109	35	34	112	113	31	30	116	117	27	26	120
48	98	99	45	44	102	103	41	40	106	107	37
60	86	87	57	56	90	91	53	52	94	95	49
73	71	70	76	77	67	66	80	81	63	62	84
61	83	82	64	65	79	78	68	69	75	74	72
96	50	51	93	92	54	55	89	88	58	59	85
108	38	39	105	104	42	43	101	100	46	47	97
25	119	118	28	29	115	114	32	33	111	110	36
13	131	130	16	17	127	126	20	21	123	122	24
144	2	3	141	140	6	7	137	136	10	11	133

Die Herstellung der Namensglyphen

Je nach erreichbarem Zweck wähle man nun die Glyphe, deren Eigenschaften und Kräfte man zur Erfüllung einer bestimmten Aufgabe bedarf. Bei günstiger Gestirnskonstellation zeichne man die gewünschte Namensglyphe unter stärkster Konzentration. Danach ode man sie sorgfältig ein und stelle sie anschließend bei gedämpftem Kerzenschein auf, räuchere Weihrauch und meditiere über ihrer Bedeutung. Man versuche imaginativ mit dem Manakraftfeld des Glyphensymboles zu verschmelzen. Nach diesen Weisungen angefertigte Glyhen trage man dann auf der Brust, in Höhe des Solarplexus. Die Wirkungen werden sich dann, je nach Veranlagung in kürzester Zeit einstellen.

Uranusglyhen im Vergleich

Vergleicht man nun die Uranusglyphen der führenden deutschen magisch-okkulten Schriftsteller; Gregorius und Karl Spiesberger mit der Glyphe des Namens Sabine Vogt, erkennt man die starken harmonischen

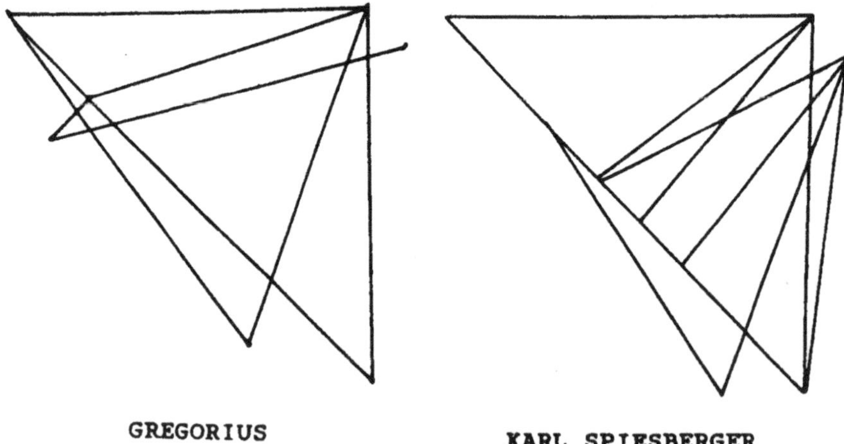

GREGORIUS KARL SPIESBERGER

Ausstrahlungen der letzten beiden Gebilde, die gleich eine ganze Reihe von wunderbar in sich geschlossener Symbolfiguren aufweisen. Durch die regelmäßig geschlossenen Dreiecke (besonders bei der Glyphe von Karl Spiesberger), die innig miteinander verbunden sind und auf das harmonischste ineinander übergreifen, ersieht man deutlich die vorhandene außergewöhnlich starke Befähigung zum okkulten, esoterischen und magischen Wirken und Schaffen, sowohl in theoretischer, schriftstellerischer Hinsicht, als auch im Hinblick auf angeborene magische Begabungen.

Wie tiefgreifend eine solche Glyphenkonstruktion auf der Basis der magischen Quadrate mit der Persönlichkeit und dem Ego eines Menschen verbunden ist, kann man bei einem Vergleich der Glyphen für die Namen Gregorius und Eugen Grosche erkennen.

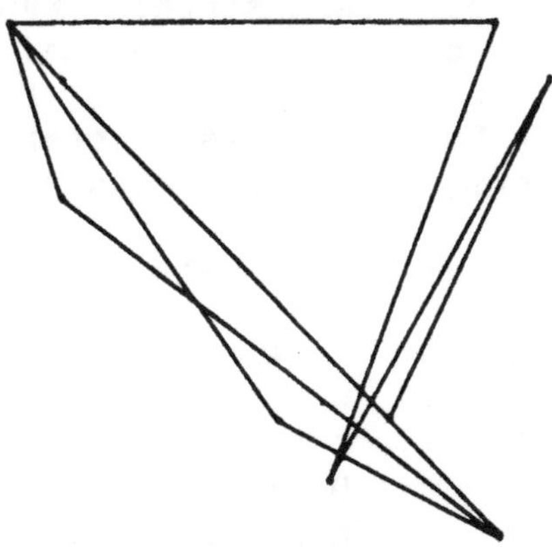

EUGEN GROSCHE

Gregor A. Gregorius war das Pseudonym und der Logenname des in okkulten Kreisen führenden Esoterikers Eugen Grosche. Unschwer läßt sich hier, neben einer Ähnlichkeit in der Lagerung der beiden Glyphen die harmonische Gesamtstruktur und starke Ausstrahlung beider Glyphen erkennen.

Das magische Urklang-Quadrat des Demiurgen Mars

Nachstehend ist das geheime Urklang-Quadrat des Mars wiedergegeben:

a	o	e	u	i
o	e	u	i	a
e	u	i	a	o
u	i	a	o	e
i	a	o	e	u

Setzt man nun seine persönliche Namensglyphe in dieses Quadrat um, erhält man die magische Klangfigur eines Menschen. Jeder Name besitzt ja eine eigene besondere kosmische Verankerung. Kennt man diese Klangform, so ist es möglich, sie bei Meditationen und magischen Exerzitien anzuwenden. Folgende Matrix erleichtert die Umsetzung des eigenen Namens in die magische Klangform: (Bsp: Gregorius = EEUEOEOUI).

Vokal		Buchstabe				
A	=	A	F	L	Q	V
E	=	B	G	M	R	W
I	=	C	H	N	S	X
O	=	D	IJ	O	T	Y
U	=	E	K	P	U	Z

Legt man nun das Buchstabenquadrat des Mars auf sein Vokal-Urklang-Quadrat, so stellt man fest, daß sich sonderbarerweise drei Felder decken. Hier erhält man den magischen Urlaut des Mars, sein magisches Wort, welches in stärkster Zentralisation im Planeten selbst schwingt: **A O U**

11	24	7	20	3	L	Y	G	U	C	A	O	E	U	I
4	12	25	8	16	D	M	Z	H	Q	O	E	U	I	A
17	5	13	21	9	R	E	N	V	IJ	E	U	I	A	O
10	18	1	14	22	K	S	A	O	W	U	I	A	O	E
23	6	19	2	15	X	F	T	B	P	I	A	O	E	U

Gregorius bemerkt hierzu: "Dieses Dreiklangwort ist von sehr starker magischer Wirkung, wie bei astralen und mentalen Beschwörungen leicht festgestellt werden kann. Das Buchstabenquadrat des Mars mit seinem Vokalquadrat zusammengefügt ergibt nun sonderbare Worte magischer Lautart. Hierdurch erhällt der Philologe eine wunderbare Forschungsbasis, denn er vermag die Wurzeln der Ursprachen zu finden. Es ergeben sich dann Schlüssel für die Sprachen der vorantiken Völker, auch die Sprachen der Majas, der Tolteken, der Kelten, der Ertruser, der Azteken, der alt-kaukasischen Stämme und so weiter, so daß sie sich dadurch leichter erforschen lassen.

Dieser Weg ist von Dr. Trofinowitsch als Erforscher alter Sprachen beschritten worden, als er die nur schwer zu enträtselnden Texte und Inschriften der Osterinsel deutete. Es gelang ihm, aus den magischen Quadraten des Mars und des Merkur Anhaltspunkte für den weiteren Ausbau seines Sprachstudiums zu finden.

So lauten z.B. die ersten vier Querzeilen:

Layogeuci - domezuhiqa - reeunivajo - kusiaowe - xifatobepu.

Natürlich sind diese Hinweise nicht erschöpfend, denn das magische Quadrat läßt sich ja auf verschiedene Art und Weise anordnen und umstellen, man erreicht dann eine ganz verschiedentliche sprachliche Gestaltung. Es ist durchaus möglich, daß hier die Sprachwurzeln der fünf großen Erdrassen verborgen liegen. Auch der Musiker und Komponist kann hier forschend neue Wege gehen und nach den Gesetzen der Urlaute versuchen, in die Sphärenklänge der Natur vorzudringen, denn die Tonleitern entsprechen ja ebenfalls den Zahlengesetzen.

Aber nicht nur dieses ist möglich, sondern der Neophyt kann nun auch seine eigene Klangfigur auf Grund dieser Studien aufstellen und er weiß dann, wie sein eigener Name klangmagisch im Kosmos verankert liegt. Sein Name ist eine uralte kosmische Prägung und eine Klangform. Kennt er sie, so ist es ihm noch viel leichter möglich, den erwünschten Kontakt mit den anderen Sphären zu erlangen, wenn er sie musikalisch oder lautmagisch bei Meditationen verwendet. Er weiß ja bereits, daß bei den magischen Exerzitien mit Erfolg immerwährende Tonfolgen, Vokallaute und Klangbilder verwandt werden, ebenso wie bei magischen Kulten."

Hiermit enden die Aussagen von Gregorius zu diesem wichtigen und unerschöpflichen Gebiet der magischen Quadrate und Persönlichkeitsglyphen. Auf den okkulten Forscher warten hier die tiefsten Geheimnisse antiken esoterischen Weistums und Magie. Und der Autor ist nicht überrascht, bei jeder neuerlichen Beschäftigung mit diesem Urwissen der Menschheit, welches in den magischen Quadraten verborgen liegt, immer neue, bisher ungeahnte Erkenntnisse zu erfahren.

Liebeszauber

Bereits seit ältester Zeit sind okkulte Praktiken bekannt um Liebe und Begehren zwischen Männern und Frauen zu entfachen. Hervorgerufen durch eine bei den meisten Menschen permanente Überreizung der Sexus (Überfunktion des Wurzel- und Steißchakra) lassen sich die starken magischen Betätigungen auf dem Gebiet der Liebeszauber und erotischen Magie in den letzten Jahrhunderten erklären.

Im folgenden sollen einige magische Liebeszauber näher beschrieben werden, die ausnahmslos auf dem Prinzip der Sympathiemagie basieren und ihre Wirkungen aus der Mumialkraft (Odkraft) des Menschen beziehen. Besonders die Herstellung der beiden nachstehenden magischen Parfüms, dürfte von besonderem Interesse sein, zeigen sie doch durch ihre einfache Praxis, die starke Wirkung derartiger Sympathiezauber.

Odor Aphrodisiacus

Um ein "Odor Aphrodisiacus", ein magisch sexuell anregendes Parfüm herzustellen, vermischen man die Destillate von Kastanienblüten und Sauerdorn mit Vanille. Dieses Parfüm gleicht dem Geruch des frischen Spermas eines Jünglings und wirkt ungemein anregend auf Frauen, ohne daß diese dabei den Grundgeruch des Sauerdorn bemerken, da der Duft der Vanille dominiert. Um bei Männern Erfolg zu haben, verwende man ein Destillat aus der Pflanze vulvaria (Gänsefuß), deren Geruch dem Vaginalsekret ähnelt.

Duft der Unsterblichkeit

Nach einer Anweisung des Magiers Aleister Crowley

für ein Parfüm, daß er "Ruthva, Duft der Unsterblichkeit" genannt hat, sind ein Teil Ambraöl mit zwei Teilen Moschus und drei Teilen Zibet zu mischen. Diese Salbe reibe man in den Körper ein, besonders an den Haarwurzeln, wo die Haut nicht allzu gespannt ist, und zwar so gründlich, daß das Aphrodisiaka von anderen weder bemerkt noch vermutet wird. Nach Crowley verfügt jeder, der dieses Mittel anwendet über eine höchst effektive Waffe, die umso wirksamer ist, da sie im geheimen wirkt und dieses Parfüm bewegt nach Crowleys Worten die elementarsten Kräfte der Natur, bei Frauen und Mädchen die verführt werden sollen. Nach Crowley gehorchen die Frauen ihrem Instinkt und das mit umso tödlicherer Sicherheit, da sie nicht wissen, daß sie unter einem unbewußten Zwang stehen.

Zu den wirksamsten Sexualdüften gehören neben den bereits angeführten Duftstoffen: Moschus und Ambra, auch Vanille, Rosen, Nelken, Veilchen und Jasmin. Diese Duftstoffe sind in der Literatur als osphresiologisch wirksame Sexualdüfte bekannt.

Sexualrezept

Ein von Gregor A. Gregorius überliefertes Sexualrezept zur Herbeiführung von sexueller Liebe lautet nach alten ritual-magischen Anweisungen:

"Nimm eine Winzigkeit reinen Weingeistes in ein kleines Glasröhrchen, tue dazu drei Tropfen Blut aus der Spitze deines Venusfingers, dazu den ersten Tropfen deines lebensfähigen Spermas. Verschließe das Röhrchen luftdicht und trage es, umwickelt mit einem echten Jungfernpergament, auf welches du das magische Venus- und Marsquardrat in hebräischen Buchstaben aufzeichnest, in einem seidenen Beutelchen auf der Brust. Du wirst dann, wenn du diese magische Praktik in der Venusstunde bei Vollmond vorgenommen hast, den Frauen gegenüber unwiderstehlich sein!"

Die folgenden Liebesrezepte auf sympathetischer Basis stammen ebenfalls von Gregorius und sind dem Werk "Magische Briefe" entnommen. Sie sollen Zuneigung und sexuelles Begehren durch die Anwendung körpereigener Odsubstanzen fördern.

Um Liebe zu erwecken

Koche in guter Konstellation der Venus mit Jupiter oder Mars das Kraut Frauenhaar in gutem Wein, lasse dazu einige Blutstropfen aus deiner Ader laufen und gib davon dem Mädchen zu trinken.

Um die Liebe einer Frau zu gewinnen

Nimm die Mumia des Urins und des Spermas, pflanze darin Knabenkraut, Zwiebel, Schnittlauch und Sellerie, wenn die Venus in ihrer Erhöhung steht und vom Mond gut aspektiert wird und gib diese der Frau zu essen.

Um die Liebe eines Mannes zu gewinnen

Nimm die Mumia des Monatsblutes und des Urins, pflanze darin Baldrian, Rosmarin und Beifuß und gib dem Mann davon zu essen, wenn sich der Mars in guter Aspektierung von Venus und Mond befindet.

Um eine Liebessalbe zu machen

Nimm zwei Kröten, wenn sie aus der Erde kommen, trockne sie im Rauch und pulverisiere sie, vermische das Pulver mit Sperma und Monatsblut eines Mädchens, füge dazu Safran, Ambra und Alraunwurzel und vermische die Mumia mit deinem Urin, wenn die Sonne oder der Mond im Hause des Skorpion steht. Verreibe die gewonnene Substanz auf deinem Solarplexus und du wirst in allen Liebesangelegenheiten Erfolg haben und unwiderstehlich sein.

Eine ganze Reihe weiterer "Liebeszaubermittel" ließen sich noch anführen, doch soll diese Auswahl genügen, um dem Leser einen Einblick in dieses Gebiet zu gewähren. Nicht unerheblich ist es nun auch nach magischem Brauchtum, den bereits zur Liebe entfachten Partner dauernd an sich zu fesseln und zu binden. Daß sich diese sexualmagischen Praktiken größtenteils wiederum auf die magische Bindung weiblicher Personen beziehen, liegt wohl an dem im männlichen Bereich stärker vertretenen Interesse an Liebes- und Sexkontakten. Frauen, denen in der Regel ein stärkeres sexuelles Raffinement sowie eine größere erotische Ausstrahlung zu eigen ist, verlegen den Schwerpunkt ihrer magischen Tätigkeit wohl auf andere Gebiete.

Hat man nun also ein Mädchen oder eine Frau durch eine der vorigen Methoden zur sexuellen Vereinigung verführt, so soll man um diese Person vollständig an sich zu binden, die Ejakulation nicht nur innerhalb der weiblichen Sexualorgane ausführen. Vielmehr verreibe der Magier seine Spermasekretion sorgfältig unter starker Beeinflussungs- und Denkkonzentration auf dem Solarplexus der Frau.

In den Tagen der monatlichen Periode, lasse der Magus sich von der Frau mit dem Mund befriedigen, wobei es hier äußerst wirksam ist, wenn sie das männliche Ejakulat schluckt und der Magier sich wiederum stark darauf konzentriert, sie durch die Kraft seines Willens zu beherrschen.

Um Personen männlichen Geschlechts an sich zu binden, wäre es denkbar, daß eine Frau mit den ihr zur Verfügung stehenden Vaginalsekreten arbeitet, die sie ebenfalls vorher unter starker Wunschimagination aufgeladen hat.

Dr. Mumford führt an, daß unmittelbar vor, während und nach Erreichen des sexuellen Höhepunkts sich das menschliche Gemüt in einem Zustand der Überempfindlichkeit befindet und alle Suggestionen gleich einem Schwamm aufsaugt. Und tatsächlich, so hat die Praxis ergeben, ist der Mensch während des Geschlechtsverkehrs für positive oder negative Einflüsse im höchsten Grad empfänglich.

Eine Person kann durch magische Praktiken vollständig mit den Influenzen, Odstrahlen und Willenskräften so beeinflußt werden, daß es für einen geschulten Magier möglich ist, diese völlig unter seinen Willen zu bekommen, ja er kann auf diese Art und Weise sogar eine sexuelle Hörigkeit erzeugen.

Im "Magischen Brief VIII" über Sexualmagie heißt es wörtlich: "Der kulturellen Entwicklung der Menschheit von dem Niveau der primitiven Völker bis in unsere Jetztzeit, in die heutigen Entwicklungsphasen, geht eine Verfallserscheiung unaufhaltsam paralell: der Niedergang der Sexualität in ihrer gesamten Auswirkung. Die reinen Urquellen des köstlichsten aller menschlichen Triebe sind verschüttet oder in unreine falsche Bahnen gelenkt.

Besonders die europäischen Völker, welche am tiefsten in die materialistische Weltanschauung versunken, ihrem sicheren Untergange zustreben, wissen nichts mehr von der gewaltigen göttlichen Macht sexualer Kraftkomplexe, die bewußt gesteigert und geformt werden können zu magisch-odischen Schwingungszentren, nicht nur im Einzelindividuum, sondern sogar zur Wirkung einer kompakten Majorität in einzelnen Völkergruppen.

Das geheime Wissen um die wahrhaft göttliche Magie, um die Sexual-Magie, existiert nur noch in wenigen europäischen Geheimlogen, sorgfältig von den Händen der Meister gehütet, nur den eingeweihten Fratres zugängig."

Diese Aussagen von Gregorius besitzen vollste Gültigkeit auch wenn in den letzten Jahren einige wichtige Schriften zu dem Themen der Sexualmagie veröffentlicht wurden und berühren das Thema einer heutzutage trieb- und tierhaft ausgelebten Sexualität. Einer Sexualität die losgelöst von den Urgründen des Seins, immer tiefer in ihre eigenen dämonischen Machtsphären versinkt und dadurch den Niedergang vieler Individuen bewirkt.

Satanistische Magie

Der höchste Gott ist nach Auffassung mancher Gnostiker, Esoteriker und insbesondere den Satansanhängern auch gleichzeitig der höchste Teufel, denn Licht und Schatten sind im Grunde eins. Dieses hohe, geheime und nicht jederman zugängliche Verständnis alten gnostischen Weistums wird von den Vertretern des modernen Satanskultes als Grund für ihre Rituale zu Ehren eines "dunklen Gottes" gebraucht und mißbraucht.

Die Satansbibel

So verkündet der Hohe Priester, der am 30. April 1966 in der Walpurgisnacht gegründeten Satanskirche (First Church of Satan, mit Hauptsitz in San Franzisko) Anton Szandor LaVey in seiner "Satanic Bible" folgende neun Statements:

1. Satan repräsentiert Nachsicht statt Enthaltsamkeit!
2. Satan repräsentiert vitale Existenz statt spiritueller Einbildung!
3. Satan repräsentiert uneingeschränkte Weisheit statt scheinheiligen Selbstbetrug!
4. Satan repräsentiert Gefälligkeit jenen gegenüber, die es verdienen, statt Liebe, die an Undankbare vergeudet wird!
5. Satan repräsentiert Rache statt Hinhalten der anderen Backe!
6. Satan repräsentiert Verantwortlichkeit gegenüber Verantwortungsbewußten statt Sorge für psychische Vampire!
7. Satan repräsentiert den Menschen als bloß anderes Tier, das manchmal besser, viel öfter aber schlechter ist als ein Vierfüßler und wegen

seiner "göttlich spirituellen und intellektuellen Entwicklung" zum bösartigsten aller Tiere geworden ist!
8. Satan repräsentiert alle sogenannten Sünden, da sie alle zu physischer, geistiger oder emotionaler Befriedigung führen!
9. Satan repräsentiert den besten Freund der Kirche den sie je hatte, denn Satan hält das Geschäft der Kirche all die Jahre hindurch aufrecht!

Diese neun Verhaltensregeln ähneln teilweise denen des Liber al vel Legis, dem "Buch des Gesetzes" für das Zeitalter des Wassermann von Aleister Crowley und auch die weiteren Ausführungen LaVeys wie: "Sei ein Löwe in deinem Bereich!" und "Wenn dir jemand in die linke Seite schlägt, schlag ihn in die Rechte!", lassen eindeutig die Handschrift Crowleys erkennen.

LaVey der vor seiner Berufung zum Hohepriester Satans als Sensationsreporter arbeitete und sich intensiv mit Verhaltenspsychologie beschäftigte, propagiert gleich Crowley die Befreiung des Individuums von allen Hemmungen und Komplexen.

Moderne schwarze Messen

Um beispielsweise sexuelle Frustrationen der Mitglieder der "First Church of Satan" abzubauen, veranstaltet LaVey regelmäßige schwarze Messen, bei denen wie im Satanismus üblich, der nackte Körper eines jungen Mädchens als Altar dient. Dieses Mädchen ist angewiesen, sich absolut ruhig zu verhalten, während die versammelten Brüder und Schwestern des Satan, derweil vermummt hinter den Bänken eines entweihten Kirchenhauses das Schauspiel genießen.

Bei jeder neuen Messe wird nun darauf geachtet, daß die Zuschauer immer weiter nach vorne aufrücken, bis sie sich bestärkt durch ihre mitzelebrierenden Glaubensgenossen, den offen dargebotenen sexuellen Reizen des hübschen jungen Mädchens direkt konfrontiert sehen.

Die öffentliche, lustvolle Ausführung des Koitus vor den Augen der anderen Satanisten soll durch diese Desensibilisierungsstrategie (Verminderung der angeborenen oder anerzogenen Hemmschwelle) zum schrittweisen Abbau vorhandener Hemmungen und Frustrationen des Sexuallebens führen.

Bei der Durchführung der Sexual-Rituale ist nach LaVey, darauf zu achten, daß alles und besonders die Einführung des erigierten Gliedes in die Priesterin sowie die Öffnung der weiblichen Schenkel in "unzüchtigem Entgegenkommen" und "freudiger Laszivität" geschieht. Durch forciertes sexuelles sich ausleben, sollen zunächst durch "Überkompensation", danach immer freier die letzten Reste moralischer Gehemmtheit abgelegt und ausgetilgt werden.

Schibboleth

Ein zweites Ritual der Satanskirche, das "Schibboleth" genannt wird, basiert auf der psychoanalytischen Aufarbeitung persönlicher Haßgefühle. Zum "Schibboleth" gehen die Satansgläubigen verkleidet und jeder versucht, sich in einen verhaßten Feind einzufühlen und auch so auszusehen und so zu agieren wie dieser. Hierdurch identifiziert sich der Ausführende mit seinem Feidbild und verkörpert aktiv dessen Rolle. Dabei wird er von anderen "Gläubigen" intensiv beobachtet und in seinem Verhalten korrigiert, wenn er den Gegner nicht glaubwürdig genug

DER SCHWARZMAGIER UND SATANIST ANTON SZANDOR LA VEY
(HOHEPRIESTER DER FIRST CHURCH OF SATAN)

darstellt. Die Gruppenübung wird rituell dann dadurch beendet, daß man dem Feind (dessen Identifizierung) symbolisch vernichte. So befreien sich die Satansjünger von sie hemmenden, irritierenden und schwächenden Haßgefühlen und wirken bei genügend starker Imaginationskraft und Begabung auch fernmagisch schädigend auf das Opfer.

Durch die zunehmende Verkörperung des Feindbildes und dem damit verbundenen Lösungsvorgang, können eigene wie fremde Ängste überwunden und ausgelebt werden. Auf ähnliche Weise werden in der satanistischen Kirche LaVeys auch Gefühle wie Mitleid, Güte und Nächstenliebe bearbeitet. Das Resultat ist mit einer Gehirnwäsche vergleichbar, bei der eine völlige Umstrukturierung und Umerziehung des Individuums erreicht wird. Inwieweit hierbei die Interessen des Einzelnen und dessen Bestreben nach Abbau anerzogener Hemmungen oder der Eigennutz der Satanskirche im Mittelpunkt stehen, ist allerdings die Frage.

Um bei diesen Praktiken scharf voneinander getrennte Bewußtseinszustände aufrecht zu erhalten, werden bei LaVey spezielle Transformationsübungen durchgeführt. Durch diese Umwandlungsrituale soll eine Trennung von "magischem" und "öffentlichem" Ich erreicht werden.

Umkehrung der Sinne

Eine weitere, im modernen Satanismus und nicht nur in diesem, oft ausgeübte Handlung ist die in der Literatur als "Umkehrung der Sinne" bezeichnete Praxis. Hierbei wird davon ausgegangen, daß jeder Gegensatz in seiner Natur Leid hervorruft und die Überwindung dieses Leides in der Zerstörung der Gegensätze besteht.

Der angehende Magier muß zu diesem Zweck alle Dinge suchen, die für ihn bis zum höchsten Ausmaß unangenehm und verabscheuungswürdig sind und sie durch einen gewollten Willensaspekt zu den seinen machen.

Daß, was als subjektiv widerlich und ekelhaft empfunden wird muß im Wege der Gesamtheit assimiliert werden. Die Umkehrung der Sinne muß bis zum dem Punkt erfolgen, wo Lust und Ekel sich ausgleichen und dadurch negieren (aufheben).

Der Sexualmagier Austin Osman Spare führt hierzu an: "Soweit wie möglich und um die besten Resultate zu erlangen, sollte eine Kultivierung von der Außenseite zum Inwendigen geschehen. Durch Freude finden an ekelhaften, aber wertvollen Dingen, wie Urin und Exkrementen, und dadurch Gerüche dort zu suchen wo sie am kraftvollsten sind, wie in den Furchen und Sekretionen von Frauen. Durch diese Diversion geht man einen systematischen, sorgfältigen und wissenschaftlichen Weg und versteht, daß der Prozeß des Alterns angehalten und umgekehrt werden kann durch den Gebrauch von Ekel".

Michael D. Escher ein moderner Experimentalmagier und Crowleyaner, empfiehlt hierzu das Anlegen einer Liste, die man sechsspaltig aufbauen soll und die in abgestufter Reihenfolge drei Spalten für angenehme Dinge und drei Spalten, für Dinge, welche von unangenehm über starke Widerstände bis zum Ekel reichen, enthält.

In die so angefertige Liste trägt man nun alle Tätigkeiten, Objekte und Menschen ein und klassifiziert sie in je drei positiven und negativen Steigerungen von sehr angenehm bis ekelerregend.

Folgendes Beispiel soll zur Veranschaulichung obiger Ausführungen dienen:

äußerst angenehm	(+3):	Sex, kalter Sekt.
sehr angenehm	(+2):	Essen gehen, Bier.
angenehm	(+1):	Fernsehen, Limonade,
unangenehm	(-1):	Schwiegermutter, Spinat.
sehr unangenehm	(-2):	Chef, Steuererklärung.
ekelhaft	(-3):	Exkremente, Regenwürmer.

Die Arbeit an dieser Liste nehme man sehr ernst und verfeinere sie bei jeder sich bietenden Gelegenheit.

Die "Umkehrung der Dinge" geschieht nun dadurch, daß man einen Punkt unter -1 (unangenehm) ausführt z.B. Spinat zu sich nimmt und diese Tätigkeit durch eine positive Tätigkeit ausgleicht z.B. durch Bier trinken (+1 und angenehm). Der schnellste Erfolg läßt sich erreichen, indem man permanent nur Dinge ausführt, die unter -3 stehen.

Das Ziel dieses "Ekeltrainings" ist, durch Überwindung anerzogener moralischer Resentiments, das Ego des Menschen zu befreien und zur vollen "magischen" Stärke zu entwickeln. Nach Michael D. Escher ruft jede Idee eine vom Verstand nicht kontrollierbare Anzahl von Assoziationen hervor, die wiederum mit einer Menge anderer Ideen verbunden sind. Jede dieser abgeleiteten, peripheren Gedanken wird nun vom menschlichen Geist mit Energie versorgt und verhindert das Festhalten und Verfolgen des ursprünglichen Gedankenganges. Jede positive Idee, die wir denken, ruft sofort ihren Gegensatz hervor und da unser Bewußtsein negative Gedanken gewöhnlich gerne verdrängt, arbeiten diese im Unbewußten weiter, binden immer stärkere Energien und drücken sich in unserem tatsächlichen Handeln oft stärker aus, als die bewußten und vom Ego akzeptierten Gedanken.

Das Ritual des "Ekeltrainings" soll die anerzogene Grenze zwischen angenehm-unangenehm, gut-böse mehr und mehr verwischen und somit einen wertfreien Haltungs- und Handlungsstatus herbeiführen.

Eine große Gefahr dieser Trainingsmethode liegt allerdings darin, die früher für gut und angenehm befundenen Dinge unter den Eindrücken eines neugestalteten Seins nun als falsch und unangenehm zu sehen. Eine vorurteilsfreie Beurteilung wird in diesem Falle unmöglich und es findet in der Regel nur eine Vertauschung der früheren ethisch, moralischen Basis statt.

Kreuzigungsrituale

Von Aleister Crowley berichtet der Schriftsteller John Symonds in seiner Biographie "Aleister Crowley - Das Tier 666", er habe zur Überwindung des Christentums (Umkehrung der Sinne!) und um den Ruinenschutt des vergangenen Äons (Zeitalter der Fische) zu beseitigen, ein schwarzmagisches Ritual zelebriert, welches den "Sterbenden Gott" Christus und die Religion der Güte bannen sollte.

Für dieses Ritual fing Crowley ganz in Schweigen versunken (Mysterium der Empfängnis) einen Frosch und sperrte ihn in eine Schachtel, die mit folgender Inschrift versehen war: "Du hast dich nicht vor dem Schoß der Jungfrau geekelt". Für den weiteren Ritus näherte er sich dem Frosch vor der Morgenröte mit Gaben aus Gold, Weihrauch und Myrrhe. Später schenkte er ihm dann scheinbar die Freiheit, indem er ihn unter einem Netz auf eine bunte Steppdecke setzte und sich an dem verzweifelt um seine Freiheit bemühten Frosch ergötzte. Crowley beschreibt dieses satanische Ritual weiter mit den Worten:

"Nun nimm eine Schüssel Wasser und nähere dich dem Frosch mit den Worten: Im Namen des Vaters und des Sohnes und des heiligen Geistes (wobei man ihm etwas Wasser auf das Haupt träufelt) taufe ich dich, O Kreatur der Frösche, auf den Namen Jesus von Nazareth".

"Im Verlauf des Tages sollst du den Frosch ehren, wann immer sich eine Gelegenheit bietet. Und du sollst ihn um allerlei Wunder bitten, was immer dein Herz begehrt; sie werden erfüllt werden, wie dein Wille es befiehlt. Auch sollst du dem Frosch versprechen, daß er auffahren werde gen Himmel, wie es ihm zukomme. Während all dessen sollst du heimlich ein Kruzifix schnitzen, auf daß er gekreuzigt werde. Bei Anbruch der Nacht sollst du den Frosch festnehmen und mit diesen Worten anklagen:

"Tue was du willst sei das ganze Gesetz! Sieh, wie du gefangen bist in meinen Schlingen, Jesus von Nazareth. Zeit meines Lebens hast du mich geplagt und beleidigt. In der Jugend hast du mich gefoltert, wie alle freien Seelen der Christenheit. Keine Freude war mir vergönnt. Alles nahmst du mir, was ich besaß, und was man mir schuldig war, erhielt ich nicht, alles, alles geschah in deinem Namen, Endlich bist du in meiner Gewalt, Sklavengott, in der Gewalt des Herren der Freiheit bist du.

Deine Stunde ist gekommen, denn ich werde dich auslöschen von dieser Erde, so wahr die Sonne von höchsten Gipfeln strahlt; und Licht, Leben, Liebe und Freiheit werden das Gesetz der Erde sein. Mir gebürt dein Platz, O Jesus, dein Äon ist vorbei und vergangen. Das Zeitalter des Horus ist erstanden durch die Magick des Meisters, des Tieres, welcher ein Mensch ist, und seine Zahl ist 666. Liebe ist das Gesetz, Liebe unter Willen. Ich To Mega Therion also spreche dich schuldig, Jesus Sklavengott, auf daß du verhöhnt werdest, bespuckt, gegeißelt und gekreuzigt".

Sodann wird das Urteil vollstreckt. Nach der Verhöhnung des Gekreuzigten spricht man folgende Worte:

"Tue was dein Wille ist, sei das Gesetz. Ich, das große Tier, der ich dich kreuzige, Jesus von Nazareth, dich, den Sklavengott, der du angenommen hast die Gestalt des Frosches, segne dies Wesen im Namen des Vaters und des Sohnes und des heiligen Geistes. Und auf mich nehme ich den Geist der Elemente in diesem Frosch, die ich mir zu Diensten mache. Und sie werden um mich sein im Geiste und über die Erde schweifen und mich behüten in meinem Werk für die Menschheit.

Von meiner Gnade und Güte werden die Menschen sprechen und preisen meine Tugenden, auf daß sie mir bringen die Gaben der Liebe und mir ihre Dienste anbieten, desgleichen alle materiellen Güter, was immer ich brauche. Und dies sei ihr Lohn: zu stehen bei mir und zu hören die Wahrheit aus meinem Munde, und getäuscht werden sie sein von deiner Falschheit.

Liebe ist das Gesetz, Liebe unter Willen".

Darauf sollst du den Frosch mit dem Dolch der Kunst ins Herz stechen und dabei sagen: "In meine Hände empfange ich deinen Geist". Dann sollst du den Frosch vom Kreuz abnehmen und in zwei Teile teilen. Die Beine sollst du kochen und als Sakrament verzehren zum Zeichen des Paktes mit dem Frosch. Den

Rest verbrenne vollständig, damit entgültig beendet werde das Zeitalter des Verfluchten."

Durch dieses schwarzmagische Ritual kann der Ausführende sicher sein, weitgehend die Moral christlichen Glaubens und anerzogener Wertvorstellungen in seinem Bewußtsein beseitigt zu haben.

Durch die Zerstörung moralischer Skrupel und die Identifizierung mit dem Gott in sich selbst, sollen destruktive Unterdrückungen der eigenen Triebnatur beiseite geräumt werden, und eine Vorurteilsfreie Beurteilung des eigenen Seins ermöglicht werden.

Zubereitung von "Lichtkuchen"

Zunehmend größere Bedeutung bei der Ausführung moderner ritueller satanistischer Kulthandlungen erlangen auch die von Aleister Crowley in seinem "Buch des Gesetzes" propagierten "Lichtkuchen".

Diese werden nach dem "Liber al vel Legis" (Teil III, Satz 23-29) wie folgt hergestellt:

"Zu Weihrauch mische Mehl und Honig und dicke Reste von rotem Wein (sehr geeignet ist Portwein); dann öl des Abramelin (das aus Zimtöl, Myrrhe-öl und öl der aphrodisierenden Galanga-Wurzel gemixt ist; Anmerkung des Autors) und Olivenöl; alsdann verrühr es weich mit sattem, frischem Blut.

Das beste Blut ist das vom monatlichen Mond (Menstrualblut); darauf das frische Blut eines Kindes (Sperma und Vaginalflüssigkeit), oder Tropfen von der Hostie des Himmels (Sperma); dann Blut von Feinden; dann das vom Priester oder dem Anbeter; zuletzt das Blut eines Tieres, gleich von welchem.

Verbrenne dies; mach Hostien daraus und eßt sie für mich. Auch hat dies einen anderen Nutzen; legt sie vor mich, wohl erhalten durch eurer Lobgesänge Duft: Sie sollen voll von käfergleichen Wesen werden, Kriechkreaturen die mir heilig sind. Diese erschlagt und nennet dabei eure Feinde; und sie sollen fallen vor euch. Auch sollen sie, so ihr davon eßt, in euch die Lust und Kraft zur Lust erzeugen. Auch sollt ihr stark zum Kampfe werden. Und noch, je länger ihr sie aufbewahrt, je besser, denn sie schwellen auf mit meiner Kraft. Alle vor mir."

Die so hergestellten "Lichtkuchen" (Cakes of Light) eignen sich hervorragend zur Verwendung als Hostien bei schwarzen Messen oder zu schwarzmagischem Schadenszauber (Erschlagen der sich bildenden Käfer im Namen seiner Feinde).

Diese Schilderungen praktischer Magie sollten genügen, um sich eine Vorstellung von dem Wirken moderner satanistischer Techniken zu machen. Sie zeigen deutlich den Charakter, den Gott der Christen als Satan; und Satan als das gute Prinzip zu etablieren.

Es findet aber lediglich ein Vertauschungsritual statt, bei dem die Begriffe variieren. Der Satanist bleibt weiterhin in den Begriffen des Dualismus (schwarz - weiß, gut - böse) gefangen und erkennt nicht den esoterischen Gedanken, daß Aufbau und Zerstörung ebenso untrennbar verbunden sind, wie Leben und Tod und nur einen augenblicklichen Zustand einer letztlich unteilbaren Kraft bilden.

Der Teufelsanbeter aber handelt in den meisten Fällen nicht aus Gründen, einer esoterischen Satansverehrung sondern um selbstsüchtige Ziele und Absichten zu verfolgen. Nach Adolf Hemberger (Dr. Klingsor) kommen als Gründe einer Teufelsverehrung vor allem in Frage:

1. Furcht; denn die gute Gottheit braucht man nicht zu fürchten, da sie ja ohnehin Gutes tut,
2. Der Machtwille des Menschen,
3. Der Glaube an die Wirkkraft des Bösen,
4. Der Versuch, die negativen Kräfte zu besänftigen,
5. Der Glaube, daß die Schedim (Engel des Bösen) die Herren der Erde seien,
6. Der Glaube, daß Lucifer der Herr der Magie ist
7. Die Vorstellung, daß der Fürst der Dunkelheit und die ihm zugehörigen Scharen, die einzigen sind, die sich manifestieren können und starke Kräfte besitzen.

Die schwarze Messe des Joris Karl Huysmans

Ein Kenner neuzeitlicher Teufelsriten ist Joris Karl Huysmans, der in seinem doppeldeutigen Roman "Tief unten" auch eine schwarze Messe beschreibt, die er persönlich miterlebte. Hier wird sein Romanheld Durtal in eine schmutzige entweihte Kapelle geführt, über dessen Altar eine schändliche Spottgeburt von Jesus Christus hängt. Auf dem Altar stehen schwarze Kerzen und Weihrauch aus Myrthe, Raute, Nachtschatten, Bilsenkraut und Stechapfel schwängert die Luft. Die Ministranten sind Homosexuelle und die Messe wird von einem abgefallenen Priester zelebriert, der über seinem nackten Körper einen dunkelroten Chorrock trägt und eine scharlachfarbene Kappe mit zwei Hörnern auf dem Kopf hat.

Der Teufelspriester preist im folgenden Satan mit den Worten: "Meister aller Tumulte, der du austeilst die Wohltaten des Verbrechens, Verwalter der üppigen

Sünden und der großen Laster, Satan dich beten wir an, du logischer Gott, gerechter Gott du!"

"Ungemein bewunderungswürdiger Legat der falschen Ängste, du nimmst auf die Bettelei unserer Tränen; du rettest die Ehre von Familien durch Abtreibung in Bäuchen, die im Vergessen schöner Erschütterungen fruchtbar wurden. Du gibst den Müttern die Hast der Frühgeburten ein, und deine Geburtshilfe erspart den Kindern, die vor der Geburt sterben, die Ängste des Reifens, den Schmerz der Abstürze!"

"Stütze der Armen in Erbitterung, Herzensfreund der Besiegten, du bist es, der sie mit Heuchelei begabt, mit Undankbarkeit und Hochmut, auf daß sie sich verteidigen können gegen die Angriffe der Gotteskinder, der Reichen!"

"Alleinherrscher der Verachtung, Buchhalter der Demütigungen, Zinsherr der alten Haßgefühle, du allein machst fruchtbar das Hirn des Menschen, das die Ungerechtigkeit zermalmt; du hauchst ihm ein die Ideen der vorbedachten Racheakte, der unfehlbaren Missetaten; Du stachelst es auf zum Mord, du schenkst ihm die überquellende Freude an den Gegenmaßregeln, über die es verfügt, an der guten Trunkenheit der vollstreckten Strafen, der Tränen, die es verursacht hat!"

"Hoffnung der Manneskräfte, Angst der gähnenden Gebärmütter, du verlangst nicht die nutzlosen Prüfungen der keuschen Lenden, du rühmst nicht den Wahnwitz der Fasten und Ruhetage; du allein nimmst auf das Flehen des Fleisches und seine kleinen Wünsche im Bereiche der armen Familien mit all ihrer Begierde. Du bestimmst die Mutter, daß sie ihre Tochter verkaufe, ihren Sohn abtrete, du stehst bei den unfruchtbaren, verworfenen Liebesbünden, Schutzherr der zerrenden Nervenleiden, bleierner Turm der Hysterien, blutiges Gefäß der Notzucht!"

"Meister, deine getreuen Diener flehen auf ihren Knien dich an. Betteln zu dir, daß du die Heiterkeit jener ergötzlichen Frevel ihnen schenkest, von denen die Justiz nichts weiß; bitten dich, bei den Missetaten zu helfen, deren unbekannte Spuren die menschliche Vernunft aus ihrer Bahn werfen; flehen dich an; daß du sie erhörest wenn sie es wünschen die Folterung all derer, die sie lieben und die ihnen dienen. Sie erbitten von dir für dich König der Enterbten, für dich, Sohn, den der unerbittliche Vater verjagte, Ruhm, Reichtum und Macht!"

Alsdann spricht der schwarze Priester aufrecht mit klarer haßvoller Stimme und ausgebreiteten Armen:

"Und du, du den in meiner priesterlicher Eigenschaft ich zwinge, magst du wollen oder nicht, herabzusteigen in diese Hostie, Fleisch zu werden in diesem Brote, Jesus, kunstreicher Webmeister des Betrugs, Räuber von Huldigungen, Dieb der Neigung, höre du! Seit dem Tage, an dem du entstiegest den Eingeweiden der Jungfrau, hast du den Verpflichtungen, die du auf dich nahmst, dich entzogen, hast du deine Verheißungen Lügen gestraft; Jahrhunderte harrten deiner in schluchzender Erwartung, du flüchtiger Gott, du stummer Gott du!"

"Du solltest die Menschen erlösen und hast nichts gut gemacht; du solltest erscheinen in deiner Glorie und bist entschlummert! Geh, lüge weiter, sage dem Unglückseligen, der nach dir schreit: "Hoffe, gedulde dich, die Engel werden dir beistehen und der Himmel öffnet sich dir."

"Betrüger, du weist wohl, daß die Engel, angewidert von deiner Trägheit, dir entweichen! Du solltest sein der Dolmetscher unserer Klagen, der Kammerherr unserer Tränen. Du solltest sie bringen vor den Vater, und du hast es nicht getan; denn ohne Frage war dieses Einschreiten deinem Schlummer eine Störung in seiner selig-satten Ewigkeit!"

"Du hast vergessen jener Armut, die du predigtest, du in Liebe der Banken Vasal! Du hast gesehen, wie unter der Presse des Agio man die Schwachen zermalmte, hast gehört das Röcheln des Verschüchterten, die Hungersnot lähmte und hast, durch die Kanzlei deiner Simonisten, durch deine Handelsvertreter, deine Päpste, als Antwort gesandt hinzögernde Entschuldigungen, ausweichende Verheißungen, du Säckelmeister der Sakristei, du Gott der Geschäfte!"

"Ungeheuer, dessen unfaßbare Roheit das Leben zeugte, wagst es im Namen einer geheimnisvollen Erbsünde, auf Grund unbestimmbarer Klauseln. Wir wollen trotz allem endlich dich zum Geständnis deiner unverschämten Lügen bringen, deiner unsühnbaren Verbrechen! Wir möchten dir die Kreuznägel tiefer noch eintreiben, den Dornenkranz heftiger stacheln, den schmerzlichen Blutstrom an die Ufer deiner trockenen Wunden treiben!"

"Und dieses: wir können und werden es tun, werden der Ruhe deines Leibes Gewalt antun, du Entweihter der üppigen Laster, du Nebelbrauer der stumpfsinnigen Reinheit, verfluchter Nazarener, Faulpelz von König, Feigling von Gott!"

Und während die versammelte Gemeinde der Satanisten sich in hysterischen Schreien und Ekstase windet, weiht der Priester die Hostie mit den Worten: "Hoc est enim corpus meum". Danach beschmutzt er sie im Orgasmus, zerkaut sie im Mund, wischt sich mit ihr den Hintern und wirft sie zu Boden. Dann greifen die Anhänger nach ihr, brechen Stücke ab und verzehren sie. Daraufhin kommt es zu einer unbeschreiblichen Orgie, bei der sich die Chorknaben mit den Männern verbinden, sich die Frauen in sexueller Raserei paaren und eine "Jungfrau" hoch geschürzt auf den Altar steigt, um mit einer Hand den Penis des Priesters zu umgreifen und sich mit der anderen den Hostienkelch zwischen die nackten Beine zu halten...

Wie man an den vorstehenden Ausführungen deutlich erkennen kann, handelt es sich bei dieser schwarzen Messe, weniger um einen magischen Akt als vielmehr um eine Entweihung christlicher Rituale und im Mittelpunkt stehen vornehmlich Praktiken die "anerzogenen Bewußtseinsgrenzen" zu sprengen und sich von abgelebten Glaubenslehren zu befreien.

Für die wirksame Zelebration einer schwarzen Messe als Ritual zur Verehrung des dunklen Prinzips Gottes hingegen, wird ein konsekrierter (geweihter) abtrünniger Priester oder ein hoher geweihter Meister eines Ordens oder einer geheimen Bruderschaft benötigt. Genau nach den Ritualen der kirchlichen Vorschriften und Gebräuche vollzieht sich der Gottes- oder Satansdienst. Nur liegt auf dem Altar der nackte Körper eines Mädchens oder einer Frau auf der der Priester dann seine Handlungen verrichtet.

Wie bei allen schwarzmagischen Ritualen, wird hier auch lebenswarmes Blut besonderer Ritualtiere oder eines neugeborenen Kindes vergossen, um das Kraftpleroma zu erhöhen. Durch dieses Blutopfer werden die Dämonien der Astralsphäre angelockt und biswei-

DIE SCHWARZE MESSE

len mit den versammelten Gläubigen seelisch verbunden.

Jedoch sind wirkliche schwarze Messen, bei denen echte magische Rituale zelebriert werden überaus selten. Meist handelt es sich um billige Imitationen uneingeweihter "Hexer", die lediglich die Sensationsgier und Neugier der Teilnehmer befriedigen.

Nach Gregorius sind die überlieferten sogenannten Teufelsbeschwörungen, wie sie in der "Clavicula Salomonis" und anderen ähnlich geheimnisvollen Büchern der schwarzen Magie aufgeführt sind, wertlos. Er schreibt in "Satanistische Magie":

"Die schwülstigen, endlosen, salbungsvollen Anrufungen der Engel, Geister und Fürsten sind dummes Machwerk und nichts weiter als Stimulationsmittel für den Laien-Magier, um ihn in die nötige Ekstase zu versetzen. Eine starke, richtig nach dem schwingenden Tattwa in der Planetenstunde ausgewählte Räucherung, z.B. als Droge gewählt, Haschisch, Nachtschatten, Stechapfel und Schwefel, die harmonisch mit der Tages- und Geburtskonstellation des Magiers zusammenstimmt, erzielt den gleichen Effekt, ebenso ein richtig gewähltes Narkotikum oder Rauschmittel, welches durch Einwirkung auf die Sexualsphäre die enzen zwischen Tag- und Nachtbewußtsein vermischt.

Hauptsache ist, daß der Magus im Besitze der kabbalistischen unverfälschten Pentakel und Sigel ist, die magischen Quadrate und kosmischen Glyphen der potentialen Auswirkung beherrscht, dann benötigt er wahrhaft der Worte nicht viele. Natürlich unterstützen echte Metallgeräte die magisch-magnetische Anziehung sehr, und sind ebenso wie die Verwendung der entsprechenden Edelsteine nur zu empfehlen."

Die schwarze Messe der Albigenser

Gregorius schildert in seinem bereits zitierten Werk danach eine schwarze "verkehrte" Messe der Albigenser, die aufgrund ihres magischen Ritus ernst zu nehmen ist und nicht viel mit der zuvor angeführten gemein hat:

"Kurz vor Mitternacht öffnet eine unsichtbare Hand den hinter dem Altar hängenden schwarzen Vorhang, es taucht eine dunkle Gestalt in dem Düster des Chores auf und legt drei Bücher symmetrisch auf den Altar, das dritte den Tabernakel stützend.

Es schlägt Mitternacht! Beim zwölften Schlag erscheint wie ein Phantom vor dem Altar der Priester, mit ausgestreckten Armen ein lebendes Kreuz bildend. So steht er unbeweglich eine lange Zeit, ein vorbereitendes "Wach-Sein", indem er seinen Willen aussendet, um Satan zu rufen. Totenblaß ist sein askethisches Gesicht, umhüllt von den Wolken der Räucherdrogen. Lange Zeit steht er so regungslos da, indessen sein Astralkörper rufend durch Kama-Loka wandert.

Da flammen plötzlich vier Kerzen auf dem Altar auf, die dunkle Kirche erleuchtet sich und die heilige Zeremonie beginnt: Mit hocherhobener Hand hält der Priester den Kelch, der mit schwarzen Schleiern umhüllt ist, und empfängt gegen das Ritual erst Wasser und dann Wein. Dann funkelt ein Reliquienschrein in seinen Händen. Drei Siegel werden gebrochen, drei Schädel schimmern im Lichte der Kerzen, uralt, wie aus Mumiengräbern entnommen. Es sind die Gebeine der drei Könige Theobens, Menser, Sair, Söhne des Joh, die Schüler des Propheten Balaam, die von der Legende Caspar, Melchior und Balthasar genannt werden.

"Mächtige Magier, seid gnädig zu mir", ruft der Priester, "Euer Staub rede zu mir die Worte der Weisheit und spreche die Worte des Todes,"

Ohne Chorknaben, ohne Musik, einsam wie ein Levit der dunklen Hekate, murmelt der Priester dieser nächtlichen Messe leise die Rituale, ohne Glockenschlag und immer in einem düsteren Zwielicht, denn es gilt nicht dem lichttrunkenen Gotte der Christen, sondern es gilt "ihm" dem Herrn der Finsternis. Er liest das gnostische Evangelium des Johannes, aber statt zu lesen: "Das Wort ist Fleisch geworden", spricht er: "Das Fleisch ist Wort geworden" und weiter: "Es wurde gesagt, daß wir durch das Fleisch erlöst werden; man soll nackt in das Leben schreiten und das Böse durch das Böse vernichten, sich mit Raserei dem Bösen hingeben, um es vergehen zu lassen."

Dann nimmt er ein wenig Staub aus den drei Schädeln, tut diesen in den Kelch und spricht: "Sei gesegnet, Brot des Todes, tausendmal gesegneter als das Brot des Lebens, du wurdest nicht von menschlicher Hand gesäet und an dir klebt nicht der Schweiß der Arbeit. Der böse Gott trug dich in die Gruft der Verwesung, damit du das Brot der Offenbarung wirst." Bei diesen Worten vermischt er die christliche Hostie mit dem Staub der alten magischen Könige. Der Priester ißt und trinkt, wirft dann das Kreuz vom Altar, tritt es mit seinen nackten Füßen und sagt:

"O Kreuz ich vernichte dich zum Andenken der alten Templer. Ich vernichte dich, weil du das Marterwerkzeug des Jesus warst. Ich vernichte dich, weil du das Pentakel des Leides bist. Ich vernichte dich, weil deine Herrschaft zu Ende ist, weil es nicht mehr nötig ist, daß die Menschen im Schmerz versinken. Sie sollen auferstehen, um den Geist des Mannes

SATANISTISCHES PENTAKEL FÜR DAS ALTARTUCH

zu begrüßen, denn er ist der Paraklet." Und weiter zelebriert der Priester seine Beschwörung, indem er sich vor den Köpfen verneigt mit den Worten: "Ihr königlichen Magier, Verkünder von Manes, seid mir gnädig."

Du Caspar, der du Gold für unsere Armut gebraucht hast, gibt mir die Weisheit, gib mir das Gold des Wissens."

Du, Melchior, hochmütiger Greis, der du das Räucherwerk der Demut angeboten hast, kräftige meinen Willen und treibe die Angst von mir."

"Balthasar, der du mir am nächsten stehst, du Unzüchtiger, Geliebter der Königin Saba, du brachtest Myrhhe zu Füßen der Reinheit, verjünge meine Sinne, gib mir Kraft."

Bei diesen Worten küsst er die drei Schädel ehrfürchtig und inbrünstig und weiht aufs neue die heiligen alten Bücher, dann löscht er langsam die Kerzen und gibt der andächtigen Gemeinde das Zeichen zur Wollust, die er vom Altar aus segnet. So endet die Messe der Albigenser."

"Eine frühe Gnosis flüstert aus ihr", schreibt Gregorius "noch durch die Erinnerung an die chaldäische Magie verdorben. Sie wird zu Ehren des zweiköpfigen Satans zelebriert, der Gott und Teufel, Gut und Böse, Geist und Materie ist."

Besonders diese Messe darf nach alten Lehren nur ein geweihter Kirchenpriester leiten, denn nur seine Hand ist fähig zur Schändung der Heiligen. Nur ein konsekrierter Priester kann die wirksamen Gesten ausführen, um Gott zu beschmutzen, zu peinigen und geistig zu ermorden. Nur der geweihte Priester hat die Kraft, Gott zu beschwören und nur er vermag auch den Teufel zu rufen, denn wer den Himmel zu öffnen weiß, versteht auch die Kunst, die Pforten der Hölle aufzuschließen.

So durchziehen Satanskult und Verehrung des Bösen alle Zeiten der Menschheit, vom Urbeginn an. Der Beginn des Glaubens an eine gute Schöpfermacht ist auch der Anfang des Glaubens an die Existenz einer bösen Macht, und der Beginn der Verehrung Gottes ist zugleich der Beginn der Verehrung Lucifers.

Ein gnostischer Glaubensgrundsatz besagt: "Der Weg nach oben und der Weg nach unten führen beide zum gleichen Ziel".

Doch wo liegt das Ziel?
Vielleicht in der Unendlichkeit?

Schwarze Magie

Die Beweggründe für die Betätigung schwarzmagischer Praktiken sind das Streben des Menschen nach Reichtum, Macht und Ansehen, und das höchste Ziel eines schwarzen Magiers ist, seine Macht über das ganze Universum auszudehnen und in die tiefsten Geheimnisse des Kosmos einzudringen. Dieses Verlangen nach der Ausdehnung der eigenen Einflußsphäre und das Bedürfnis "mehr zu wissen" war die Geburtsstunde vorzeitlicher magischer Zauberpraktiken.

Richard Cavendish schreibt: "Die schwarze Magie hat ihre Wurzeln in den dunkelsten Bereichen des menschlichen Bewußtseins, und das macht einen großen Teil ihrer Anziehungskraft aus. Sie ist aber mehr als ein Produkt der Vorliebe für das Böse, nämlich der titanische Versuch des Menschen, sich selbst zu erhöhen und jenen Platz einzunehmen, den die Religion Gott vorbehalten hat."

Dr. Klingsor führt an: "Die schwarze Magie ist die okkulte Fortsetzung der von den Alten verbannten Riten. Das Opfer ist die Grundlage der Mysterien in der Schwarzkunst, und die Zaubergesten sind magische Opfer, in denen der Magnetismus des Bösen an die Stelle des Scheiterhaufens oder des Messers tritt."

Aber erst eine Definition von Gregor A. Gregorius ist in der Lage weiße und schwarze Magie klar voneinander zu trennen, er führt an:

"Schwarzmagisch handelt derjenige, der bei seinen magischen Praktiken das Blut lebender Wesen vergießt. Schwarzmagisch handelt auch derjenige Mensch der durch seinen Willen oder seine magischen Praktiken Wesen anderer Ebenen zwingt und veranlaßt, ihm gewollte materielle Vorteile zu verschaffen oder seine eigene Machtposition zu vergrößern. Jede gewollte und bewußt erzeugte Disharmonie ist als durchaus schwarzmagisch zu bezeichnen.

Daraus ergibt sich nun ohne weiteres die richtige Definition einer weißmagischen Einstellung und Praktik. Magisches Können und Wissen angewandt, um anderen Wesen zu helfen oder um Harmonie zu erzeugen, ist weißmagisch. Nicht als schwarze Magie ist zu bezeichnen jedes experimentelle Studium und jede magische Praktik, bei deren Ausübung nur Wissens- und Erkenntnisdrang vorliegt, und welche getragen ist von dem Vorsatz, keine Disharmonien zu erzeugen und, falls solche nicht zu vermeiden sind, diese nach Möglichkeit wieder zu beseitigen. Opferung von Blut lebender Wesen ist auf keinen Fall zulässig und gut zu heißen, auch nicht zu Studienzwecken.

Andererseits ist jede dogmatische, religiöse oder moralische Bindung abzulehnen. Der Magus ist sein eigener Herr auf den höchsten Höhen menschlicher Erkenntnisstufe und steht über den Einwirkungen und Suggestionen, die den forschenden Menschengeist unfrei machen."

Der Autor schließt sich dieser Ausführung vollständig an und verweist jeden Magier auf das von ihm selbst geschaffene und zu tragende Karma, das nach dem Ausgleichgesetz unbarmherzig jedes Vergehen ahndet. Darum überlege es sich jeder ganz genau, wie weit er bei eigenen Exerimenten und Praktiken zu gehen beabsichtigt, denn die Herren des Karmas, die ewigen Richter der Saturnsphäre sind ohne Gnade.

Letztlich und erkenntnistheoretisch gibt es keine weiße und schwarze Magie, denn Magie ist heiliges uraltes göttliches Wissen um die Urgesetzmäßigkeiten des Kosmos, und es liegt nur am Menschen selbst, ob er diese Urkräfte zum Gedeih oder zum Verderb, zum Auf- oder zum Abbau anwendet. Im folgenden sollen, einige Praktiken des "dunklen Weges" dargestellt werden.

Schwarzmagische Giftherstellung

Joris Karl Huysmans beschreibt in seinem satanischen Roman "Tief unten" die geheime schwarzmagische Herstellung von Starrkrampf oder das Gehirn verheerender Gifte. Er führt an, daß zur Gewinnung dieser scheußlichen Rezepturen weiße Mäuse mit geweihten Hostien und Pasten die vorsichtig mit Gift imprägniert sind, zu ernähren seien. Sind diese unglücklichen Tiere mit Gift über eine längere Zeit gesättigt, sollen sie mit einem scharfen Instrument durchbort und das verrinnende Blut in einem Kelch vorsichtig aufgefangen werden.

Statt mit Mäusen, läßt sich diese Praktik auch mit Meerschweinchen oder Hühnern ausführen, nur verwende man in diesem Fall nicht das Blut dieser Tiere, sondern benütze deren Fett, daß so zu verruchten und giftigen Tabernakeln wird.

Ein weiteres Rezept zur Herstellung eines starken Giftes wird nach Rezepturen der satanistischen Gesellschaft der Re-Theurgistischen Optimaten aus einem Gemengsel aus Mehl, Fleisch, Eucharistischem Brot, Quecksilber, tierischem Samen, menschlichem Blut, essigsaurem Morphiumsalz und Aspiköl hergestellt. Und ein ebenfalls teuflisches Gift, ist das sogenannte Leichengift, welches einige Zeit nach dem Tode die Zersetzung des menschlichen Körpers bewirkt.

Als letztes führt Huysmans als gefährlichstes und wirksamstes Mittel eine Tinktur aus gemästeten Fischen an. Zu deren Herstellung sind Fische mit heiligen Spezereien und geschickt gestaffelten Giften zu ernähren, die man unter den das Gehirn verheerenden oder Starrkrampf erzeugenden Mitteln auswählen soll. Wenn dann die Fische mit diesen Substanzen gut durchtränkt sind, zieht man sie aus dem Wasser, läßt sie verfaulen und destilliert und extrahiert aus ihnen eine ölige Substanz, von der bereits ein Tropfen genügen soll um Wahnsinn zu verbreiten.

Eine innere Anwendung durch die Einnahme dieses Giftes in einem Getränk, soll nicht einmal nötig sein, es wird behautet, daß es bereits genügt einen Tropfen dieser hochwirksamen Tinktur auf die Haare des Opfers zu träufeln. Ist ein persönlicher Kontakt zu dem ausgewählten Opfer nicht möglich, wird in oben genanntem Buch ein Verfahren erwähnt, bei dem durch Praktiken magischer Evokation und Nekromantie ein Geist oder Dämon diese Flüssigkeit transportieren oder mit dem Opfer in Berührung bringen soll. Auch magisch erzeugte Elementale sollen sich vorzüglich eignen, um in stiller Weise einen Feind heimlich zu vergiften.

Das solch verruchte schwarzmagische Praktiken nicht ungefährlich sind, dürfte leicht einsehbar sein, zum einen besteht eine große Gefahr, sich bei der Herstellung dieser Mixturen, selbst zu vergiften und zum anderen ist es möglich seiner eigenen schwarzen Magie durch das Gesetz der magischen Reperkursion zum Opfer zu fallen, wenn der zu verhexende sich genügend zu schützen weiß, und die ausgesandten Kräfte den Initiator selbst treffen. Auch die in diesem Falle schwere karmische Belastung fordert irgendwann ihren Ausgleich. Man vergesse nie, daß jede ausgesandte Kraft irgendwann zu ihrem Urheber zurückkehrt und Liebe mit Liebe und Haß mit Haß vergolten wird.

Um einen Feind magisch zu schädigen

Eine schwarzmagische Praktik einem unliebsamen Menschen zu schaden, erwähnt Gregorius in seinem Buch "Symathiemagie", die im nachfolgenden zitiert wird:

"Schlage in der Konstellation Saturn-Quadrat-Mars eine Kröte tot. Grabe die Fußstapfen deines Feindes aus und hänge beides im Rauch auf. Mache in des Menschen Namen ein Bild aus Wachs und durchstich die Wachsfigur mit Pfeilen aus Fischgräten. Tränke die Figur mit dem Saft des Bilsenkrautes und hänge sie im Rauch auf."

Krankheitszauber

Forme aus echtem Wachs eine Puppe, die Ähnlichkeit mit dem Menschen aufweist, dem du zu schaden beabsichtigst. Knete in das warme Wachs der Puppe odgeladene Substanzen. Träger starker Lebenskraft die sich besonders eignen sind: Haare, Finger- und Fußnägel, Blut, Sperma, Speichel, Schweiß, die menschlichen Exkremente und alle Gegenstände, die längere Zeit in näherem Kontakt mit dem Opfer gestanden haben; wie Ringe, Taschentücher, Kleidungsstücke usw. Vermische dies sorgfältig mit dem erwärmten Wachs und gib der Wachspuppe so gut du dies vermagst, das Aussehen der verhaßten Person.

Lasse die Wachspuppe in einem heißen Kessel langsam schmelzen, während du unter starker magischer Konzentration den folgenden Ritus aus dem verbotenen Necronomicon rezitierst:

AZAG GALRA SAGBI MU UNNA TE
NAMTAR GALRA ZIBI MU UNNA TE
UTUK XUL GUBI MU UNNA TE
ALA XUL GABI MU UNNA TE
GIGIM XUL IBBI MU UNNA TE
GALLA XUL KADBI MU UNNA TE
DINGIR XUL GIRBI MU UNNA TE
I MINABI-ENE TASCHBI ABA-ANDIBBI-ESCH!

Seinen Feinden Unglück zu machen

Eine weitere Methode schwarzmagischen Schadenszaubers, die stark der vorher beschriebenen ähnelt, kann dem achten und neunten Buch Moses entnommen werden und schreibt vor, wie folgt zu verfahren:

"Nimm reines Wachs, schreibe darauf also: "Vertreibe ihn, Adonay, wie man den Rauch vertreibet und wie das Wachs zerschmelzen wird im Feuer, also sollen die Gottlosen für Gott kommen." Leg es auf sieben angezündete Kohlen samt dem Rauchwerk, lasse es darauf zerschmelzen und verbrennen. Unterdessen sprich siebenmal: "Adonay, mein Gott stehe auf und lasse deine Feinde verstreuen und meine Hasser flüchti werden für dir." Wenn nun kein Rauchwerk mehr gehet so lösche die Kohlen mit fließendem Wasser, das keine Sonne beschienen hat ab und vergrabe sie vor Sonnenaufgang um des Feindes Wohnstätte oder Lager, du wirst seines Unfalls bald gewahr werden."

Ziehen, Brechen, Springen

Weitere Praktiken magischer Bildmagie sind nac Klingsor dés "Ziehen", "Brechen" und "Springen" wi sie hauptsächlich von Schamanen, afrikanischen Medi zinmännern oder okkulten Geheimlogen mit verschär ter Arbeitsweise angewandt werden.

Als "Ziehen" definiert man das fernwirkende Ritual, mit dem man Menschen dem eigenen Willen unterwirft, also ein System der Fernsuggestion und Fernhypnose. "Brechen" ist das Vernichten fremder Lebenskraft, wie es die Kahunas, die Magier Polynesiens ausüben, oder wie es noch auf Hawaii, Tahiti und den Salomonen praktiziert wird. "Springen" ist eine verschärfte Form des "Brechens", bei der vom Magier unsichtbar ausgehende Kräfte, den Raum überspringen und das Opfer gnadenlos töten. "Springen ist die Handlung zur Vollstreckung von Urteilen, die Strafe für Verräter in magisch arbeitenden Logen", schreibt Dr. Klingsor.

Schwarze Magie der Indianer und Boko-Zauberer

Ernst Meckelburg berichtet in einem Aufsatz über die Macht des Magischen (in der Zeitschrift Esotera, Februar 1983) von weiteren interessanten Ritualen magischer Bild- und Mumialmagie. Er führt an, daß indianische Zauberer die Gewohnheit hatten, Nachbildungen ihrer Feinde an einen Pfahl zu binden und diese dann eine Woche lang mit giftigem öl übergossen. Aus Haiti berichtet Meckelburg von einer schwarzmagischen Tötungspraktik der Boko-Zauberer, bei der zunächst das Bildnis des Opfers in einem Kübel Wasser beschworen wird und danach rituell "erdolcht" wird. Sobald der Zauber wirkt, rötet sich das Wasser und nimmt eine blutrote Farbe an.

Krötenzauber

Aus Brasilien berichtet der gleiche Autor von einer schwarzmagischen Verhängung mittels Krötenzauber. Die Macumbeiros (Hexer) stecken hierzu Bekleidungsfetzen oder Haare ihres Feindes in das Maul einer Kröte und nähen dieses danach zu. Durch Beschwörungen und andere Rituale glauben sie, die Leiden der Kröte auf den Körper des Opfers zu übertragen.

Um magische Kräfte zu erhalten

Dr. Klingsor berichtet in "Experimentalmagie" von einer weiteren magischen Praxis des Krötenzaubers:

"Um dir geheime Zauberkraft zu geben, nimm eine Kröte im Frühjahr, töte sie augenblicklich durch einen Schnitt, so wird in einer Stunde das eine Auge offenstehen, das andere zu sein. Das offenstehende Auge löse aus der Kröte und trage dasselbe unter deinem Fingerring! Am besten eignen sich dazu Topas und Mondstein. Diese Operation geschehe, wenn der Mond durch den Skorpion geht.

Das Mondkochen

Das sogenannte "Mondkochen" ist ein magisches Ritual bei dem versucht wird, das Monddaimonium anzurufen und anzuziehen. Man verwendet hierzu Tierblut, das in einem Topf aufgefangen und so aufgestellt wird, daß sich der Vollmond darin spiegelt. Drei Kreise werden in den Boden geritzt. Im äußersten Kreis brennen neun schwarze Kerzen. In den mittleren plaziert man neun Totenköpfe (bzw. Imitationen davon) und im inneren sitzen drei Teilnehmer in magischen Gewändern. Es sind der Zauberer, ein Mann und eine Frau. Inmitten der Teilnehmer steht eine flache silberne Schale mit dem Tieropferblut. Wenn nun das Licht des Vollmondes in die Schale fällt, wird das Tierblut zum Kochen gebracht. Das ist das sogenannte "Mondkochen".

Unter Intonation bestimmter Beschwörungsformeln werden in das kochende Blut Amulette, Ringe und sonstige mit Mondkräften zu ladende Gegenstände geworfen. Nach etwa einer Stunde spricht man die Entlassungsformeln. Das Blut, das nun stark odisch aufgeladen ist, kann man zur Weihung schwarzmagischer Ritualgegenstände oder zu Praktiken der Schadensmagie verwenden.

Die Grundschemata der schwarzen Magie

Vergleicht man die im einzelnen dargestellten schwarzmagischen Praktiken kann, man in allen Fällen das gleiche zu Grunde liegende Schema erkennen:

1. Zunächst versetzt sich der Operateur in einen besonderen "höheren" Bewußtseinszustand.
2. Eine konkrete Verbindung wird zwischen Opfer und Magier geschaffen, entweder durch reine Imagination oder durch besondere Hilfsmittel, die mit dem Od des Opfers durchsetzt sein müssen.
3. Eine bestimmte Vorstellung wird durch magische Praktik auf das erwählte Opfer übertragen und mit diesem dauerhaft verbunden.

Weshalb solche magischen Operationen überhaupt Wirkungen zeigen, erklärt Aleister Crowley in "Magie mit/ohne Tränen folgendermaßen:

"Das menschliche Bewußtsein hängt von den Eigenschaften des Protoplasma ab, dessen Existenz wiederum von unzähligen physikalischen Bedingungen die diesem Planeten eigen sind, abhängt. Und dieser Planet wird von der mechanischen Balance des ganzen Universums der Materie bestimmt. Wir können so sagen, daß unser Bewußtsein ursächlich mit den entferntesten Galaxien verbunden ist."

Die schwarze Magie der Bön-Zauberer

Einen fantastischen Bericht über einen tibetanischen Bön-Zauberer der seine Opfer bei lebendigem Leib begräbt und langsam dahinsiechen läßt, liefert die bekannte Orientalistin und Schriftstellerin Alexandra David-Neel in ihrem Buch "Liebeszauber und schwarze Magie". Ziel dieser abscheulichen Praktik ist es, ein Lebenselexier aus dem langsam verwesenden Fleisch junger Männer herzustellten. Zu diesem Zweck zwingen die Zauberer junge Männer durch magische Suggestionen und das Bewußtsein trübende Praktiken unter ihre Kontrolle. Dann sperren sie diese in einem speziellen Verließ ein, sodas die bedauernswerten Opfer keine Bewegung mehr ausführen können und lassen sie langsam Hungers sterben und verwesen. Die Leichen werden von den Bön-Zauberern nie entfert und nur von Zeit zu Zeit legen sie wieder neue junge Männer oben auf.

Durch bestimmte geheimgehaltene Praktiken soll es den schwarzen Zauberern dadurch möglich sein, ihr Leben über das normale Maß hinaus zu verlängern und ihre magische Kräfte durch die Lebenskräfte der jungen Opfer zu steigern.

Man sieht an derlei abscheulichen Praktiken, zu welchen Grausamkeiten der menschliche Verstand fähig ist, um sich Vorteile zu verschaffen. Der schwarze Magier will das Universum erobern und dazu sind ihm alle Wege recht. Um seine Ziele zu verwirklichen vereint er das Böse und das Gute, Grausamkeit und Barmherzigkeit, Schmerz und Lust in einer eigenartigen Symbiose.

Aber schon immer waren die Begriffe "Gut" und "Böse", "Weiß" und "Schwarz" relativ und so berichtet

Maestra Flita in ihrer Schrift "Über den Geheimkult der göttlichen Mutter" von indischen Tempeln der Göttinen Kali (Göttin der Lust und der Sinnlichkeit) und Durga (Vernichterin der Dämonen) in denen täglich hunderte von Ziegen und Büffelkühen geopfert werden.

Flita schreibt: "Die Weihestätten gleichen Schlachthäusern mehr als friedlichen Tempeln. Man muß dabei aber bedenken, daß der zum Vegetarismus strebende Inder nur das Fleisch genießen darf, das von Opfern stammt. So verbindet sich hiermit folgender Gedankengang: Das Tier wird für die Göttin geopfert. Sie nimmt seine Seele in sich auf, wenn das frische Blut sich über ihren Altar ergießt. Dafür verströmt sie ihr eigenes Dasein in das Fleisch des Tieres. Das Fleisch wird also zur Göttin selbst.

Wir haben es hier mit einem Vorgang zu tun, der sich mit der Kommunion der katholischen Kirche vergleichen läßt. In beiden Kulturformen wird die Gestalt gewordene Gottheit nach ihrer Wandlung in Materie verzehrt. Menschen stehen der Gottheit näher als Tiere. Darum war man in früheren Zeiten immer wieder bemüht, Menschen als Opfer zu finden. Infolge ihrer "Gottähnlichkeit" gaben sie natürlich bessere "Hostien" ab, als es mit pflanzlichen oder tierischen Stoffen möglich ist. Das ist also der tiefere Sinn der noch heute bei manchen Naturvölkern üblichen Anthropophagie."

Einsamkeit

Es ist ein eigentümliches Phänomen, das der geistige Mensch zunehmend einsamer wird, sich bewußt und unbewußt von anderen Menschen absondert, daß ihn die hektische Welt mit ihren täglichen, trivialen Ereignissen immer weniger berührt und interessiert.

Gregorius schreibt hierüber: "Je erkennender der Mensch wird, desto mehr entfremdet er sich vom lauten Alltag. Er sucht die Stille! Die vielen Nichtigkeiten des Lebens durchschaut er immer mehr und erkennt ihre Bedeutungslosigkeit. Er wird immer ruhiger, innerlich gefestigter, besonnener und einsamer. Vielleicht ist er eine Zeit lang traurig, wenn ihm der Unwert der meisten Menschen seiner Umgebung immer mehr zu Bewußtsein kommt. Aber dann lernt er diese indifferenten Menschen verachten und isoliert sich bewußt immer mehr von der Menge".

Auch Michael D. Eschner führt an: "Jede Form der geistigen Weiterentwicklung ist ein sehr einsames Geschäft. Denn jedesmal, wenn man sich tatsächlich weiterentwickelt, verliert man all seine alten Freunde, da die gemeinsame Basis, der annähernd gleiche Entwicklungsstand und die gleichen Interessen nicht mehr vorhanden sind. Und je weiter man auf diesem Wege voranschreitet, desto einsamer wird man. Nicht nur, daß man mit den allgemeinen Unterhaltungsmitteln, wie Sport, Fernsehen, Filmen, Büchern usw. immer weniger anfangen kann, auch die Menschen, mit denen man noch eine fruchtbare Beziehung pflegen kann, eine beidseitige Beziehung des Nehmens und Gebens, werden immer weniger".

Jeder Mensch der in die Geheimnisse der Esoterik eindringt, wird eine zunehmende Einsamkeit und Entfremdung seinen Mitmenschen gegenüber verspüren. Alte Freundschaftsbande verlieren ihren einstmals großen Wert. Dies heißt nicht, daß keine gegenseitige Sympathie mehr zwischen einstmals guten Freunden herrscht, es bedeutet nur, daß die frühere gemeinsame Basis, der beiderseitige Resonanzboden plötzlich nicht mehr vorhanden ist.

Alltäglichkeiten, wie das neue Auto des einen, oder die imposante Urlaubreise des anderen, werden nicht mehr mit den Augen eines freudigen und vielleicht auch etwas neidischen Egoismus gesehen. Der Wert vieler materieller Dinge verliert seinen Anreiz. Geistige Erkenntnisse, eine geglückte mystische Übung, oder das Zurückziehen auf das eigene Innere, erringen den Vorrang.

Der nach geistigen Erkenntnissen strebende Mensch wird sich zunehmend des Unwertes und vor allem der Vergänglichkeit der materiellen Freuden bewußt. Das Gefühl, nach dem körperlichen Tod, nichts materielles in eine jenseitige Welt hinübernehmen zu können, beherrscht den Verstand, das Gefühl und die innere Einsicht. Jeder im irdischen gehortete Schatz, der mühsam errungene Athletenkörper, das gesunde strahlende Aussehen eines jugendlich, schlanken Körpers, vergehen im Alter und sind im Tod sinnlos geworden. Immer lauter gelt der Schrei im Inneren:

Was besitzt Bestand ?
Was vermag ich über den Tod hinaus mitzunehmen ?

Alle äußeren Dinge verlieren ihren Wert, es macht sich tiefe Hoffnungslosigkeit im inneren breit, vermag man nicht einen Sinn in einem Leben nach dem Tode zu sehen. Hat man sich jedoch dazu durchgerungen an höhere geistige Werte, an eine Entwicklung der

Seele und des unsterblichen Geistes nach der Lehre vom siebenfachen Körper des Menschen zu glauben, stellt sich eine tiefe Freude in der Einsamkeit ein.

Gregorius, der begnadete geistige Lehrer und hocheingeweihte Magus führt hierzu an: "Naturgemäß erkennt der Mensch erst im Alter den Wert des Geistigen, nachdem er durch Leid und Enttäuschung geschritten ist. Aber für so manche Menschen liegt der Zeitpunkt einer geistigen Reife schon viel früher im Leben. Das sind dann die Stillen in der Menge und man erkennt sie an ihrem Einsamgange."

Auf den Gipfeln menschlichen Erkenntnisvermögens herrscht Stille. Die breite negierende Masse mit ihrer lauten oberflächlichen Art wird von einem nach Erkenntnis strebenden Menschen immer gemieden werden, gemieden werden müssen, um sich geistig zu entwickeln und zu entfalten.

Ein okkultes Gesetz lautet: Ein Kristall entsteht nur durch Härte, und Erkenntnis erlangt man nur in der Einsamkeit! So hat jeder Mensch zu wählen, ob er den bequemen, ausgetretenen Weg der Anderen geht, oder ob er für sich den steinigen Weg abseits der üblichen Pfade wählt. Der erste führt in die Freuden, Leiden und Abhängigkeiten der Sinneswelt, der zweite aber geht in die Tiefe, in die Tiefe menschlichen Erkenntnisvermögens zugunsten einer systematischen Höherpolung des menschlichen Egos mit dem Ziele einer Gottverbundenheit.

Doch in allem Leid rührt mich nicht Leid,
In aller Lust faßt mich nicht Lust -
Mein Sein ist königliche Einsamkeit!

(Hans Sterneder)

A N H A N G

Fremdworterklärungen

Adjna .... das Stirn-Chakra.
Agens .... Kraft oder Mittel.
Ainsoph .... die unoffenbarte grenzenlose Wesenheit Gottes.
Akasha .... das geistige Prinzip.
Alb .... dämonisches Astralwesen.
Amulett .... Gegenstand zur Abwehr negativer Einflüsse.
Anahata .... das Herz-Chakra.
Anthropophagie .... gr.-lat. "Menschenfresserei".
Anthroposophie .... 1) griech. "Menschenweisheit". 2) durch Rudolf Steiner gegründete esoterische Gesellschaft.
Apas .... das Wasserelement.
Aphrodisiakum ..... sexuell anregendes Mittel.
Archetypen .... Ursymbole des Unterbewußten.
Arratron .... Ur-Intelligenz der Saturnsphäre.
Arupa .... der höhere Mentalkörper.
Asana .... bestimmte Körperhaltung.
Aspekt .... astrol. Winkel zweier Planeten.
Astarte .... Urmutter der Marssphäre.
Astral .... gr.-lat. "seelisch".
Astrologie .... Lehre vom Einfluß der Sterne.
Aszendent .... aufsteigendes Gestirn zum Zeitpunkt der Geburt.
Atheismus .... Verneinung der Existenz Gottes.
Atlantis .... sagenhafter versunkener Erdteil.
Aura .... feinstoffliches Fluidum, das alle Körper umgibt.
Bhikku .... Bettelmönch.
Bön .... tibetanischer Schwarzmagier.
Buddhi .... 1) Weltseele. 2) Universalkörper des Menschen.
Chakra .... feinstoffliche Zentren im Ätherkörper des Menschen.
Chela .... Schüler der Magie.
Chrestos .... abgeleitet von Christus, bezeichnet Gott als schöpferisches Prinzip der Sonne.
Daimonion .... griech. "Dämonium".
Demiurg .... 1) gr.-lat. "Weltenschöpfer". 2) höchste planetare Wesenheit
Deva .... esoterisch "Engel".
Devachan .... die Mentalebene.
Dharana .... Zustand der Gedankenleere.
Dogma .... religiöse Lehrmeinung.
Dynamide .... stark verdichtete Vorstellung.
Edda .... altgermanische Mythensammlung.

Ego .... lat. "das Ich des Menschen".
Einweihung .... Erweiterung des Bewußtseins.
Eklektisch .... Auswahl verschiedener Lehrinhalte zu einem eigenen System.
Elemental .... astrales Gedankenwesen.
Emanation .... Hervorgehen aller Dinge aus Gott.
Entodung .... die Beseitigung fremden Ods.
Epiphyse .... die Zirbeldrüse im Gehirn.
Esoterik .... Geheimlehre.
Evokation .... Anrufung unsichtbarer Wesen.
Exorzismus .... Dämonenaustreibung.
Fatum .... Schicksal.
Fidibus .... Papierstreifen.
Fluid .... flüssiges Mittel.
Frater .... männl. Ordensmitglied.
Futhark .... germanisches Runenalphabet.
Gespenst .... odisch-magnetische Erscheinung eines Verstorbenen.
Glyphen .... Symbole, die aus magischen Quadraten abgeleitet werden.
Gnosis .... Versuch, die im Glauben verborgenen Geheimnisse zu erforschen.
Gruppenseele ...... In der Esoterik besitzen Tiere, Pflanzen und Mineralien eine Gruppenseele, die alle Individuen einer "Gattung" vereinigt.
Heliozentrisch .... von der Sonne ausgehend.
Hermetik .... die philosophisch-okkulte Lehre des Hermes Trismegistos.
Imagination .... die Kraft der geschulten magischen Vorstellung.
Imprägnierung ..... durchsetzen, durchtränken.
Incubus .... weiblicher Astralvampir.
Influxus .... Ausstrahlung oder Bereich.
Ingenium .... das Ich des Menschen.
Initation .... Einweihungsvorgang.
Inspiration .... Eingebung oder Erleuchtung.
Intuition .... plötzliches Erfassen einer Sache.
Isis .... ägyptische Mondgöttin.
Islam .... von Mohammed um 612 n. Chr. gegr. Religion.
Jahwe .... hebr. Name Gottes.
Kabbala .... jüdische Geheimlehre.
Kama loka .... die Astralebene.
Kama manas .... der niedere Mentalkörper.
Karma .... das Gesetz der ausgleichenden Gerechtigkeit.
Katharsis .... die Läuterung der Seele von allen Leidenschaften.

Komplementärfarbe . sich zu weiß ergänzende Farben.
Konjunktion .... astrologischer Stand zweier oder mehrerer Planeten am gleichen Ort des Tierkreises.
Konsekration ...... 1) Priesterweihe.
2) Weihung eines Gegenstandes z.B. eines Altars, Hostien usw.
Konstellation ..... Gestirnsstellung.
Kontemplation ..... Bewußtseinszustand der Selbstversenkung in geistige Inhalte.
Larven .... unbeseelte Astralkörper.
Lemniskate .... Symbol der Atlantier in Form einer liegenden Acht.
Lemuria .... Erdteil in ältester Vorzeit.
Levit .... Tempeldiener im alten Testament.
Levitation .... Aufhebung der Schwerkraft.
Liber .... lat. "Buch".
Lilith .... 1) okkulte Urmutter des Mars.
2) Mond zwischen Erde und Luna.
Linga sharira ..... der feinstoffliche Nervenkörper.
Litanei .... Anrufungsgebet.
Liturgie .... Gesangsteil im Gottesdienst.
Lucifer .... 1) von Gott abgefallener Erzengel.
2) Prinzip der Saturnsphäre.
Maestra .... weibl. Ordensmeister.
Magus .... eingeweihter, wissender Magier.
Mahatma .... Titel für geistig hochstehende Menschheitsführer.
Makrokosmos .... die Welt im Großen, das Weltall.
Mana .... unsichtbare Kraft in Menschen, Tieren, Pflanzen und Steinen.
Manas .... der Kausalkörper des Menschen.
Manipuraka .... das Nabel-Chakra.
Mantra .... Sinnspruch.
Materialisation ... Erscheinungen jenseitiger Wesen in sichtbarer Form.
Mayavipa .... das Milz-Chakra.
Medialität .... Befähigung, den Kontakt zwischen sichtbarer und unsichtbarer Welt herzustellen.
Meditation .... höhere Stufe der Konzentration.
Mental .... lat. "geistig".
Mikrokosmos .... die Welt im kleinen, der Mensch.
Mithras .... altiranischer Sonnengott.
Monade .... Prinzip der nicht mehr teilbaren Einheit.
Muladhara .... Bez für die beiden Sexual-Chakren.
Mumia .... odisch-magnetische Ausstrahlung eines Lebewesens.

Mundanaspekt ...... Planetenasekt in bezug auf die astrologischen Häuser.
Mystik .... 1) griech.-lat. "Geheimlehre". 2) Form der Religiosität, bei der versucht wird durch Hingabe und Versenkung zur Vereinigung mit Gott zu gelangen.
Nahema .... Urmutter des Todes.
Nativität .... Stand der Sterne bei der Geburt.
Nekromantie .... Totenbeschwörung .
Neophyt .... Schüler der Geheimwissenschaft.
Nirvana .... Ziel des buddhistischen Strebens. Aufgehen des Ego in Nichts oder in Gott.
Od .... feinstoffliche Kraft, die alle Körper umgibt.
Opposition .... astrologischer Aspekt (180 Grad).
Orakel .... Weissagung.
Paraklet .... Fürsprecher vor Gott.
Pentagramm .... magisches Symbol in Form eines fünfzackigen Sterns.
Pentakel .... bestimmte Zeichen und Symbole der zeremoniellen Magie.
Planchette .... Gerät für mediales Schreiben.
Prädestinierung ... besondere Eignung, Begabung.
Präzession .... Bezeichnung für die Verlagerung der Erdachse zu den Fixsternen.
Prana .... feinstoffliche Lebenskraft.
Prana sharira ..... der Ätherkörper des Menschen.
Prithivi .... das Erdelement.
Psalm .... geistliches Lied.
Quadratur .... starker astrologischer Aspekt.
Radixhoroskop ..... Geburtshoroskop.
Rapport .... unmittelbarer körperlicher Kontakt.
Reinkarnation ..... Wiedergeburt.
Reperkussion ...... Rückwirkung.
Rosenkreuzer ...... Bezeichnung für eine Reihe von esoterischen Gesellschaften, die ihren Ursprung auf einen im 14. Jahrhundert gegründeten mystischen Orden zurückführen.
Rune .... germanisches Schriftzeichen.
Sabbat .... hebr.-gr-lat. "Feier".
Sahasrara .... das Scheitel-Chakra.
Salamander .... Naturgeister des Feuerelements.
Schächtung .... kultische Schlachtung.
Schatten .... abgestorbener Astralkörper.
Schemen .... durch starke Gefühlsregung entstandenes Astralgebilde.

Seance .... spiritistische Sitzung.
Sensitivität ...... besondere Feinfühligkeit.
Sepher Yezira ..... "Das Buch der Schöpfung", Teil der Kabbala.
Sephiroth .... nach der Kabbala die zehn Sphären der Gottheit.
Seraphim .... Engel des alten Testaments.
Siderisch .... 1) auf die Sterne bezogen. 2) Bezeichnung für Pendel.
Sigill .... magisches Anrufungssymbol.
Simonie .... Priesterweihe.
Sohar .... "Das Buch des Glanzes", eines der Hauptbücher der Kabbala.
Solar Plexus ...... das Sonnengeflecht im Oberbauch.
Somnambulismus .... tiefer Trancezustand.
Sonnenwende .... höchster bzw. tiefester Sonnenstand jeweils am 22.6. u. 22.12.
Sophismus .... Weisheitslehre.
Sorella .... weibl. Ordensmitglied.
Spiritismus .... Lehren und Handlungen, die sich mit dem Verkehr zwischen Lebenden und Toten beschäftigen.
Stula sharira ..... der organische Körper.
Succubus .... männlicher Astralvampir.
Svastika .... das Symbol des Sonnenkreuzes.
Sylphen .... Naturgeister der Luft.
Tabernakel .... Behältnis zur Aufbewahrung geweihter Hostien.
Talisman .... Gegenstand zur Heranziehung guter Einflüsse.
Tarot .... die Weisheitslehre der Kabbala verschlüsselt in symb. Bildern.
Tattwa .... die Elemente: Feuer, Wasser, Luft, Erde und Akasha (Äther).
Tejas .... das Feuerelement.
Teleplasma .... feinstoffliche Körperausscheidung eines Mediums während einer Seance.
Theonomie .... Gesetz Gottes.
Theosophie .... 1) "Gottesweisheit". 2) religiöse Gemeinschaft, deren Lehren auf indischem und gnostischem Wissen beruhen.
Trance .... tiefschlafähnlicher Zustand.
Transit .... Übergang eines Planeten über seine Stelllung im Geburtshoroskop.
Transmutation ..... Veränderung, Umwandlung.
Trigon .... astrologische Verbindung zweier Aspekte im Winkel von 120 Grad.

Trivialität .... Seichtheit, Alltäglichkeit.
Undinen .... Naturgeister des Wasserelements.
Urmütter .... kosmische Kraftzentren der Erde.
Vayu .... das Luftelement.
Vischudha .... das Hals-Chakra.
Visualisation ..... intensive Musterung.
Walpurgis .... "Hexennacht", die in der Nacht vom 30. April zum 1. Mai. stattfindet.
Woodu .... Geheimkult der Farbigen auf Haiti und in Südamerika, der magische und christliche Riten miteinander verbindet.
Zenit .... höchster Stand der Sonne.
Zibet .... als Duftstoff verwendete Drüsenabsonderung der asiatischen Zibetkatze.
Zirbeldrüse .... innersekretorische Drüse an der Gehirnbasis und esoterisch wichtiges Organ für Hellsehen und okkulte Phänomene.

Bildnachweis

Seite 14: Horst E. Miers: Lexikon des Geheimwissens, Freiburg 1970.
Seite 76: Hexen und Hexenmeister, Wiesbaden 1979.
Seite 111: Eliphas Levi: Transzendentale Magie, Basel 1987.
Seite 151: Michael D. Eschner: Die geheimen Unterweisungen und Rituale des Hermetischen Ordens der Goldenen Dämmerung, Bergen/Dumme 1987.
Seite 158: Gregor A. Gregorius: Aleister Crowleys Magische Rituale, Berlin 1980.
Seite 198: Gregor A. Gregorius: Magische Briefe, Berlin 1980.
Seite 211: Gregor A. Gregorius: Die magische Erweckung der Chakra im Ätherkörper des Menschen, Berlin 1978.
Seite 219: C. W. Leadbeater: Die Chakras, Freiburg 1965.
Seite 232: Karl Spiesberger: Runenexerzitien für jedermann, Freiburg 1976.
Seite 292: Aythos: Die Fraternitas Saturni - eine saturn-magische Loge, München 1979.
Seite 305: Karl Spiesberger: Magische Praxis, Berlin 1976.
Seite 310: Eliphas Levi: Geschichte der Magie, Basel 1985.
Seite 326: T. Pakraduny: Die Welt der geheimen, Mächte, Wiesbaden ohne Jahr.
Seite 330 bis 333: Dr. Klingsor: Experimentalmagie, Berlin 1976 und Karl Spiesberger: Magneten des Glücks, Berlin 1971.
Seite 337 bis 340: Karl Spiesberger: Magneten des Glücks, Berlin 1971.
Seite 356: Eric Maple: Hexensabbat - Schwarze Kunst und Zauberei im Spiegel der Jahrtausende, Eltville ohne Jahr.
Seite 370 und 374: Gregor A. Gregorius: Satanistische Magie, Berlin 1983.

Literaturnachweis

Vom Sinn des Seins
Spiesberger, Karl: Magische Einweihung, Berlin 1976.
Spiesberger, Karl: Vom Sinn des Seins, in "Blätter für angewandte okkulte Lebenskunst", Zeitschrift der Loge Fraternitas Saturni, Heft 3, Juni 1950.

Karma und Reinkarnation
Gregorius, Gregor A.: Exorial, Berlin 1960.
Vehlow, Johannes: Astrologie, Bd. VIII, Berlin 1955.

Die feinstofflichen Körper des Menschen
Gregorius, Gregor A.: Das Wissen des ersten Kreises, "Blätter...", Heft 2, Mai 1950.
Gregorius, Gregor A.: Exorial, Berlin 1960.
Spiesberger, Karl: Magische Einweihung, Berlin 1976.

Das Mysterium des Sterbens
Giovanni: Der Mensch, sein Sterben und Werden und der Sinn seines Daseins, "Blätter...", Heft 101, August 1958.
Gregorius, Gregor A.: Die Astralebene und ihre Bedeutung für die praktische Magie, "Blätter", Heft 13, April 1951.
Schwab, Dr. F.: Vor der Geburt und nach dem Tode, Thalwil-Zürich 1947.

Die Totenlehre und Todesrituale des "Bardo"
David-Neel, Alexandra: Ralopa, Bern/Bremgarten 1980.

Die Astralebene
Bardon Franz: Der Weg zum wahren Adepten, Freiburg 1956.
Franchezzo: Ein Wanderer im Lande der Geister, Bietigheim 1961.
Gregorius, Gregor A.: Die Astralebene und ihre Bedeutung für die praktische Magie, "Blätter...", Heft 13, April 1951.
Gregorius, Gregor A.: Exorial, Berlin 1960.
Schrödter, Willi: Magie, Geister, Mystik, Berlin 1958.

Der Hüter der Schwelle
Dürr, Josef: Experimentaldämonologie, Berlin 1983.
Schwab, Dr. F.: Vor der Geburt und nach dem Tode, Thalwil/Zürich 1947.

Blutmagie
Gregorius, Gregor A.: Exorial, Berlin 1960.
Haack, F. W.: Die Fraternitas Saturni, München 1977.
Klingsor, Dr.: Experimentalmagie, Berlin 1976.

Der Symbolschlüssel der vier Elemente
Bardon, Franz: Der Weg zum wahren Adepten, Freiburg 1956.
Brandler-Pracht, Kurt: Lehrbuch zur Entwicklung der okkulten Kräfte, Langen 1984.
Peregregius, Fra.: Tattwa, Astralwallen, Hellsehen, Berlin 1959.

Das Geheimnis der Zahlen
Bardon, Franz: Der Schlüssel zur wahren Quabbala, Freiburg 1957.
Gregorius, Gregor A.: Das esoterische Geheimnis der Zahlen, "Blätter...", Heft 17, August 1951.
Gregorius, Gregor A.: Das Geheimnis der Zahl 72 und die 5 kosmischen Bildetage, "Blätter...", Heft 16, Juli 1951.
Gregorius, Gregor A.: Der Schlüssel zum Lebensablauf, "Blätter...", Heft 17, August 1951.
Gregorius, Gregor A.: Die Zahl 666 als Schlüssel zur ersten Sphinx, "Blätter...", Heft 15, Juni 1951.

Das System der planetarischen Sphären
Faustus: Der schwarze Mond Lilith, "Blätter...", Heft 26, Mai 1952.
Gregorius, Gregor A.: Das System der planetarischen Sphären, "Blätter...", Heft 18, September 1951.

Die großen Menschheitsepochen
Appolonius: Der Mithras-Kult und seine Mysterien, "Blätter...", Heft 98, Mai 1958.
Appolonius: Übersicht über die Präzession des Frühlingspunktes, "Blätter..." Heft 94, Januar 1957.
Gregorius, Gregor A.: Die Kultur-Epochen in astrologischer Betrachtung, "Blätter..." Heft 74, Mai 1956.
Schure, Eduard: Die großen Eingeweihten, Weilheim 1965.

Der satanische Gedanke im Universum
Dvorak, Josef: Satanismus, Frankfurt 1989.

Der esoterische Gottesbegriff
Gregorius, Gregor A.: Der esoterische Gottesbegriff, "Blätter...", Heft 41, August 1953.
Gregorius, Gregor A.: Satanische Magie, Berlin 1983.
Spiesberger, Karl: Magische Einweihung, Berlin 1976.
Spiesberger, Karl: Vom Wesen der Gottheit, "Blätter...", Heft 4, Juli 1950.

Kabbala
Eschner, Michael D.: Die geheimen Unterweisungen und Rituale des Hermetischen Ordens der Goldenen Dämmerung, Bergen/Dumme 1987.
Halevi, Z'ev ben Shimon: Der kabbalistische Weg zur Bewußtseinserweiterung, Freiburg 1975.
Simko, Dr.: Einführung in die theoretische Kabbala, "Blätter...", Heft 19, Oktober 1951.

Asana - Körperbeherrschung
Bardon, Franz: Der Weg zum wahren Adepten, Freiburg 1956.
Eschner, Michael D.: Die geheimen Unterweisungen und Rituale des Hermetischen Ordens der Goldenen Dämmerung, Bergen/Dumme 1987.
Gregorius, Gregor A.: Aleister Crowleys magische Rituale, Berlin 1980.
Gregorius, Gregor A.: Die magische Erweckung der Chakra im Ätherkörper des Menschen, Berlin 1978.
Spiesberger, Karl: Magische Einweihung, Berlin 1976.

Dharana - Gedankenstille
Bardon, Franz: Der Weg zum wahren Adepten, Freiburg 1956.
Brandler-Pracht, Kurt: Lehrbuch zur Entwicklung der okkulten Kräfte, Langen 1984.
Spiesberger, Karl: Magische Einweihung, Berlin 1976.

Der magische Atem
Brandler-Pracht, Kurt: Lehrbuch zur Entwicklung der okkulten Kräfte, Langen 1984.
Spiesberger, Karl: Magische Einweihung, Berlin 1976.
Surya, G. W.: Moderne Rosenkreuzer, Leipzig 1907.

Die Schulung des zentralen Blickes
Brandler-Pracht, Kurt: Lehrbuch zur Entwicklung der okkulten Kräfte, Langen 1984.
Ptahhotep: Die Od-Strahl-Kraft, "Blätter...", Heft 164, Dezember 1963.
Spiesberger, Karl: Magische Einweihung, Berlin 1976.

Schulung der Vorstellungskraft
Bardon, Franz: Der Weg zum wahren Adepten, Freiburg 1956.
Spiesberger, Karl: Magische Einweihung, Berlin 1976.
Weinfurter, Karl: Der brennende Busch, Bietigheim ohne Jahr.

Experiment mit dem astralen Licht
Brandler-Pracht, Kurt: Geheime Seelenkräfte, Berlin-Pankow 1923.

Die Kraft der Mantren
Amenophis: Die magische Kraft des Mantrams, "Blätter...", Heft 103, Berlin 1958.
Johannes: Das neue Gesetz des Wassermannzeitalters, Saturn Gnosis, Band 3, Berlin 1929.
Spiesberger, Karl: Das Mantra Buch, Berlin 1977.
Walker, Benjamin: Tantrismus, Basel 1987.

Die Praxis der magischen Atemimprägnierung
Bardon, Franz: Der Weg zum wahren Adepten, Freiburg 1956.
Surya, G. W.: Moderne Rosenkreuzer, Leizig 1907.

Die Magie des Wassers
Bardon, Franz: Der Weg zum wahren Adepten, Freiburg 1956.

Odpraktiken
Brandler-Pracht, Kurt: Lehrbuch zur Entwicklung der okkulten Kräfte, Langen 1984.
Gregorius, Gregor A.: Pendelmagie, Berlin 1955.
Johannes: Die magische Umpolung der Odzentren im Menschen, Saturn Gnosis, Band 1, Berlin 1928.
Ptahhotep: Die Od-Strahl-Kraft, "Blätter...", Heft 164, Dezember 1963.
Reichenbach, Freiherr v.: Odisch-magnetische Briefe, Hannover 1953.
Spiesberger, Karl: Auf dunklem Pfad zum Licht, Berlin 1989.
Spiesberger, Karl: Die Aura des Menschen, Freiburg 1973.
Spiesberger, Karl: Magische Einweihung, Berlin 1976.

Bewußte Pranaaufnahme
Brandler-Pracht, Karl: Geheime Seelenkräfte, Berlin-Pankow 1923.
Crowley, Aleister: Moonchild, Bergen/Dumme 1989.

Gregorius, Gregor A.: Die magische Erweckung der Chakra im Ätherkörper des Menschen, Berlin 1978.
Hemberger, Dr. A.: Der mystisch magische Orden der Fraternitas Saturni, Gießen 1971.
Spiesberger, Karl: Magische Einweihung, Berlin 1976.

Die Geheimlehre von den Chakra

Brandler-Pracht, Karl: Geheime Seelenkräfte, Berlin-Pankow 1923.
Gregorius, Gregor A.: Die magische Erweckung der Chakra im Ätherkörper des Menschen, Berlin 1978.
Immanuel: Die Aktivierung der Chakren als Oberstufe des autogenen Trainings, "Blätter...", Heft 155, Februar 1963.
Leadbeater, C. W.: Die Chakras, Freiburg 1965.
Spiesberger, Karl: Magische Einweihung, Berlin 1976.

Runenmagie

Hermanius: Erweckung und Wandlung durch die Macht Runen, "Blätter...", Heft 80, November 1956.
Spiesberger, Karl: Runenexerzitien für jedermann, Freiburg 1976.
Spiesberger, Karl: Runenmagie, Handbuch der Runenkunde, Berlin 1968.

Levitation

Däniken, Erich von: Erinnerungen an die Zukunft - Ungelöste Rätsel der Vergangenheit, München 1974.
David-Neel, Alexandra: Liebeszauber und schwarze Magie, Basel 1983.
Spiesberger, Karl: Levitation - Aufhebung der Schwerkraft - Wunschtraum oder Wirklichkeit, Berlin 1988.
Spiesberger, Karl: Runenmagie, Handbuch der Runenkunde, Berlin 1968.
Symonds, John: Aleister Crowley - Das Tier 666, Basel 1983.

Pentagramm-Magie

Crowley, Aleister: Magick, Berlin 1983.
Miers, Horst E.: Lexikon des Geheimwissens, Freiburg 1970.
Peregregius, Fra: Tattwa, Hellsehen, Astralwallen, Berlin 1959.
Regardie, Israel: Das magische System des Golden Dawn, Freiburg 1987.
Spiesberger, Karl: Magische Praxis, Berlin 1976.

Die Magie der Edelsteine

Gregorius, Gregor A.: Magie der Edelsteine, Amulette und Talismane, "Blätter...", Heft 40, Juli 1953.

Laarss, R.H.: Das Geheimnis der Amulette und Talismane, Den Haag, ohne Jahr.

Spiesberger, Karl: Magneten des Glücks, Berlin 1971.

Die Weihung magischer Gegenstände

Bardon Franz: Der Weg zum wahren Adepten, Freiburg 1956.

Peyn, Gitta: Magische Quadrate - Zaubern mit Zahlen, Bergen/Dumme 1990.

Das magische Lichtritual

Bardon, Franz: Die Praxis der magischen Evokation, Freiburg 1956.

Hemberger, Dr. A.: Der mystisch magische Orden der Fraternitas Saturni, Gießen 1971.

Pendelmagie

Gregorius, Gregor A.: Pendelmagie, Berlin 1955.

Spiesberger, Karl: Der erfolgreiche Pendelpraktiker, Freiburg 1973.

Spiegelmagie

Buchmann, Franz: Der Schlüssel zu den 72 Gottesnamen der Kabbala, Berlin 1983.

Douval, H. E.: Bücher der praktischen Magie, Schwarzenburg 1977.

Gregorius, Gregor A.: Magische Briefe, Berlin 1980.

Gregorius, Gregor A.: Praktiken und Ergebnisse von Spiegelmagie, "Blätter...", Heft 90, Sept. 1957.

Hemberger, Dr. A.: Der mystisch-magische Orden der Fraternitas Saturni, Gießen 1971.

Klingsor, Dr.: Experimentalmagie, Berlin 1976.

Saturn Gnosis, Band 1, Berlin 1928.

Spiesberger, Karl: Magische Praxis, Berlin 1976

Die Praxis der spiritistischen Sitzung

Gregrius, Gregor A.: Sinn, Zweck und Praxis des Spiritismus, "Blätter...", Heft 104, November 1958.

Spiesberger, Karl: Auf dunklem Pfad zum Licht, Berlin 1989.

Spiesberger, Karl: Magische Praxis, Berlin 1976.

Die Magie der Glyphen
Gregorius, Gregor A.: Das Geheimnis der Persönlichkeitsglyphe, "Blätter...", Heft 43, Oktober 1953.
Gregorius, Gregor A.: Exorial, Berlin 1960.
Klingsor, Dr.: Experimentalmagie, Berlin 1976.
Spiesberger, Karl: Magneten des Glücks, Berlin 1971.

Die Konstruktion von Namensglyphen aus magischen Quadraten
Gregoroius, Gregor A.: Das Geheimnis der Persönlichkeitsglyphe,"Blätter...", Heft 43, Oktober 1953.
Gregorius, Gregor A.: Magie der Edelsteine, Amulette und Talismane, "Blätter...", Heft 40, Juli 1953.
Klingsor, Dr.: Experimentalmagie, Berlin 1976.
Pacitius: Vom Urgrund der Welt, Saturn Gnosis, Band 1, Berlin 1928.
Spiesberger, Karl: Magneten des Glücks, Berlin 1971.

Liebeszauber
Gregorius, Gregor A.: Magische Briefe, Berlin 1980.
Gregorius, Gregor A.: Sympathiemagie, Berlin 1985.
Mumford, John: Tantrische Sexualmagie, Basel 1988.
Symonds, John: Aleister Crowley - Das Tier 666, Basel 1983.

Satanistische Magie
Cavendish, Richard: Die schwarze Magie, Berlin 1980.
Crowley, Aleister: Liber al vel Legis, Zürich o.J.
Dvorak, Josef: Satanismus, Frankfurt 1989.
Eschner, Michael D.: Die geheimen Unterweisungen und Rituale des Hermetischen Ordens der Goldenen Dämmerung, Bergen/Dumme 1987.
Gregorius, Gregor A.: Satanistische Magie, Berlin 1983.
Huysmans, Joris K.: Tief unten, Berlin 1985.
S. Ricarda: Satanspriesterin, Frankfurt 1989.
Symonds, John: Aleister Crowley - Das Tier 666, Basel 1983.

Schwarze Magie
Alhazred, Abdul: Das Necronomicon, Berlin 1980.
Cavendish, Richard: Die schwarze Magie, Berlin 1980.
Crowley, Aleister: Magie mit/ohne Tränen, Bergen/Dumme 1990.
David-Neel, Alexandra: Liebeszauber und schwarze Magie, Basel 1983.
Flita: Über den Geheimkult der göttlichen Mutter, "Blätter...", Heft 146/7, Mai/Juni 1962.
Gregorius, Gregor A.: Satanistische Magie, Berlin 1983.

Gregorius, Gregor A.: Magische Studienpraxis, "Blätter...", Heft 12, November 1950.
Huysmans, Joris K.: Tief unten, Berlin 1985.
Klingsor, Dr.: Experimentalmagie, Berlin 1976.
Meckelburg, Ernst: Die Macht des Magischen, in Esotera, Februar 1983.
Moses: Das Buch Jezira, Achtes und neuntes Buch Moses, Braunschweig o. Jahr.

Einsamkeit

Gregorius, Gregor A.: Der Weg in die Stille, "Blätter...", Heft 46, Januar 1953.
Eschner, Michael D.: Die geheimen sexualmagischen Unterweisungen des Tieres 666, Bergen/Dumme o.J.

Die Pflanze im Zauberglauben

Die Bibel der Zauberbotanik

G. W. Gessmann

Lange Zeit war dieser vielgerühmte Klassiker über die magische Zauberbotanik vergriffen und antiquarisch sehr gesucht. Wir freuen uns, Ihnen dieses außergewöhliche Werk wieder zugänglich machen zu können.

Esoterischer Verlag, 252 Seiten, kartoniert,
ISBN: 978-3-932928-21-5 18,00 €

Lehrbuch zur Entwicklung der okkulten Kräfte

Handbuch der weißen Magie zur Entfaltung magischer Fähigkeiten.

Karl Brandler-Pracht

Dieses Buch enthält eine gründliche Anleitung zur Ausbildung der höheren geistigen Kräfte des Menschen und gilt als eines der wichtigsten Werke der weißen Magie.

Esoterischer Verlag, 304 Seiten, kartoniert,
ISBN: 978-3-932928-04-8 15,90

Das Geheimnis der Adepten

Aufschlüsse über das Magisterium der Alchymie, die Bereitung der großen Arkana und den Weg zum Lapis Philosophorum

Alexander v. Bernus

In dieser kleinen Abhandlung setzt sich Alexander v. Bernus mit den geheim gehaltenen alchymischen Prozessen wie der Herstellung des Weingeistes der Adepten, der Prima Materia oder des geheimen Salzfeuers auseinander, die nie wirklich beschrieben wurden, welche aber notwendig sind.

Esoterischer Verlag, 80 Seiten, kartoniert,
ISBN: 978-3-932928-23-9 13,00 €

Das große Buch der Liebeszauber

Anleitungen für Liebeszauber, Sympathiemagie und Hexenzauber

Det Morson

In diesem Buch werden zahlreiche besonders wirksame magische Liebes- und Hexenzauber beschrieben.

Esoterischer Verlag, 121 Seiten, kartoniert,
ISBN: 978-3-9802704-6-5 15,90 €

Macht und Geheimnis der Träume

Der Traum in psychologischer und esoterischer Bedeutung sowie Anleitungen zum bewussten Träumen

Paul Hartmann

In diesem Buch wird der Traum in seinen mannigfaltigen Erscheinungsformen gezeigt. Es werden ausgehend von den wissenschaftlich anerkannten Traumkategorien, besonders die faszinierenden Wahr- und Alpträume sowie die unheimlichen rätselhaften Spuk- und Manifestationsträume beschrieben und anhand von vielen Beispielen belegt.
Danach werden Techniken beschrieben, mit denen man Alpträume bekämpft und seine eigenen Träume sogar nach Wunsch selbst gestalten kann.

Esoterischer Verlag, 124 Seiten, kartoniert,
ISBN: 978-3-9802704-1-0 14,90 €

Weitere Titel finden Sie unter:

www.esoterischer-verlag.de